Eva Klingler

Baden all inclusive

Eva Klingler

Baden
all inclusive

Roman

Silberburg-Verlag

Eva Klingler, geboren in Gießen, Teenagerjahre und Studium der Germanistik und Anglistik in Mannheim. Anschließend Volontariat beim SWR, Journalistin für Tageszeitungen, Dozentin, Sachbuchautorin, Sprachschulleiterin, Übersetzerin und für ein paar Jahre Bibliotheksleiterin. Danach Autorin mit über 25 Romanen und vielen Kurzgeschichten.
Zuletzt erfolgreich mit der Krimi-Reihe um die Ahnenforscherin Maren Mainhardt sowie dem Baden-Buch »Beinahe Toskana«. Sie lebt mit Mann, Hund und Katze in Karlsruhe.

1. Auflage 2011

© 2011 by Silberburg-Verlag GmbH,
Schönbuchstraße 48, D-72074 Tübingen.
Alle Rechte vorbehalten.
Umschlaggestaltung:
Christoph Wöhler, Tübingen.
Coverfoto: © Marco Onofri – iStockphoto
Lektorat: Bettina Kimpel, Tübingen.
Druck: Gulde-Druck, Tübingen.
Printed in Germany.

ISBN 978-3-8425-1148-4

Besuchen Sie uns im Internet
und entdecken Sie die Vielfalt
unseres Verlagsprogramms:
www.silberburg.de

Eine Frage der Nationalität

Die Anzeige stand in der Samstagszeitung unter der Überschrift »Vermischtes«, wo Leute wie ich, die nichts Anständiges gelernt haben, nach Jobs fahnden müssen. Zahnarztassistentinnen, Key Account Manager, Spediteure oder Heizungstechniker werden hingegen in der Rubrik »Stellenangebote« umworben: »Es wartet auf Sie ein attraktiver Arbeitsplatz in einem jungen motivierten Team.«

Mich schrecken solche Annoncen. Wer verbirgt sich hinter dem jungen motivierten Team? Lauter lustige Gleichaltrige oder vielleicht eher ein paar mobbingbereite Yuppies, die der Neuen jeden klitzekleinen Erfolg neiden und sie bei dem neunundzwanzigjährigen Chef anschwärzen, den sie längst Kevin nennen und mit dem sie auf After-Work-Partys herumhängen.

Anders hier: »*BadenTouristik* sucht freiberufliche Mitarbeiter für geplante Führungen. Sie sprechen Englisch und Französisch. Sie sind Badener/in, zeitlich flexibel, können gut mit Menschen umgehen und suchen nach einer neuen, angemessen bezahlten Herausforderung. Sie lieben und kennen das Land Baden. Melden Sie sich!«

»Das ist etwas für mich«, antwortete ich der Zeitungsannonce. »Ich bin zeitlich äußerst flexibel und ich kann – außer mit Männern sehr gut mit Menschen umgehen.«

Nippte dabei an meinem morgendlichen Achtel Riesling und zog an meiner Gauloise. Nicht, weil ich Wein zum Frühstück oder dieses Mörderkraut etwa wirklich mochte, sondern weil es dramatisch aussah und mir ein gewisser Schuss Verderbtheit gut zu Gesicht stand. Schließlich bewegte ich mich im Theatermilieu. Oder sagen wir – am Rande des Theatermilieus. Wer mehr wissen will, möge meine Homepage www.theodorasdrama.de aufrufen.

»Etwa die Hälfte der Menschheit besteht aber aus Männern«, wandte meine direkte Wohnungsnachbarin Ada Ahorn ein.

Sie war eine gebürtige Karlsruherin, die meistens hochdeutsch sprach, da sie hauptberuflich Grammatikübungen für Englischlehrbücher entwarf. Eine etwas schräge Tätigkeit, bei der man sich eigentlich immer im Dienst befand, denn jeden Moment konnte ein interessanter Relativsatz des Weges kommen.

Heute Morgen saß sie mir sehr amüsiert und entspannt in einer Art Kaftan gegenüber, eine Teetasse mit dem Wappen des alten »Großherzogthums Baden« in der Hand. Ada hatte sie bei einem Preisausschreiben der *Badischen Neuesten Nachrichten* gewonnen, die neuerdings eifrig Baden-Fanartikel verkauften und verlosten. Das stolze »Großherzogthum« in Adas Hand litt höchstens ein wenig darunter, dass sein Henkel abgebrochen war.

Ada besaß ansonsten gesunden Menschenverstand, den struppigen Köter Geist, eine mit dem Hund verfeindete Katze namens Dr. Seltsam sowie einen Freund, der Geschäftsführer einer Pulloverfabrik in Island war und nur sehr manchmal bei ihr erschien. Sie nannte ihn Reykjavik und betonte das V ein bisschen zu stimmlos, was ich frivol fand.

Ich bewegte mich zwar im Kreise von Künstlern und Paradiesvögeln, siehe oben, doch war ich von Haus aus Schwäbin, und deshalb rang die lustbetonte Bohème in mir stets mit der bodenständigen vernünftigen Bürgersfrau, die auch nichts dagegen hätte, in einem netten Häuschen am Stadtrand Kinder und Salatköpfe großzuziehen. Davon konnte in meiner Zweizimmerwohnung mit hohen Decken und einem winzigen Balkon, der auf eine türkische Kindertagesstätte hinausging, nicht die Rede sein.

Eigenartig, dass manche Wohnlagen Mieter anziehen, die ein bisschen verrückt sind. Unsere in Karlsruhe Oststadt tat es jedenfalls. Ada, ich und noch ein paar weitere zusammengewürfelte Leute sowie einige eingeborene Karlsruher aus der guten alten Zeit lebten in der Rintheimer Straße in diesem majestätischen, efeuverzierten Haus, das im Unterschied zum Vermieter duchaus sanierungswillig war. Nachts hallten unsere heimkommenden Schritte in dem mächtigen steinernen Hausflur. Die breiten Eingangstüren waren aus Glas, mit bunten Vorhängen zugehängt. Dahinter bellten kleine alte Hunde oder schlichen Katzen. Männer duschten ganz früh. Ein Kind trank Kakao und schlug mit seinem Ranzen an jede Treppenstufe. Die alleinerziehende Mama, die mittags in einem Café bediente, war noch im Morgenmantel und winkte ihm nach.

Es gab nicht viel Privatsphäre. Wer morgens erst heimkam, nahm die Zeitung für die Langschläfer mit nach oben. Auf den Balkonen blühten preisgünstige Blumen, grünte das unvermeidliche Basilikum und es standen Kisten mit Rotweinflaschen neben kleinen, hastig saubergewischten Bistrotischchen, auf denen sich manchmal vergilbte, halb aufgeschlagene vergessene Bücher sonnten.

Man konnte es aushalten in diesem Haus, auch wenn es fern meiner Heimat lag. Nicht kilometerweit fern. Emotional fern.

In Karlsruhe, das sie gerne Residenzstadt nannten, schätzten sie Württemberger nicht besonders, das war mir nicht verborgen geblieben. Gelegentlich tauchte im Theater eine neue Mitarbeiterin auf, die einen leicht schwäbischen Zungenschlag mitbrachte. »Hasch dei Kehrwoch heut scho gmacht?«, musste sie sich dauernd anhören, und alle fanden das anscheinend sehr witzig, denn sie als Badener verrichteten natürlich keine Kehrwoche, sondern lebten und kehrten, wie es sich ergab. Badisch-locker halt. Die Franzosen Deutschlands. Darauf waren sie anscheinend sehr stolz.

Bei solchen Anlässen hielt ich mich inkognito zurück, doch mein Mitleid galt der Landsmännin. Ich selbst war nämlich in Stuttgart aufgewachsen, studiert hatte ich in Tübingen, mein Praktikum hatte ich in Ludwigsburg absolviert. Muss ich mehr sagen? Ich bin sozusagen mit Blautopfwasser getauft und kann mich nicht daran erinnern, dass ich jemals einen Badener unterdrückt hätte oder ihm eine Institution weggenommen hätte. Davon sprachen sie hierzulande nämlich ständig.

Ich machte ein dickes Kreuz neben die Anzeige. »Das sieht doch gut aus. Hast du gelesen, was sie da schreiben? Das Zauberwort: Angemessen bezahlt! Bezahlt! Klaus ist weg, und wo soll ich in Karlsruhe wohnen außer in dieser Wohnung? Doch wie kann ich die Miete alleine aufbringen?«

Ada hob die Augenbrauen.

Vor meinem geistigen Auge stand nun wie eine Erscheinung in fluoreszierendes Licht getaucht meine schwäbische Großmutter, und ihr Mund formte tonlos das Wort »Schaffe!« Kein schöner Anblick, zumal Oma seit Jahren tot war.

»Geh halt wieder hoim!«, sagte Ada und lachte, während sie provozierend Tee aus ihrer Großherzogthumstasse trank.

Beinahe hätte ich ihr gesagt, dass wir in Württemberg Könige gehabt hatten, was eindeutig mehr ist als Großherzog, doch ich wollte es mir nicht mit ihr verderben.

»Ich muss erst einmal in Karlsruhe bleiben, obwohl es künstlerisch gesehen natürlich etwas provinziell ist. Verglichen mit der Landes*haupt*stadt, meine ich.«

Ada verzog beleidigt die Mundwinkel.

»In der nächsten Spielzeit, spätestens in der übernächsten, gibt es eine Chance für mein Theaterstück, hat mir Fahdi, der Bühnenbildner, verraten. Er kennt die Schwester der Sekretärin der Pressesprecherin und die ist mit Rüdiger, dem Mann des stellvertretenden Chefdramaturgen, ziemlich eng befreundet. Fahdi sitzt jeden Tag im *Café Drama*, so dass ich ihn regelmäßig ansprechen kann. Er sagt, die Sache macht sich. Irgendwann muss es klappen. Sie suchen ständig neue Autoren. Fördern vor allem Frauen. Und für die *Insel* und die Spielzeit 2012/13 ist noch alles offen.«

»Meinst du, ein Bühnenbildner weiß so etwas?«

»Warum nicht? Er hat Verbindungen. Wichtig ist, dass ich präsent bin. Ich muss vor allem auch meinen Statistenjob weitermachen. Dann kann ich als Berechtigte in der Kantine Kaffee trinken und mich irgendwie bemerkbar machen.«

Ada Ahorn inspizierte einen von Ostern übriggebliebenen Schokoladenhasen. Seine Ohren waren in der badischen Frühsommerwärme bereits eingeschmolzen und knickten unschön ab. Diese Frau lebte praktisch von Süßigkeiten und wurde dabei nicht mal dick. Sie verschmähte den unappetitlichen antiken Hasenbraten und verspeiste stattdessen bereits den zweiten Mohrenkopf aus einer Schachtel, auf der »Pfälzer Schokoküsse« stand. Rund um Karlsruhe an den Ausfallstraßen lauern Kleinbusse, aus denen heraus diese Schachteln an arme eiweißschaumsüchtige Opfer verkauft werden – Drogenhändlern gleich.

»Provinziell! Landeshauptstadt! Siehst du. Das ist der springende Punkt. Du erfüllst das wichtigste Kriterium nicht. Du bist keine Badenerin, sondern ein fürchterliches Gemisch vor schwäbischem Hintergrund. Auch wenn du nicht sprichst wie Herr Nägele und Frau Schäufele. Sieh dich doch an!«

Ich sprang auf, um mich anzusehen. Stellte mich vor den Spiegel, um meine Badentauglichkeit zu überprüfen: Ein Mund wie Julia Roberts. Breit und eigentlich zum Lachen geschaffen, auch wenn mir das in letzter Zeit vergangen war. Der Mund samt großen geraden Zähnen war ein Erbe meines irisch-amerikanischen Großvaters. Der hatte sich einst in Paris in einem Delikatessenladen mitten auf der höchst nahrhaften Rue Buci verliebt. Die dunkeläugige Olivenverkäuferin von der winzig kleinen Île des Embiez nahe Toulon war bald seine Frau geworden. Von ihr hatte ich schwarz-rote Locken, eine leicht getönte

Haut sowie mein Temperament geerbt. Gemeinsam hatten sie sich im lothringischen Mulhouse niedergelassen, wo sie einen Stoffexport betrieben und Mama fabrizierten. Dieses Ergebnis ihrer Liebe konnte sich sehen lassen, fand Jahre später mein Papa, ein schwäbischer Ingenieur auf Firmenbesuch in Mulhouse, der den Ehering so schnell zückte wie ein Cowboy seinen Colt im Wilden Westen. »Maman« folgte ihrem Mann nach Stuttgart und lebte sich so gut in die Ehe und auch sonst alles ein, dass sie sehr bald schwanger wurde. Sie besuchte noch schnell die Verwandtschaft in Mulhouse und St. Louis, als sie Vorahnungen von baldigen Wehen überfielen. Nur schnell nach Hause ins Schwäbische zu Papa und zwar am besten quer durch die badische Rheinebene und über den Schwarzwald. Doch in Freiburg fühlte sie sich nicht mehr imstande weiterzufahren und mietete sich hastig für eine Nacht in einer kleinen Pension irgendwo auf der Straße Richtung Titisee, kurz vor dem Höllental, ein. Pension *Engel*. Sehr passend, sollte sich herausstellen. Dort hatte ich dann jedenfalls ziemlich bald das Licht der Welt gesehen. Das heißt, kein Licht, nur das der trüben Lampe im Zimmer, denn es war später Abend gewesen. Der behäbige Dorfarzt musste eigens aus der Kneipe geholt werden, wo er mit den Sangesbrüdern eines der zahllosen Gesangvereine, die es in Baden gibt, bereits beim zweiten Viertele angekommen war.

Ich war also keine Hausgeburt, sondern eine Hotelgeburt!

Für die Geschäftstüchtigkeit der Inhaberin der kleinen Pension sprach es, dass sie bei der Abschlussrechnung nach drei Tagen – Papa war inzwischen ebenfalls angereist, um uns abzuholen – anstatt einer zwei Personen berechnete, etwas, das weder meine Mama noch ich den Badenern jemals verziehen hatten. In meiner Erziehung galten die Badener fortan als auf ihren Vorteil bedachte Wesen, die freundlich lächelten, während sie die Hand aufhielten.

»Ein Volk von Hoteliers und Kellnern!«, urteilte meine Mutter und weigerte sich hinfort, badischen Boden zu betreten. Wenn wir von Stuttgart nach Frankreich fuhren, durchkreuzten wir zwar eilig badisches Land, aber Mama tat immer so, als lese sie.

Deshalb stand also Freiburg als Geburtsstadt in meinem Pass, obwohl ich seit sechsunddreißig Jahren und sieben Monaten niemals wieder in der Stadt gewesen war. Aufgewachsen war ich in Papas schwäbischer Heimat bei Stuttgart. Leonberg, genau genommen. Und zwar gern. Im Unterschied zum Süden Frankreichs, wo wir die Osterurlaube verbrachten, war daheim alles gemütlich und sauber. Zumindest konnte man hier die breitgetretene Hinterlassenschaft eines einzigen Hundes nicht durch den halben Ort hindurch verfolgen. Und geizig fand ich die Schwaben auch nicht. Oma und Opa Thamm hatten mir zur Einschulung ein Fahrrad geschenkt. Sieht so etwa Geiz aus?

Von Oma und Opa O'Hara-Dumartier hingegen, inzwischen zurück unter der Sonne des Südens, war nur eine offenbar als Werbegeschenk erworbene Karte mit einer lachenden gelben Pastis-Flasche gekommen, auf die sie »Fiel Gluck fur Schul-Anfangen« geschrieben hatten. Nicht gerade die geeignete Anregung für eine Sechsjährige.

Trotzdem war ich anders als die anderen Schwabenkinder. Meine Mama sang mir nämlich Lieder in allen Sprachen vor: in Schwäbisch, Englisch, Französisch.

»Dieses Kind hat alles Mögliche in sich, und es hat abenteuerlustige Augen. Wer weiß, wo es einmal enden wird. Es sollte deshalb am besten Hochdeutsch lernen«, befand irgendwann der Familienrat, und so geschah es.

Heute kann ich deshalb überall alles sein. Meine multikulturelle Herkunft hat mich geprägt und dabei eine gewisse Entschlusslosigkeit mit sich gebracht. Nach dem Abitur konnte ich mich nicht entscheiden, was ich werden sollte: Eine brave Lehrerin mit Pensionsanspruch, eine toughe Juristin im Nadelstreif, eine selbstlose Tropenärztin oder eine bis in die Knochen verdorbene Chansonsängerin, die von reichen Liebhabern ausgehalten wird. Letzteres schien mir am verlockendsten, aber auch am unschwäbischsten.

Um diesen Versuchungen aus dem Wege zu gehen, hatte ich dann Theaterwissenschaften, Germanistik und Vergleichende Kulturwissenschaften in München studiert – drei Fächer, die nahezu eine Garantie für gepflegte Akademikerarbeitslosigkeit sind. Ihr hatte ich mehrfach versucht zu entfliehen: Ich war Hauslehrerin für einen adeligen Buben gewesen, der so doof war, dass ihn selbst teure Privatschulen nicht haben wollten. Ich hatte einen Second-Hand-Buchladen eröffnet und wieder schließen müssen, denn die Leute lieferten vanweise Bücher von der verstorbenen Tante bei mir ab und kauften keine neuen. Als Märchenerzählerin zusammen mit einer Akkordeonspielerin hatte ich die Kleinbühnen Süddeutschlands erobern wollen und war unsanft in Kindergärten und Kindertagesstätten gelandet, die nicht viel bezahlen konnten.

Doch heimlich hegte ich einen ziemlich exklusiven beruflichen Traum: Ich wollte Theaterstücke für die Bühne schreiben! Ein Regisseur sollte meine Texte zusammen mit den Schauspielern analysieren und interpretieren, und sie würden sich halbe Nächte um die Ohren schlagen, um herauszufinden, was ich gemeint haben könnte. Dann die Proben. Ganz hinten würde ich sitzen, das Gesicht halb verdunkelt. Wie einst Michael Douglas in *A Chorus Line*. Kalt und kompromisslos. Irgendwann die umjubelte Premiere, und von da an würden Menschen anstehen, um Karten zu kaufen und die von mir erschaffene Welt zu sehen. Die Vorstellung erfüllte mich mit geradezu peinlich kleinkarierten Allmachtsfantasien.

Außer einem Hobbyseniorentheater in Ludwigsburg, einer Kirchengemeinde in Aulendorf, einer Schule in Markgröningen und einer Volkshochschulgruppe in Geislingen hatte allerdings bisher niemand meine Werke aufgeführt. Jedes Mal hatte ich meine Eltern eingeladen, damit sie vor Stolz platzen sollten. Etwas ernüchternd war lediglich die Tatsache gewesen, dass sie meistens die Stücke um etwa achtzig Prozent gekürzt hatten und die Premiere meistens hinterher mit Cola und O-Saft anstatt mit Champagner begangen wurde. Was mal wieder nicht am angeblichen schwäbischen Geiz lag, sondern an der Tatsache, dass die Mehrzahl der Zuschauer Kinder oder Rentner waren.

Derzeit kämpfte ich für ein Stück, in dem es an der Tür einer modernen Familie klingelt und eine Sippe aus dem 19. Jahrhundert zu Besuch erscheint, mit Kutsche, Lohndiener und der Absicht, eine Weile zu bleiben. Sie haben als Gastgeschenk ihre Köchin dabei, die ein lebendes gackerndes Huhn in einem Korb anliefert. Wahlweise einen toten Hund, den sie auf der Straße gefunden haben. Man sitzt dann ratlos am Tisch und versucht, sich über die Jahrhunderte hinweg kennen zu lernen. Dabei werden der Lauf der Zeit und die sozialen Unterschiede deutlich.

Ich hatte dieses Stück bei verschiedenen Bühnen eingereicht, doch wie gesagt, auch das war bisher auf kein Interesse gestoßen.

In Isny im Allgäu hatte man mir gesagt, 2015 sehe man eine vage Chance, dass man es in der Planung für 2018 berücksichtigen könne. »Wenn Sie bis dahin überleben«, hatte der Spielleiter säuerlich gelächelt.

Irgendwann hatte jemand in meiner Autorengruppe in Vaihingen erzählt, in Karlsruhe sei es nicht schlecht für neue Autoren. Aufgeschlossene Dramaturgie. Etliche kleinere Bühnen, die mit dem Staatstheater verbunden waren.

Karlsruhe? Kannte ich nur von einem Mann im Fernsehen, der sich vor dem einen oder anderen Gericht mit dem Mikro in der Hand aufbaute und säuerlich langweilige Urteile kommentierte: »Die Entscheidung des Bundesgerichtshofes wurde von den Parteien unterschiedlich aufgenommen!« Der Ort war bisher eine Art weißer Fleck auf meiner inneren

Landkarte gewesen, doch selbst mir war klar, dass ich mit dem Zirkel, mit dem ich meinen beruflichen Radius einkreiste, das Land Baden nicht komplett auslassen konnte.

Ich reiste also in die Stadt, die sie Fächerstadt nennen, und nahm mir ein Zimmer in einem Hotel in der Sophienstraße, das darauf spezialisiert war, Dauermieter auszurauben. Am Wochenende fuhr ich meistens heim, um der akuten Depression in den vierzehn Quadratmetern zu entfliehen. Ansonsten wartete ich einfach mal, was passieren würde. Und um nahe am Puls derjenigen zu sein, die für die Auswahl von Stücken zuständig waren – hörte man im *Café Drama* genau zu, müssten das Hunderte von Leuten sein –, hatte ich mich als Statistin beim Badischen Staatstheater beworben.

»Sie sehen ein bisschen exotisch aus. Das können wir manchmal brauchen. Für den Serail. Aida. Solche Sachen«, hatte Frau Rundnuss, die strenge und vollkommen humorlose Herrin über die Kartei mit den Statisten, befunden, mir gleichgültig einen Anmeldezettel zugeschoben und mich zu einem hauseigenen Fotografen geschickt. »Aber nicht zunehmen, ja? Es kostet zu viel, die Kostüme für die Statisten ändern zu lassen. Und die meisten sind auf Größe 38 geschnitten.«

Manchmal durfte ich von da an abends in Stücken auftreten, in denen viele Gestalten preiswert im Hintergrund herumstanden. Stündlich lauerte ich auf entsprechende Anrufe, um keinen der Aufträge von Frau Rundnuss zu verpassen, die trotz obermieser Bezahlung begehrt waren.

Sie sagte immer: »Leute, ich rufe einmal an, und wenn ihr da seid, ist es gut. Wenn nicht, dann gibt es meine Kartei, und in der stehen genug Namen, um das ganze Alte Testament mit Statisten zu besetzen. Maria Magdalena und die Esel inklusive.«

Ob hinter oder vor der Bühne, immer war ich irgendwie überzählig und nur geduldet.

Im Theater, das heißt im Stammlokal der Bühnenleute, dem bewussten *Café Drama* in der alternativen Karlsruher Südstadt, hatte ich dann Klaus kennengelernt. Klaus galt in seinen Kreisen als Genie. Folgte man diesem Gerücht allerdings genauer, so saß an seiner Quelle niemand anders als Klaus selbst. Klaus war wie die Quecksilberkügelchen, die früher aus dem altmodischen Fieberthermometer meiner Oma entwichen, wenn es auf den Boden gefallen und zersprungen war. Nicht zu fassen. Seine Form ständig verändernd. Schmal, nicht allzu groß, schütteres Haar, ausgeprägte Schädelknochen und hohe Backenknochen. Mit Klaus Kinski verband ihn, so er selbst, mehr als nur der Vorname, sie teilten eine irre Leidenschaft für das wilde süße Leben. Das mit dem irre sein konnte ich gelegentlich bestätigen.

Mein Klaus, kein Kinski, sondern ein gebürtiger Seitz, lebte intensiv, liebte intensiv, kostete alle emotionalen Schwankungen aus, die das Leben für wilde Künstler bereithielt, und musste deshalb behandelt werden wie ein rohes Ei. Neben seiner Eigenschaft als Genie war er dritter Dramaturg im Karlsruher Staatstheater und verantwortlich für etwas ausgefallenere Kleinproduktionen an der ausgegliederten Experimentalbühne *Insel*. »Aufstieg nicht ausgeschlossen. Angebote liegen vor. Aber die Sache ist noch vertraulich.«

Des amourösen Pendelns überdrüssig, war ich irgendwann nach Karlsruhe in seine Wohnung gezogen, deren Miete ich nun wohl alleine bezahlen musste. Denn der Hauptmieter war verschwunden.

Was war mit meinem Genie geschehen? Der nervöse und immer angespannte, ständig sprunghaft auf der Suche nach neuen Ideen befindliche und ziemlich vergessliche, oft weinerliche und manchmal cholerische Klaus hatte geplant, Ecos Bestseller *Der Name der Rose* für die Bühne zu inszenieren. Ein mutiges und epochales Projekt, geeignet, die biedere badische Theaterlandschaft aufzustören, denn alle Mönche sollten Schwarze sein und zu Rap-Musik tanzen. Der Abt selbst fuhr auf einer Harley vor und verkehrte per Skype mit Gott höchstpersönlich.

Dennoch: Um sich optimal ins klösterliche Umfeld einleben zu können, hatte er sich als Mönch auf Zeit in einem Kloster angemeldet. Er wollte mir nicht sagen, in welchem, denn das gehört dazu, dass man es eben niemandem sagt. Es war auch egal, denn Klaus war niemals mehr wiedergekommen. Er war dem Glauben verfallen.

Es ist nicht schön, für eine andere Frau verlassen zu werden, aber wegen Gott und einem Haufen kuttentragender Kerle ist es auch nicht gerade lustig. Ich hatte mir den Film *Dornenvögel* mindestens fünf Mal auf DVD angesehen und versucht, mich so heroisch zu fühlen wie die Heldin, doch vermutlich würde Klaus als Seiteneinsteiger ins katholische Fach nicht mal mehr Papst. So lohnte sich mein Opfer – weltgeschichtlich gesehen – nicht.

Vor drei Wochen war dann ein freundlicher Geistlicher bei uns in der Wohnung erschienen und hatte Klaus' Rasierzeug und seine Unterwäsche in ein schäbiges Köfferchen gepackt. Milde lächelnd hatte er einen Kaffee abgelehnt, als sei es Teufelszeug, und war verschwunden. »Die Wohnung gehört nun Ihnen. Gottes Segen!«, hatte er noch gesagt.

»Gehört« war gut, und Gottes Segen würde ich verdammt gut brauchen können. Sie war nur gemietet, und wenn ich nicht im Karlsruher Schlosspark übernachten wollte, musste ich den Mietvertrag übernehmen. Und dafür brauchte ich einen Job.

Das führte direkt zurück zu der Zeitungsannonce und zu Ada im Kaftan mir gegenüber.

»Ich werde mich auf diese Führungsposition bewerben. Zwar kenne ich kaum etwas von Baden, und ich liebe vielleicht meine Eltern, aber kein Land und schon gar nicht dieses, aber man kann Liebe auch vorspiegeln, oder, Ada?«

»Gewiss. Lass mich dir jedoch mit einem Satz aus »If I was rich«, meinem neuen Übungsheft zum Konditionalsatz im Englischen, antworten: If you get the job, you'll have a lot of new problems.«

Es sollte sich herausstellen, dass dies kein if-Satz war, sondern eine Tatsache! Doch das konnte ich nicht wissen, als ich beschloss, mich zu bewerben.

Ich sandte eine E-Mail mit Anhang – was ausdrücklich erlaubt war, schließlich ist Karlsruhe die Stadt, von der aus einst angeblich die erste E-Mail der Welt gesendet worden war – und erhielt schon am anderen Tag den Anruf einer Frauenstimme.

»Hier *BadenTouristik & Incentive*, Sie sprechen mit Frau Rübenach. Spreche ich mit Frau Theodora Thamm?«

»Ja«, erwiderte ich wahrheitsgemäß.

»Sie sind Badenerin von Geburt?«

»Oh, ja«, antwortete ich wahrheitsgemäß.

»Gut. Drei Fragen habe ich nun an Sie, die Sie mir bitte ohne großes Zögern beantworten wollen.«

»Wie bitte?«

»Es kommt schon die erste Frage: Wie heißt die nördlichste Stadt Badens?«

Ich dachte nach. »Keine Ahnung. Mannheim? Nein, Moment: Viernheim.«

»Keine Ahnung ...«, murmelte sie, und ich hörte einen Computer klicken.

»Welche Stadt wurde von den Amerikanern im Zweiten Weltkrieg verschont, da sie dort ihr Hauptquartier errichten wollten?«

»Heidelberg«, riet ich.

»Nennen Sie mir eine erfolgreiche Boxerin aus dem Badischen?«

»Renate Halmich.« Oder war es Regina? Mist.

»Gut. Sie hören nach der Auswertung von uns.«

Was musste man bei drei Fragen auswerten und wie kompliziert konnte das sein? Offenbar war man badisch-behaglich bei der Tourismusbehörde. Jedenfalls dauerte es zwei Tage, bis sich Frau Rübenach wieder meldete.

»Hier ist die *BadenTouristik & Incentive*. Sie sprechen mit Frau Rübenach. Spreche ich mit Frau Theodora Thamm?«

»Hallo, Frau Rübenach.«

»Eine Frage ...«

»Nichts sagen. Ich weiß es jetzt: Die nördlichste Stadt Badens ist Weinheim.«

Der Sprachautomat namens Rübenach ließ sich davon nicht beirren. »Sie sind sechsunddreißig, gebürtige Südbadenerin, Sie haben Tagesfreizeit, sprechen mehrere Fremdsprachen und können an einem Vorbereitungskurs übernächste Woche teilnehmen?«, fasste das Telefon mein Leben zusammen.

»Ja. Das alles bin ich.«

Offenbar war da noch ein Punkt auf ihrem Kriterienkatalog: »Sie lieben das Land Baden?«

»Abgöttisch!«, log ich.

Willkommen im Paradies!

»Sie fragen sich vielleicht, warum wir auf einer ausführlichen Schulung und Einweisung bestehen, bevor wir Sie als Führer und Führerin einstellen?«

Freitags im Frühsommer. Genauer gesagt im ausgehenden Monat Mai. Wir waren vier Leute, die das anspruchsvolle Frage- und Antwortspiel der *BadenTouristik & Incentive* überlebt hatten. Drei Frauen und ein Mann. Und immer noch fand ich das Wort Führer irgendwie deplatziert, doch ich wollte nicht kleinlich sein.

Uns gegenüber saß ein melancholisch wirkender Anzugträger mit rot unterlaufenen blauen Augen und einem langen traurigen Gesicht. Sein dünnes grau-blondes Haar hatte er in Strähnen sorgfältig auf seine Stirn geklebt. Laut gemurmelter Vorstellung beim Händeschütteln hieß er Dr. Umsicht und war der Chef der *BadenTouristik & Incentive*. Er benutzte einen rot-gelben Kugelschreiber und malte versonnen kleine Zeichen auf einen Block, der rein zufällig gelb-rote Farben aufwies. Der Radiergummi war ebenfalls in dieser Farbfamilie gehalten. Das Mousepad? Ich äugte. Nein, nicht gelb-rot, sondern nur braun. Ich sah genauer hin. Las Worte darauf: »Das schönste Land in ...« Ein Mousepad mit dem Badnerlied! Gaga!

Wir schwiegen ehrfürchtig

Vorsichtig sah ich mich nach meinen Mitstreitern um. Links neben mir duftete es nach teurem Parfüm – ich diagnostizierte den US-Import *Kate Spade*, die Flasche mindestens für 99 Dollar – während die Frau rechts von mir *Tosca* für 3,99 Euro herüberwedelte. Die links rümpfte die Nase. Ich, in der Mitte, konnte mit Vanille von *Ives Rocher* aufwarten.

Rechts schnupperte kurz, links seufzte. So was nennt man nonverbale Kommunikation unter Frauen.

Der einzige Mann in unserer Runde bemerkte von allem nichts und hatte auch keine Duftnote gesetzt. Er war schlank, groß, hatte rabenschwarzes Haar, das gefärbt aussah und ein wenig außerirdisch wie das von Mr. Spock aus *Raumschiff Enterprise* geschnitten war. Dazu passten seine glatten Züge und die stechenden schwarzen Augen, die mich an Rasputin erinnerten. Er lächelte ironisch und wissend in die Runde.

»Das herrliche, unvergleichliche Land Baden«, sprach Dr. Umsicht ernst und feierlich, »ist unser aller Herzenssache!« Er wies auf einen Punkt hinter uns.

Wir drehten uns gehorsam um. Die schillernd grünen Augen der Frau links von mir trafen mich dabei herausfordernd.

Hinter uns, direkt gegenüber dem Schreibtisch von Dr. Umsicht, prangte, umkränzt von zwei gelb-roten Fahnen, eine reliefartige Karte von Baden. Ein insgesamt länglicher, an manchen Stellen ausbuchtender Streifen Landes, durch den etwas Blaues floß und der rechts und links, oben und unten von dunkel schraffierten Flächen begrenzt wurde. Dort war offenbar Niemandsland, das keines echten Badeners Fuß jemals freiwillig betrat: Württemberg und Frankreich. Hessen und die Schweiz.

Auf dem höchsten Punkt des Reliefs, vermutlich dem Feldberg, saß eine quicklebendige kleine anmutige Fliege und putzte sich. Sie würde wohl noch wachsen, denn es war erst Frühsommer in Karlsruhe und der obstreiche heiße süddeutsche Hochsommer und der Zwetschgenkuchenherbst würden für sie noch kommen.

Wir wandten uns wieder um und schwiegen pietätvoll.

»Tourismus ist ein bedeutender Wirtschaftsfaktor.«

Wir schwiegen nunmehr andächtig. In Deutschland ist nämlich alles ein Wirtschaftsfaktor: Die Landwirtschaft.

Die Autoindustrie. Die Buchbranche. Die Arzneimittelindustrie. Gerät man einem von diesen Faktoren in die Quere, sind Arbeitsplätze gefährdet, und das kommt der Erbsünde gleich.

Herr Dr. Umsicht war zufrieden. »Wir waren sehr aktiv letztes Jahr auf verschiedenen Touristikbörsen, und es ist uns gelungen, einige Busreiseunternehmen und Reisebüros auf unser herrliches und reiches Land aufmerksam zu machen. So werden im Laufe des Jahres mehrere Gruppen in Karlsruhe eintreffen, um sich zwischen drei und zehn Tagen in unserer idyllischen und einzigartig schönen Heimat aufzuhalten. Deutsche und ausländische Gruppen, wohlgemerkt.«

Anerkennend nickte Mr. Spock. *Tosca* und *Kate Spade* drehten sich beeindruckt und staunend nochmal nach der Baden-Karte hinter uns um, die bald von ausländischen Gruppen bevölkert werden würde. Es war, als habe zuvor noch nie eines Japaners Füßchen Heidelberg betreten, und nur dank Dr. Umsicht würden die Grenzen erstmalig geöffnet: »Tear down this wall, Mr. Umsicht!«

Nun lass mal die Kirche im Dorf, Doktorchen, dachte ich ketzerisch. Es gibt sicher schlimmere Regionen in Deutschland, aber wir reden hier nicht von den Seychellen oder von einer anderen Kolonie des Paradieses auf Erden.

»Das ist gut für uns«, sagte Dr. Umsicht nun.

»Ja«, sagte die Toscabenutzerin und wagte sich damit von uns allen am meisten vor.

Der dunkelhaarige Mann neben ihr lächelte amüsiert und abgeklärt, so als habe er ein Geheimnis. Er schlug ein Bein über das andere, was ihm etwas Unverbindliches gab. Das war ziemlich mutig. Vielleicht hatte er den Job gar nicht nötig.

Die Toscabenutzerin war nicht allzu schlank und sah aus, als habe sie ihre mütterlichen Formen in langjährigem Dienst an der Familie erkocht. Ihre braunen Cordhosen saßen etwas zu knapp, das T-Shirt passte nicht zu ihrem kleingelockten

Haar in der Farbe Mausbraun, das sie durch selbstgemachte Strähnchen aufzupeppen versucht hatte.

Ich persönlich hätte auch zu solch einem ersten Treffen keine lange, mehrfach um den Hals geschlungene, in unechtem Rosa schimmernde Perlenkette getragen. Sie wirkte wie eine Hausfrau auf Urlaub, die bei *QVC* die Familienkasse geplündert hatte.

»Das ist gut, denn die *BadenTouristik & Incentive* hat immer wieder mit Anfragen aus dem Gemeinderat zu tun, die den Wert unserer Arbeit für das touristische Bruttosozialprodukt nicht erkennen wollen und kleinlich an unserem Budget herumstreichen.«

Tosca machte einen Mund, als wollte sie Herrn Dr. Umsicht trösten.

»Das habe ich gelesen«, sagte die Blonde mit einer rauchigen Stimme. »Stand das nicht im *Spiegel*? Den haben wir nämlich abonniert, obwohl er allerdings immer mehr nach links rutscht, wie wir finden.«

»Ich glaube nicht, dass sich die Kollegen vom *Spiegel* mit den Imageproblemen des Landes Baden beschäftigen«, sagte Mr. Spock und strich ein unbotmäßiges Haar aus der schwarzen Wellenlinie, die wie bei einer Playmobilfigur auf seinem Kopf aufgesetzt war.

»Im Herbst werden nun zwei Gruppen Baden bereisen, von denen wir uns besonders viel versprechen. Eine Abordnung von Bewohnern der Gemeinde New Baden, Ill – gegründet von preußischen und deutschen Auswanderern und benannt nach der Stadt Baden-Baden – wird eine Woche hier verbringen, und kurz darauf wird ein Boule-Club aus der Gegend von Bordeaux erwartet. Beide Gruppen wünschen vor allen Dingen die Gebiete entlang des Rhines« – er sprach das Wort merkwürdigerweise englisch aus – »zu besichtigen, und beide Gruppen kann man getrost als Multiplikatoren ansehen. Gefällt es ihnen bei uns, so werden ihre Landsleute folgen.«

Die Fliege verschwand durchs Fenster. Die Sache hier sah nach ernster Arbeit aus und sie hatte nur noch ein halbes Jahr zu leben. Also nix wie weg!

»Was heißt Ill, bitte?«, fragte Tosca, die Mütterliche. »Ich bin schon lange raus aus dem Beruf.«

»Illinois. Ein Staat in den USA. Den gab es wohl zu Ihrer aktiven Zeit noch nicht«, bemerkte der einzige männliche Führungsanwärter sarkastisch.

Dr. Umsicht räusperte sich. »Die Organisatoren beider Gruppen wünschen sich einen kompetenten Reiseleiter, der ihnen eine Woche historische und landschaftliche Höhepunkte unseres herrlichen Landes zeigt. Wenn sich die Sache bewährt, so werden wir aktiv damit werben, dass man bei uns individuelle Arrangements buchen kann sowie einen passenden sachkundigen Führer gleich mit dazu.«

»So wie in Indien. Da kann man auch ganz preiswert einen Rikschafahrer mieten«, sagte Mr. Spock mit seiner flachen ironischen Stimme.

Ich hätte erwartet, dass Dr. Umsicht nun böse würde und dem Mann mitteilte, er müsste ja nicht unbedingt bei dieser Schulung teilnehmen, doch er sagte milde erfreut über diese Einsicht: »Genauso ist es!« Und nickte ernst.

Ich seufzte. So sah also mein vorläufiges berufliches Schicksal aus: anstatt Bühnenkarriere Rikschafahrerin für Touristen, und das nicht mal im geheimnisvollen Indien, wo meine Spiritualität erweckt würde und ich ungeahnte erotische Techniken entdecken würde, sondern im braven Kuckucksuhrenland Baden. Aber so besiegelt, wie ich dachte, war mein Schicksal gar nicht, wie sich alsbald herausstellte. Heutzutage gibt es nämlich keinen Job mehr – nicht einmal *so* einen – ohne ein Auswahlverfahren.

Herr Dr. Umsicht warnte deshalb gleich vor übertriebenen Hoffnungen: »Wir brauchen allerdings nur zwei Führer. Sie vier werden nun eine einwöchige Schulung mit Herrn Robert

Reutter vom Adler-Reisebuchverlag, Sitz Mannheim, mitmachen. Dabei werden Sie Ihre hoffentlich bereits vorhandenen Kenntnisse über das wunderbare, schöne und vielseitige Land Baden vertiefen und erweitern, sich darin üben, die Attraktionen unseres Landes herauszustreichen – und danach werden wir entscheiden, wer von Ihnen die Menschen mit dem wunderbaren, schönen und vielseitigen Land Baden bekannt machen darf.«

»Was?«, fragte Tosca, die bekanntlich seit Jahrzehnten erstmals wieder auf den Arbeitsmarkt geworfen war.

»Na, wir müssen eine Woche umsonst malochen, und dann entscheiden sie hier, wer führt und wer fliegt«, fasste der schwarzgewellte Mann zusammen und lächelte sarkastisch. »Der Kampf beginnt.«

Es wurde uns sodann ein Bogen ausgeteilt, in den wir unsere Handynummern und E-Mail-Adressen eintragen sollten, und ein weiterer, auf dem eine Liste von nützlichen Büchern über Baden aufgeführt war, die fast alle rein zufällig vom Adler-Verlag stammten. Den Inhalt dieser Bücher müssten wir auf jeden Fall in groben Zügen kennen, denn man könne uns das Land Baden zwar umrisshaft darstellen, aber nicht mehr jede geschichtliche Sternstunde von Null an erläutern.

»Vor allem die Adelsgeschlechter und die Baustile von Schlössern und Kirchen müssen Sie in- und auswendig wissen. Dem Gast immer einen Schritt voraus sein, meine Herrschaften.«

Die Bücher würden uns später zur Verfügung gestellt. Wir *müssten* sie nicht kaufen, außer wir *wollten* sie kaufen, was auch nicht ungern gesehen würde, da es für einen Badener kein Fehler sein könnte, Bücher über Baden im Schrank zu haben.

»Hast keine Bibel du im Haus, sieht es öd und traurig aus!«, scherzte Herr Dr. Umsicht, ohne eine Miene zu verziehen. »Wissen, wohin man gehört. So wirbt bekanntlich unser Rundfunksender, der früher den guten Namen SWF trug und den wir uns nun leider mit einem anderen Land teilen müssen.«

Trotzdem hatte keiner von uns Lust, ein Buch zu kaufen, was Herr Dr. Umsicht ergeben zur Kenntnis nahm.

»Wir begeben uns nunmehr in den Besprechungsraum Zähringer 1, und ich stelle Ihnen jetzt Herrn Reutter vor, der Ihnen freundlicherweise eine knappe Woche lang die Schönheiten und Attraktionen unseres blühenden Landes vorstellen wird.«

»Ich habe mich schon mal eingelesen. Kommen wir auch nach Maulbronn? Das ist Weltkulturerbe und wird den Touristen bestimmt gut gefallen«, fragte Tosca eifrig.

Dr. Umsicht erwiderte säuerlich: »Maulbronn gehört leider nicht direkt zu unserem herrlichen blühenden Land. Ich wünsche Ihnen trotzdem viel Vergnügen und denken Sie daran« – er versuchte neckisch zu wirken, was ihm misslang, denn er war von Natur aus eine traurige Seele – »für zwei von Ihnen winkt vielleicht eine schöne bezahlte Anstellung bei der *BadenTouristik & Incentive*. Abgesehen davon können Sie Ihrem Land dienen. Ist das nicht herrlich?«

»Wunderbar. Und für zwei von uns winkt die Arbeitslosigkeit«, sagte ich leise. Außerdem war mein Blick durch Ada grammatisch geschärft. Es gab eindeutig einen Unterschied zwischen einer schön bezahlten und einer schönen, bezahlten Tätigkeit.

Die Blonde rechts zuckte die Achseln und klimperte mit ihrem affigen *Thomas-Sabo*-Armband. »Wie heißt der Besprechungsraum? Nur damit ich ihn wiederfinde, wenn ich mal zur Toilette muss.«

»Zähringer 1«, belehrte sie Dr. Umsicht.

»Ah«, machte die Blonde und holte Luft für einen längeren Satz: »Das war ein mittelalterliches Adelsgeschlecht, das Orte wie Freiburg gegründet hat. Ich muss allerdings sagen – eine vornehme Familie. Haben ihr Geld mit dem Silberbergbau im Schwarzwald verdient. Aus familiären Gründen kenne ich mich da ein wenig aus. Mit unserem heute regierenden Haus Baden teilen sie sich einen Vorfahren namens Bertram.«

»Echt jetzt?«, fragte Tosca.

»Ja, schon mal ganz ordentlich. Außer dass er Berthold hieß«, erklang eine kühle Stimme hinter uns. »Der gute Mann hatte nur einen Nachteil: Er war mit einer Schwabenprinzessin verheiratet.«

Wir fuhren herum.

Ein Blick aus grauen Augen: »Guten Tag, mein Name ist Reutter. Robert Reutter, und wie ich sehe, haben Sie vier das große Baden-Casting überstanden. Bitte folgen Sie mir. Wer Kaffee möchte, kann sich da hinten bedienen. Es kostet nichts. Der Mannheimer sagt *fer umme* dazu – in welche Sprache kann man diesen Begriff übrigens nicht übersetzen?«

»Französisch?«, fragte Tosca.

»Schwäbisch!«, versetzte Reutter trocken.

Ich sah ihn an und dachte: Oh je!

»Tja, meine Herrschaften, dann wollen wir uns mal an die Arbeit machen.«

Immer noch der gleiche Freitag und immer noch der Besprechungsraum namens Zähringer 1 in einem Seitenflügel der *BadenTouristik & Incentive*. Draußen wüteten Presslufthämmer und ab und zu wurde die Sonne vor dem Fenster durch das Vorüberschwenken eines Baukrans verdunkelt.

Der Mann am Kopfende unserer Tafel zog sein blaukariertes Jackett aus, krempelte die Ärmel seines blauen Hemdes hoch und riss das Fenster auf. Es wurde noch lauter. Die Blonde hielt sich angewidert über den Krach, den echte Kerle bei der Arbeit machten, die Ohren zu.

»Karlsruhe baut eine U-Bahn!«, schrie Reutter in unsere Richtung. »Ist das gut oder schlecht?«

»Schlecht«, meinte Tosca. »Der Lärm ist auf Dauer nicht gesund. Besonders für Kinder …«

»Falsch. Es ist gut!«, hallte unser Führer und schloss das Fenster wieder. »Man muss es nur zu nutzen wissen. Wir stellen uns als das dar, was wir sind: Ein nach vorne gewandtes Land. Das Land von Drais und Benz und Zuse.«

»Zu... wer?« Die Blonde schüttelte ihre Haare geziert in Form.

»Der Computer-Zuse! Wie haben Sie es denn in diese Gruppe geschafft, Verehrte? Ein bisschen historische Kenntnisse über unsere bedeutendsten Badener müssen schon sein. Und dazu zählen eben nicht nur die Adeligen. So ist die badische Verfassung die erste freiheitlich-konstitutionelle Verfassung innerhalb des deutschen Bundes gewesen. Und wer war ihr Architekt?«

»Ich bin sicher, dass ich das schon mal wusste. Es liegt mir geradezu auf der Zunge«, behauptete die Blonde.

»Das kann nur der gute Nebenius gewesen sein«, ließ Dr. Spock fallen. »Als ich noch am Beginn meiner eigentlichen Karriere war, hatte ich eine Kollegin in der Nebeniusstraße in Karlsruhe. Aber ich möchte da im Moment noch nicht mehr dazu sagen. Bitte dringen Sie also nicht in mich.«

Reutter nickte. »Wenigstens ist der Name bekannt. Nun eine Frage für die Damen.« Er sah in Toscas Richtung. »Wer war beispielsweise die erste deutsche Kochbuchautorin?«

»Keine Ahnung«, sagten wir alle fast unisono: Hausfrauen, Männer, Schickis und frisch verlassene Singles.

»Die sogenannte Löfflerin aus einem gottverlassenen Nest namens Kürnbach im Kraichgau, kurz vor der Grenze zum Feindesland.«

Ich musste ein verräterisches Gesicht gemacht haben, denn er sprach mich an. »Sie wissen, was das ist? Das Feindesland?«

Mein Gott, so mussten sich Verräter fühlen. Shakespeare hatte es gewiss in passende Worte gegossen.

»Württemberg?«

»Donnerwetter! Aber keine Sorge, das formulieren wir bei den Führungen natürlich ein wenig verbindlicher. Obwohl uns Badenern manchmal das Lachen vergangen ist, seit am 25. April 1952 eine unfreiwillige Ehe geschlossen wurde, in der es keine echte Gütergemeinschaft gibt.«

Wir schwiegen. Vermutlich aus den unterschiedlichsten Gründen. Die Blonde malte verträumt eine Zahl mit mehreren Nullen auf ihren Block. Mich überfiel eine jähe Traurigkeit, und ich dachte grundlos an Klaus.

Allen verlassenen Frauen geht es so: Du siehst beispielsweise ein grünes Fahrrad oder einen halb verfaulten Apfel und könntest heulen. Die anderen mögen nur zwei alltägliche Dinge sehen. Über dir aber schwappen die Wogen der Erinnerung zusammen. Schließlich hat *er* als Kind ein grünes Fahrrad gehabt. Und hat er nicht gerne überreife Äpfel gegessen?

»Zuerst stellen wir uns vor. Mein Name ist Robert Reutter. Ich bin Marketingchef und Miteigentümer des Adler-Verlages, der überwiegend Baden-Literatur vertreibt und in letzter Zeit auch stark in den Reise-DVD-Markt sowie in den Bereich der interaktiven Bildschirmseiten vorgestoßen ist. Sie werden heute von mir etliche Bücher bekommen, die Sie bitte zur Vorbereitung über das Wochenende gründlich durcharbeiten und sich entsprechende Notizen machen. Die ganze nächste Woche über werden wir beim Training an den Originalschauplätzen lediglich diese als bekannt vorausgesetzten Fakten vertiefen.«

»Am Wochenende habe ich eigentlich etwas vor«, murmelte die Blonde. »Diese gehobenen gesellschaftlichen Verpflichtungen sind immer so schwer zu verschieben, aber ich werde es versuchen.«

»Das tut meinen Leutchen mal ganz gut, wenn Mutti am Wochenende sagt: Jetzt muss *ich* mal lernen!«, strahlte Tosca gutartig.

Ich betrachtete sie nachdenklich. War sie einem Loriot-Sketch entsprungen und erwarb den Baden-Führerschein nach dem erfolgreich absolvierten Jodeldiplom oder war sie wirklich so, wie sie war?

Der einzige Mann lehnte sich zurück und lächelte ironisch, sagte aber nichts.

Und ich? Seit Klaus nicht mehr da war, hatte ich mich am Wochenende manchmal, nein, oft einsam gefühlt. Da konnte ich ebenso gut Bücher über das Land Baden lesen, was mir normalerweise nicht im Traum eingefallen wäre.

Reutter hatte uns alle kurz der Reihe nach betrachtet und fuhr jetzt fort: »Unser Verlag hat seinen Hauptsitz in Mannheim, mit Filialen in Karlsruhe und Freiburg. Wir sind ein expandierendes Unternehmen und arbeiten eng mit der *BadenTouristik & Incentive* zusammen, die ihrerseits ein total verschlafener Haufen ist, was Sie Dr. Umstand, Entschuldigung, Dr. Umsicht, bitte nicht ausrichten sollten.«

Die Blonde kicherte. Der Mann in unserer Runde schmunzelte. Ich glaubte das sofort, und Tosca sah im Namen von Dr. Umsicht beleidigt aus.

»Ich beschäftige mich sehr gerne mit Büchern«, sagte sie fast trotzig. »Mein Sohn liest leider nicht viel. Aber er geht zum KSC, wo sie vor jedem Spiel das Badnerlied singen. Wäre das auch brauchbar für diese Arbeit hier? Es hat so etwas Verbindendes.«

»Für *uns*, Verehrteste!«, erwiderte Robert Reutter beinahe heiter, »aber das Badnerlied ist den meisten Amis herzlich gleichgültig. Wenn Sie es schaffen, dass jeder zweite New Badener eine DVD mit Lied und Bild von Baden mit nach Hause nimmt, übrigens erhältlich im Adler-Verlag in sechs Sprachen, haben Sie Ihre Sache gut gemacht.«

Ich fasste unseren Chef näher ins Auge. Am Theater hätte man den Petrucchio aus *Der Widerspenstigen Zähmung* mit ihm besetzt: ein Macho. Untersetzt, kräftig, mit kurzem skandinavienblondem Haar, in dem ein paar dunklere Strähnen für Abwechslung sorgten, und angriffslustigen grauen Augen. Die richtete er jetzt auf Tosca.

»Vielleicht stellen wir uns alle kurz vor. Würden Sie den Anfang machen?«

Tosca schob ihr Kinn ein wenig trotzig vor, als müsste sie sich für das, was jetzt kam, entschuldigen: »Mein Name ist Helma Burgenbauer. Ich bin verheiratet und habe zwei Kinder. Der Jüngste, mein Lorenz, ist jetzt zwölf, das heißt, er wird demnächst, genauer gesagt im September, zwölf ...« Sie sah sich um, doch niemand schien am haargenauen Datum von Lorenzchens Geburtstag Interesse zu haben. »Da die Kinder aus dem Gröbsten raus sind, dachte ich, ich kann stundenweise was machen. Mein Mann hat nichts dagegen. Er ist am KIT, an der Eliteuniversität, also dem früheren Forschungszentrum, aber nicht als Forscher, die verdienen mehr. Er ist verantwortlich für das Labor 3a und b. Dass alles am Platz ist und dass die Forscher wieder aufräumen. Wir wohnen in Durlach, und ich habe einen Garten.«

Robert Reutter nahm das alles unbewegt zur Kenntnis. »Danke, Frau Burgenbauer. Durlach ist bekanntlich die Heimat unseres lebensfrohen Stadtgründers, der den Standort von Karlsruhe im Traum sah. Der Grabstein für eines seiner natürlichen Kinder, der kleinen Carolina, ist erst jetzt kürzlich an der Nikolaus-Kapelle entdeckt worden. Rührende Inschrift. Eine liebenswerte Episode am Rande. So was sollten Sie alle eigentlich sofort aufschreiben!«

Dann wanderte sein Blick zu mir.

»Mein Name ist Theodora Thamm. Ich bin in Baden, in Freiburg, geboren und wollte immer schon ...«

»Theodora?« Reutter schien erneut angetan. »Das ist für badische Ohren ein Name mit gutem Klang.«

Die Blonde sah mich missgünstig von der Seite an. »Wieso *das* denn?«, maulte sie.

Reutter schoss seine grauen Augen auf mich ein. »Nun, dies kann uns die Trägerin gewiss selbst erklären. Ihre badischen Eltern werden es ihr oft erzählt haben.«

Badische Eltern! Welche Opfer musste ich der Kunst bringen, und was tat ich eigentlich hier in Zähringer 1 mit einer Spießerin, einer Zicke und einem Gespenst sowie einem Mann, der das Weltgeschehen nur zur Kenntnis nahm, wenn es sich in Baden ereignet hatte. Meine Oma väterlicherseits hatte immer gesagt, da drüben seien alles »Lompe«, die »net schaffe wellet.« Am besten also nichts wie raus hier! Doch dann erschienen mir mein Kontostand, mein halb leerer Kühlschrank sowie mein Vermieter vor Augen, und ich blieb sitzen.

»Sie können das bestimmt besser als ich«, murmelte ich.

»Theodora war die zweite Tochter von fünf Kindern des Prinzen Andreas von Griechenland und Dänemark und dessen Frau Alice von Battenberg. Damit ist sie nicht nur eine Schwester von Queen Elizabeths Ehemann Prinz Philip, sondern auch die Ehefrau des badischen Markgrafen Berthold, dessen Sohn Maximilian Andreas Friedrich Gustav Ernst August Bernhard von Baden der Seniorchef des regierenden Hauses ist.«

Wow. Alle wandten die Köpfe wie an Schnüren gezogen zu mir, so als sei ich damit selbst Badenadel vom Feinsten. Ich lächelte wie die neue Prinzessin Kate Middleton.

»Er war sogar im April zur königlichen Hochzeit in London geladen. Wir gehören eben dazu. Mischen ganz oben mit. Habe keinen Schwaben in der ersten Reihe da in Westminster gesehen.« Reutter musterte mich anerkennend. »Ihre Eltern hatten einen guten Geschmack.«

Ich wusste mit absoluter Gewissheit, dass meine Eltern mich Theodora genannt hatten, weil dies der Name meines irischen Urgroßvaters Theodor, einem Pferdehändler mit zweifelhafter Moral, gewesen war. Er war im Suff von einer Leiter gefallen.

»Und warum sind Sie hier, Theodora?«, wollte Reutter wissen.

»Tja, ich wollte immer schon Amerikaner und Franzosen näher mit meiner Heimat bekannt machen.«

»Und warum?« Die grauen Augen hielten mich fest.

»Nun«, wich ich aus, »das liegt doch auf der Hand. Sie sagen es ja selbst. Und Dr. Umsicht sagt es dauernd. Alle sagen es. Weil es hier in Baden besonders schön ist. Beinahe Paradies.«

Sorry, Oma. Ich fühlte mich wie eine Verräterin. Nicht so einfach, als Schwäbin auf die andere Seite des Bindestrichs zu wechseln.

»Beinahe Paradies? Kein schlechtes Motto für unsere Führungen«, lobte mich Reutter schon wieder, diesmal mit warmer Stimme.

Vielleicht wäre er ja ein ganz netter Mann, wenn er einst aus seinem badischen Dauerrausch erwachte.

»Zumal der kleine Ort Himmelreich, unweit von Freiburg im Dreisamtal gelegen, zu unserem Einzugsbereich gehört.« Er machte sich eine Notiz.

Ich lächelte bescheiden. Ein Punkt für mich.

Unter meinen potentiellen Konkurrenten begann sich Ungeduld breitzumachen. »Sind Sie jetzt fertig? Ich bin Sine von Schönau-Geislingen. Dies ist mein Mädchenname. Und ich heiße nicht nur wie eine Adelige. Ich *bin* eine.«

»Geislingen? Ich denke, wir müssen alle badisch bis ins dritte Glied sein?«, sagte unser einziger Mann leicht ironisch. »Das hört sich für mich ziemlich schwäbisch an.«

»Mein Geschlecht«, behauptete Sine etwas missverständlich, »sitzt ursprünglich am Hochrhein. Bei Lauchringen. Wir sind urbadisch. Verheiratet bin ich übrigens eine Dr. Kretzmer, falls Ihnen der Name etwas sagt? Mein Mann und ich leben allerdings auf meinen Wunsch im Moment vorübergehend etwas getrennt.«

Wir alle warteten ab, dass noch etwas passierte.

»Kretzmer Funktionsmöbel? Bühl ...? Lesen Sie nicht den *Spiegel*? Da schalten wir große Anzeigen. Ja, ich weiß, es ist schwer zu glauben, aber behandeln Sie mich trotzdem wie alle anderen.«

Wir alle schwiegen. Kein Mensch kannte Kretzmer Funktionsmöbel.

»Die Kinder aus der ersten Ehe meines Mannes sind jetzt erwachsen. Raoul hat ja angefangen, in Oxford zu studieren, aber die sind da ziemlich hochnäsig, und der Junge ist nun mal eher praktisch veranlagt. Josie ist gerade fertig mit Medizin in Graz. Mit dem ersten Semester. Die reinste Bürokratie, dass sie hier nur Einser-Abiturienten Ärzte werden lassen. Was ist an einer Drei schlecht? Manche Leute haben gar kein Abitur!« Sine von und zu sah sich scharf um.

Helma zuckte ertappt zusammen.

»Ich wollte mich jedenfalls ein wenig sinnvoll beschäftigen. Ehrenamtlich. Entweder machst du Kirche oder das mit den Führungen, habe ich mir gesagt. Ich kann sehr gut mit Menschen umgehen. Im Tennisclub wäre ich längst im Vorstand, wenn nicht ... vergessen Sie diese intrigante Hexe. Nötig habe ich es jedenfalls natürlich nicht, aber denken Sie einfach, ich bin wie die anderen.«

Robert Reutters herausfordernder Blick wanderte zu unserem einzigen Mann.

Der zog die knochigen Geierschultern hoch. »Mein Name ist Michael Brenner. Das ist mein Behördenname. Mein Künstlername tut hier nichts zur Sache. Irgendwann werde ich ihn enthüllen, aber danach ist nichts mehr, wie es war, und deshalb warte ich damit. Hauptberuflich morde ich. Auftragsmorde.«

»Was?«, fragte Helma und raffte ihre Handtasche an sich. Dann sagte sie: »Sie machen Spaß!«

»Wie kommen Sie denn darauf? Erst heute Morgen habe ich einen scheinbar harmlosen Vertreter in Gengenbach vergiftet. Seine Leiche wurde in dem kleinen Kräutergarten nahe des Klosters gefunden. Sehr nettes Städtchen, dieses Gengenbach. Aber es gibt da eben auch eine Klinik für Leute, die nicht ganz richtig im Kopf sind.« Er seufzte und wandte sich Helma zu. »Nein. Am *Computer* morde ich. Doch man kann nicht immer nur mit dem Bösen leben, deshalb gehe ich hinaus in die Welt. Außerdem«, jetzt sah er Sine an, die aufgebracht mit den Wimpern klimperte, »außerdem spielen die meisten meiner Bücher in Baden, und so kann ich das Nützliche mit dem Angenehmen verbinden. Stichwort: Recherche hautnah.«

»Brenner? Nie gehört!«, sagte Sine fahrig. »Was, sagten Sie noch mal, schreiben Sie denn so?«

»Krimis«, sagte ich. »Er hat doch gesagt, er schreibt Kriminalromane. Aber er heißt nicht Brenner. Er ist eigentlich jemand anders. Jemand Berühmtes.«

Ich glaubte dem Kerl kein Wort. Rund ums Theater sind die Kneipen voll mit solchen wie ihm.

»Bitte!«, wehrte Brenner ab.

»Ach so.« Sine war nicht beeindruckt. »In den Buchhandlungen mache ich allerdings immer einen Bogen um diese vielen Krimis. Für meinen Mann und mich war das keine Literatur, wenn Sie mir nicht böse sind. Es ist halt Unterhaltung für die Massen. Ich habe unserer alten Zugehfrau mal einen geschenkt. Ich frage meine Buchhändlerin: Was empfehlen Sie mir denn für meine gute Frau Simoneiti, und sie sagt, nehmen Sie doch irgendsoein Büchlein mit einem Lokalkrimi, Frau von Schönau.«

Brenner sah aus, als stehe er kurz davor, Leben und Werk miteinander zu verschmelzen und einen Mord zu begehen.

Helma schien erleichtert. »Sie glauben doch nicht, dass *ich* viel zum Lesen komme. Sieben Meter Fenster und der nächste Aldi ist ziemlich weit und der Garten macht auch viel ...«

Wieder Schweigen. Leises Presslufthämmern von draußen.

Ich fragte mich, ob es wirklich noch notwendig war, ein subventioniertes Theater zu betreiben. Das hier war ein absurdes Theaterstück, und die Laien machten ihre Sache sehr gut.

In solchen Momenten fehlte mir Klaus besonders. Wie hätten wir gelacht, heute Abend. Erst hätte er gelacht, dann einen Wein eingeschenkt und noch einen getrunken und dann wäre er ernst geworden. Alles Idioten in seinen Augen! Er konnte sehr aggressiv werden. Gegen die Welt. Aber jetzt war er ein Mönch, und man kann ja über Klosterbrüder denken, wie man will, aber sie lachen bestimmt nicht über andere, das ist verboten, und außerdem war er sowieso weg. Und hatte eine Wohnung hinterlassen, in der es für mich zu still geworden war. Und zu teuer.

Ich unterdrückte eine Träne und atmete gegen den Herzschmerz an. Dann musste heute Abend eben Ada ersatzweise mit mir lachen. Frauen finden nach einer Trennung leichter einen Ersatz fürs Lachen, Männer finden meistens gleich wieder eine neue Frau.

Unser Lehrer sah nicht aus, als wäre er von uns als Gruppe besonders begeistert. Eher wirkte er genervt, mit welchen Ignoranten die Verhältnisse ihn zwangen, eine Woche zu verbringen. Er rutschte ein bisschen nach unten und setzte sich breitbeinig hin. Ein Macho. Jetzt, da ich wusste, dass er aus Mannheim kam, hörte ich einen leichten Kurpfälzer Dialekt. Ich suchte nach einem Ehering, fand keinen.

»Also gut. Warum sind wir hier? Wir wollen das Land Baden vermarkten. Ist das leicht oder schwer?«

»Leicht!«, sagte Helma und lächelte süß. »Wir dürfen uns die Toskana Deutschlands nennen, hat der Erdkundelehrer meinen Kindern erklärt. In Baden-Baden blühen Zitronen.«

Ich hatte das Gefühl, dass ich am Ende dieser Woche das Wort Kinder als Unwort des Jahres einreichen würde.

»Es ist schwer«, behauptete Sine überraschend. »Unser Land wird jetzt grün regiert. Vermurkst, darf ich sagen. Was soll das eigentlich? Was haben wir denen getan?«

Reutter äußerte sich nicht. Seine steingrauen Augen, die jetzt etwas Kühles hatten, wanderten zu Michael.

Der hob seine schwarzen Augenbrauen. »Ich denke, es ist literarisch und emotional gesehen ein interessantes Land. Man entdeckt immer neue Schauplätze, an denen man menschliche Leidenschaften zur blutigen Explosion hochkochen kann. Mehr möchte ich im Moment nicht dazu sagen. Nichts ist mir fremd.«

Robert Reutter musterte ihn eine Weile, dann sah er mich fragend an.

»Keine Ahnung«, bekannte ich. »Es ist ja nicht allzu groß.«

Reutter krauste die Stirn, sein Blick spielte ins Misstrauische.

Hastig verbesserte ich: »Nicht groß, aber auch nicht so klein wie beispielsweise Bremen oder Andorra. Und das Wetter ist meistens ziemlich gut. Auch besser als in Bremen. Und ich vermute, dass man hier sehr angenehm leben kann. Ich weiß es sogar.«

Gelogen, Theodora. Wenn du nicht immer noch Hoffnungen auf ein Wunder beim Badischen Staatstheater hegtest, wärst du doch schon längst wieder in Stuttgart, oder? Karlsruhe ist eine Stadt, und Stuttgart ist eine Großstadt.

»Angenehmer als in Bremen, wollten Sie sagen«, antwortete Reutter ironisch. Er warf den Kuli von sich. »Leider habe ich bei Ihnen allen ein hartes Stück Arbeit vor mir. Nein, meine Herrschaften. Vergessen Sie all die Herrlichkeit von Baden und lassen Sie sich eins gesagt sein: Es ist verdammt *schwer*, dieses Land hier auf Tourismusmessen unter die Leute zu bringen. Stand neben Stand stehen da die Bayern im Krachledernen, die Holsteiner, die Franken und die Leute von der Nordsee mit dem Meerblick. Ganz zu schweigen von den Angebern aus Berlin mit ihren Gratiscurrywürsten à la Gerhard Schröder und den Dresdnern, die so tun, als sei die Welt unvollständig ohne ihre Frauenkirche. Gott sei Dank haben sie sich jetzt ihr Elbufer vermasselt.« Letzteres klang schadenfroh.

Sine fingerte an ihrer teuren Tasche herum. »Wir haben aber gespendet. War das falsch?«

Reutter ignorierte sie. Er ging innerhalb der Wände von Zähringer 1 auf und ab.

»Vergessen Sie die offiziellen Slogans der *BadenTouristik&Incentive*. Ich bin ein reinrassiger Badener in der siebten Generation. Davor, vor 1803, waren wir natürlich Kurpfälzer, aber die Mentalität stimmte immer. Mein Großvater hat als Arbeiter erleben müssen, wie 1926 der badische Benz vom schwäbischen Daimler geschluckt wurde. Doch unseren Stolz konnte man uns nicht nehmen. Ich liebe dieses Land von Wertheim bis Konstanz, aber auch das, was man liebt, muss man mit klarem Blick sehen.«

»Nicht unbedingt. Und nicht bei Shakespeare«, sagte ich spontan. »Sah Liebe jemals mit den Augen?«

Alle starrten mich an.

»Meint er! In einem Sonett!«, fügte ich achselzuckend an.

Reutter stutzte, fing sich wieder. »Trotzdem. Aus der Sicht eines normalen Amerikaners hat Baden außer Heidelberg, einer gewissen Torte und Kuckucksuhren nicht viel zu bieten.«

Helma wollte widersprechen, Reutter stoppte sie mit einer Handbewegung.

»Keine wirklich hohen Berge, obwohl der Feldberg immerhin an die 1500 Meter misst. Kein Meer mit Strand und Sand. Keine Märchenschlösser mit durchgeknallten Operettenkönigen wie in Bayern. Kein Oktoberfest. Und der Rhein sieht auch nicht wirklich romantisch aus, seit Tulla ihn für uns begradigt hat. Sie wissen ja hoffentlich, wann das war. Wie aus der Pistole geschossen muss die Jahreszahl kommen: 1807. Interessiert niemanden, aber falls doch einer fragt: Er hat die Karlsruher Ingenieurschule gegründet, und dass die Dreisam bei Freiburg auch so schön geradeaus fließt, war ebenfalls sein Werk.«

Ich sah aus dem Fenster.

»Nicht wahr, Frau Thamm?«

»Wie? Sprechen Sie mit mir?«

»Sie sind doch Freiburgerin. Das haben Sie doch bestimmt alles mit der Muttermilch aufgesogen.«

»Aber natürlich«, log ich. »Meine Eltern haben beinahe unaufhörlich von Tulla gesprochen.«

Sine zuckte die Achseln. »Wir auch. Hatten erst überlegt, unsere Tochter aufs Tulla-Gymnasium in Mannheim zu tun, doch dann haben wir uns für eine Privatschule entschieden. Ich bin gegen diese moderne Gleichmacherei.«

»Vor drei Jahren hatte ich einen Krimi auf dem Markt, der an einem Rheinarm spielte. Ich kann mich nicht mehr genau erinnern. Ich glaube, es war bei Rastatt. Brachte 3500.«

»Euro?«, fragte Helma beeindruckt, so, als sei das ganz viel Geld.

»Nein. Verkaufszahl. Und sieben Lesungen.« Michael schüttelte seinen Kopf, langsam, wie ein Automat. »Ein Teil spielte im Elsass. Das war schlecht, sagt mein Verleger. Nicht zu verkaufen. Wir kein französisch, die kein deutsch. Nun ja, das war nur der Startschuss.«

Helma wachte auf. Ihr Ressort war gefordert. »Das ändert sich jetzt. Man spricht französisch in der Grundschule. Aber natürlich nur in bestimmten Stadtkreisen entlang der Grenze. Wäre das auch interessant für unseren Bus, Herr Reutter? Ich könnte von meinen Kindern erzählen. Die sagen manchmal schon lustige Sachen auf französisch.«

Reutter klopfte mit seinem Kugelschreiber auf den noch nackten Tisch. »Nein. Verschonen Sie unsere Gäste mit Ihren Kindern. Alles uninteressant. Baden, das wir von jetzt an *das Produkt* nennen wollen, ist also nicht leicht zu vermarkten. Auch nicht mit den Sachen, auf die wir stolz sind. Wir sind das drittgrößte Weinbaugebiet in Deutschland, aber interessiert das einen Ami, der nur Cola oder Sprite trinkt? Bestenfalls mal einen süßen *Rhinewine*? Oder einen Franzosen, der sich bekreuzigt, wenn er was anderes als seinen Bordeaux, Pinot oder Chablis serviert bekommt?«

Wir sahen einander betreten an. Ich war besonders betreten. Reutter beleidigte nacheinander erfolgreich alle meine Gene.

»Oder dass wir mit Heidelberg die drittälteste Universität Europas haben? Das will keiner wirklich wissen. Yale und die Sorbonne sind jünger, na und? Die paar Jährchen.«

»Wir hatten auch an Yale für unseren Sohn gedacht, allerdings ist mein Mann nicht so fürs Amerikanische. Ich dagegen habe nichts gegen Amerikaner«, verkündete Sine.

»Sehr großzügig von Ihnen. Also, es ist nicht einfach, unser Produkt zu verkaufen. Keine niedergerissene Mauer wie in Berlin, die den Provinzami an seinen Kennedy und seinen Reagan erinnert. Keine Monsterburgen zu besichtigen wie bei den Hohenzollern drüben über den sieben Bergen bei den Württembergern. Keine Drosselgasse, wo sich die Engländer billig vollaufen lassen können. Nur eben Heidelberg, aber dazu kommen wir später. Aus der Sicht des Franzosen hat das Land sowieso einen großen Nachteil, nämlich welchen?«

Wir schwiegen. Ich hatte eine Ahnung, behielt sie aber lieber für mich.

»Aus Sicht der arroganten Franzosen, die unser Produkt sowieso höchst selten bereisen, hat es den Nachteil, dass es *nicht* in Frankreich liegt.«

Wir alle lachten höflich.

Ich lachte auch, obwohl ich eigentlich wütend war. Wenn Franzosen gerne im eigenen Land Urlaub machen, wird das seine guten Gründe haben, als da sind: das Meer, Austern, Kathedralen und Pyrenäen. Wein, Artischocken, Baskenmützen, Carla Bruni, drei Sterne, TGVs und Weißbrot auf jedem Tisch. Und nette Männer, die wissen, wie man Frauen behandelt.

Reutter hob die Hand zum Aufzählen: »Das Produkt hat – vermarktungstechnisch gesehen – ein paar Nachteile: Mit seinen 15 000 Quadratkilometern, auf denen fünf Millionen glückliche Menschen wohnen, ist es doch eher klein. Durch eine verschleppte Abstimmung wurde es widernatürlicherweise zum Landstrich Württemberg geschlagen, ist also nicht selbstständig. Touristen lieben royale Traditionen. So was wie die Queen, die es immer schon gab. Auch damit können wir nur bedingt dienen, denn die verschiedenen Linien des Hauses Baden laufen im Zickzack durch die Geschichte. Einfache Gemüter könnten sich im Gestrüpp der Karls, Leopolds, Friedrichs und Ludwigs leicht verirren. In der Kurpfalz herrschte früher sowieso eine andere Sippe, die unsere badischen Kunstschätze kurzerhand nach München mitnahm und halb leere Schlösser zurückließ.«

Ich war schon wieder wütend. Ich mag es nicht, wenn meine Heimat als Landstrich bezeichnet wird. Außerdem fühlte ich Hunger aufkommen. Ich hätte mir eine preiswerte Banane mitnehmen sollen, denn ich musste eisern sparen. Diese Schulungswoche musste mit Anstand durchgestanden werden, denn ich brauchte einen Job. Dieser hier ließe mir noch Zeit zum Schreiben, und ich könnte abends im Theater als Statistin auftreten.

»Wir müssen uns fragen: Was gefällt dem Provinzamerikaner, der Deutschland und das Produkt nur aus dem emotionalen Märchenbuch längst verblichener Vorfahren kennt? Womit können wir den blasierten und verwöhnten Franzosen ansprechen? Wie viel Geschichte im Zusammenhang mit dem Produkt interessiert die Gäste – im Fall der Amis tendiert das gegen Null – und was lassen wir besser aus? Im Fall der Franzosen ist das natürlich der Pfälzische Erbfolgekrieg, in dem sie unser Land total plattgemacht haben.«

Sine schüttelte tadelnd den Kopf.

»Grundsätzlich gilt: Weniger ist mehr. Zeigen, meine Herrschaften, nicht belehren.«

»Das passt mir gut. Die Stelle hier wäre etwas für mich. Ich habe ja nicht viel Zeit zum Lesen«, kam es von Helma.

»Ich könnte den Leuten einiges über berühmte Kriminalfälle in Baden ...« Michael korrigierte sich angesichts des strengen Blickes unseres Lehrmeisters: »... im *Produkt* berichten.«

»Keine schlechte Idee«, sagte Reutter knapp und machte sich eine Notiz, was wir anderen alle missgünstig beobachteten.

Immer halten die Kerle zusammen!

»Grundsätzlich möchte ich noch ein Wort zu dem Wesen und den Interessenlagen unserer beiden Kundengruppen sagen. Das ist nur für die interne Verwendung gedacht.«

Helma und Sine schmissen ihre Kulis von sich. Ich hatte gar nicht erst angefangen zu schreiben. Bis jetzt war ja nichts passiert.

»Amis sind wie Kinder. Sie nehmen die Welt nach Farben, Lauten und nach Greifbarem wahr. Sie möchten alte Burgen sehen, egal, ob sie alt sind oder nur so aussehen. Jedenfalls soll es dort ein Gewölbe geben und einen Turm. Es soll *gemutlich* zugehen, romantisch und sauber. Die meisten tragen ein Bild von Deutschland mit sich herum, das aus einem Spitzweg-Kalender herausgerissen sein könnte.«

»Der arme Poet«, warf Michael sachkundig ein.

Sine klapperte mit dem *Sabo,* und Helma starrte vor sich hin.

Ich schoss einen Blick zu dem Krimimann. Er könnte zur Gefahr werden im Rennen um die Stelle. Er wusste offenbar einiges.

»Franzosen wiederum sind geradezu versessen auf Kirchen, gehen auch mal ins Museum und legen Wert auf Märkte und Plätze. Sie lieben den Fluss und das Grüne, wo sie stundenlang Picknick machen wollen. Außerdem bilden sie sich ja ein, die Lebensart erfunden zu haben, und deshalb wollen sie ständig gut essen, gut trinken und schöne Dinge sehen. Die Frauen zieht es in Modeläden, sie möchten in Cafés herumsitzen, herumschlendern und sich sonst wie ergehen.«

»Ich nehme den Job«, verkündete Sine.

Reutter fuhr fort. »Bei den Froschessern also lange Mittagspausen einplanen, mit Unpünktlichkeit rechnen und ein paar schöne Parks einstreuen. Außerdem lieben sie unsere Wellnessbäder, weil sie von so was Gepflegtem bei sich in ihren Fußpilzbrutanstalten drüben nur träumen können. Bei entsprechender Interessenlage kann man also einen Ruhetag in den herrlichen Bädern Bad Bellingen und Bad Krozingen in Südbaden einschalten. Wir haben dort mit den Kurverwaltungen Sonderkonditionen vereinbart.«

Wütend funkelte ich diesen Reutter an. Er schien es zu sehen, denn er hielt mein Funkeln eine Weile lang fest. Dann lächelte er.

Froschesser nannte er ein Volk, das immerhin Chateaubriand mit Sauce Mornay erfunden hatte!

»Das gibt es doch alles bei uns«, behauptete Helma glücklich. »Caracalla-Therme. Rotherma im Murgtal. Miramare bei Weinheim. Alles sehr sauber. Die Duschen picobello.«

»Also, die Franzosen passen mir besser. Die anderen können allerdings die Amerikaner haben«, meinte Sine und klimperte in Richtung Reutter.

Der wandte seinen Blick von mir zu ihr. »Tut mir leid, Frau von Schönau. Wir werden die fraglichen Besuchsorte alle gemeinsam beleuchten. Nächstes Jahr erwarten wir noch mehr solcher Reisegesellschaften. Wir werden jetzt gemeinsam eine Standardroute durch das Produkt entwickeln, an der modulartig Busse verschiedener Nationalitäten teilnehmen können.«

»Na gut«, erklärte Sine, als sei die Sache nur von ihrer Zustimmung abhängig gewesen.

Reutter lehnte sich zurück und betrachtete uns mit kühler Abschätzigkeit. Wieder begegneten sich unsere Augen.

Nicht mein Typ, sagten meine stachelig.

Mal sehen, antworteten seine.

Ich sah weg. Ich mag keine Männer, die sich ihrer Sache zu sicher sind. Solche, die sich nicht sicher sind, mag ich allerdings auch nicht. Er sah nicht schlecht aus, und er hatte das gewisse Etwas, aber das Ganze war mit zu viel Macho gewürzt. Mal sehen, wie sich die Dinge entwickelten. Noch hing der Geruch von Klaus in meinem Leben.

»Offen gestanden, weiß ich nicht, ob wir das in der kurzen Zeit hinkriegen mit euch. Ich hatte schon mehrmals Schulungen mit solchen Gruppen, einmal für den Schwarzwald und einmal für den badischen Bodenseeraum, aber die schienen mir vorgebildeter.«

»Ich mache das hier übrigens nicht wegen des Geldes. Das spielt nicht die größte Rolle«, warf Sine ein. »Ich möchte mich sinnvoll beschäftigen. Mich auch zusammen mit ganz einfachen Menschen in einer Gemeinschaft einbringen und einer Aufgabe stellen.«

Wir – die einfachen Menschen – sahen betreten vor uns hin.

»Ich möchte da noch nicht mehr dazu sagen, aber das Geld wäre auch nicht mein Problem, solange gewisse Zahlen sich weiter so entwickeln, wie es im Moment aussieht.« Michael schmunzelte geheimnisvoll. »Aber ich mache trotzdem gerne mal mit. Raus aus dem elitären Elfenbeinturm. Nur wer gelebt hat, kann auch sterben. Oder ermordet werden.«

»Na, also bitte!«, sagte Helma.

Reutter seufzte. »Wir haben eine sehr anstrengende Woche vor uns. Meistens von sieben Uhr morgens bis sieben Uhr abends. Zwölf Stunden. Jeder von Ihnen sollte sich in der Zeit einwandfrei verhalten, sich hundertprozentig konzentrieren und das Privatleben – auch eventuelle Kinder oder Goldhamster – zurückstellen.«

»Mein Mann und ich leben vorübergehend und nur auf meinen Wunsch getrennt«, sagte Sine, die das mit dem Goldhamster irgendwie missverstanden hatte.

Reutter seufzte wieder. Diesmal aus tiefster Seele. Fast hätte er mir leidtun können, doch er war kein Mann, der bedauert werden will.

»Wir werden einige Orte aus der geplanten Tour gemeinsam aufsuchen, über andere werde ich nur kurz referieren. Die nenne ich Trockenorte. Ausgangspunkt ist immer Karlsruhe, die badische Residenz. Zugfahrkarten werden von der *BadenTouristik* erstattet. Manchmal werden wir auch einen Bus zur Verfügung haben. Die Verpflegung und die Eintrittskarten werden im Allgemeinen ebenfalls übernommen.«

Hoffentlich, dachte ich, mein Bananenvorrat geht zur Neige.

»Am Ende der Woche werde ich Herrn Dr. Umsicht zwei von euch zur Anstellung bei der *BadenTouristik & Incentive* vorschlagen. Dabei wird das persönliche Auftreten, das makellose Benehmen und das Engagement sowie euer Wissen um die Vorzüge und Hintergründe des Produkts eine Rolle spielen.«

»Kein Problem«, meinte Michael und arrangierte seine langen Beine neu. »Herrschäftle, 's geht los mit dene Leut, die e Bsüchle bei uns im Badische plane! Setze Se sich oder hebe sich fescht.«

Reutter sah ihn streng an. »Da von kurpfälzisch über südfränkisch, nieder- und hochalemannisch bis seealemannisch, das leider entfernt an Schwäbisch erinnert, verschiedene Dialekte im Produkt gesprochen werden, wird die Schulung in Hochdeutsch stattfinden. Intime Kenntnisse der badischen Mundart sind nicht erforderlich und aufdringliches Badisch nicht erwünscht.«

Michael lächelte überheblich, als habe er allein dadurch den Vertrag schon in seiner Herrentasche. »War nur ein Scherz, Chef. Ich spreche sowieso *Schrift*deutsch. Beruflich.«

»Meine Kusine aus Pforzheim sagt gwää anstatt gewesen. Furchtbar! Fast wie schwäbisch«, schloss sich Helma eifrig an.

»Pforzheim war Residenz lange vor Karlsruhe. Also Respekt vor unseren tapferen grenznahen Freunden«, wies Reutter sie zurecht.

Helma zupfte verlegen an ihrer Perlenkette herum.

»Sie werden mich als ziemlich geradlinigen und klaren, aber auch kulturell aufgeschlossenen Menschen kennenlernen. Badisch eben. Situationen im Graubereich werden wir großzügig und tolerant lösen. Badisch eben.«

Wenn man diesem Reutter zuhörte, musste das Himmelreich eigentlich fest in badischer Hand sein.

»Ich werde versuchen, keine Emotionen aufkommen zu lassen und mich zu beherrschen, auch wenn Sie am Anfang noch Fehler machen.« Er sah uns alle eindringlich an. »Wenn ich mal laut werde, dann nur bei einer Sache, die mir wirklich ernst ist. Nein, wir werden konzentriert und sachlich arbeiten, denn unser aller Ziel ist und bleibt die positive Darstellung des Produkts.«

»Welches Produkt?«, fragte Helma, und ich dachte erleichtert, dass aus vieren gerade eben drei geworden waren. So doof, wie die war.

Ich hingegen hatte schon mehrmals auf Reutter einen guten Eindruck gemacht. Doch ich sollte die Rechnung ohne eine adressenlose Tante, ohne Johanna-Marie und Nicole-Marie sowie ohne Frau Rundnuss gemacht haben. Und auch ohne die tabulose Maria Molina.

Und leider konnte man sich nicht darauf verlassen, dass Helma wirklich doof war.

Die Welt dreht sich ums Geld ...

Am Montagmorgen um sieben Uhr, Treffpunkt Hauptbahnhof Karlsruhe, sollte unsere gemeinsame Schulungstour losgehen.

»Ziehen Sie festes Schuhzeug an und bringen Sie etwas zum Schreiben mit!«, hatte Reutter uns befohlen.

Und hatte ich es mir eingebildet oder war sein Blick dabei ironisch über meine Beine gewandert? Na und? Ich mag kurze Röcke, und ich kann sie mir beinmäßig gesehen leisten!

Helma hatte auf einen Block geschrieben, auf dem »Führungen durch Baden« stand, dass sie etwas zum Schreiben mitbringen sollte. Ich hatte extra nichts notiert, da mich Reutters Kommandoton verärgert hatte.

Angeblich haben ja die Badener die Revolution erfunden, aber Schwaben machen nicht ständig so viel Aufhebens daraus, dass sie sich nichts vorschreiben lassen. Sie sagen: »Ha noi, des goht net«, und machen dann einfach, was sie wollen.

Also heim und Baden-Bücher lesen. Am besten in der Bade(n)wanne. Haha.

Ich kletterte die Treppe in unserem immer kühlen Treppenhaus hoch. Im zweiten Stock fing mich Frau Klick ab. Frau Klick war eine alte Dame, jetzt Witwe, die ursprünglich aus Mannheim stammte und der Liebe wegen nach Karlsruhe gezogen war. Und das übrigens vor mehr als sechzig Jahren, denn Frau Klick, die klein war und drall und immer schick, mit Gehwagen und Granatkettchen, ging bereits stark auf die Neunzig.

»Wonn er mich net mehr hätt dohinn, tätet er eich gonz schää umuggäh!«, verkündete sie. »Oinschraibe!« Und hielt mir ein dickes Briefkuvert, fast schon ein Paket, hin.

»Für mich?«

»Für den Entsprungene. Ihrn Freund. Ich hab gschunne, sie sollte net tagsüber kumme, wann die Leit, wo noch schaffe, net da sinn. Der Bu vun der Post is so verschrocke, er hat mer's direkt gewwe. Is es was Wichtiges? Wo ist dann eigentlich der Entsprungene? Is er noch Mönch oder hot er de Beruf gewechselt? Sie sinn mer doch net bees, wann ich des frag.«

»Eher Berufung als Beruf«, erwiderte ich abwesend.

Und ich war ihr nicht böse. Wir sind sechs Parteien hier im Haus und wissen fast alles voneinander. Klaus, der vor mir hier kurzfristig mit einer brasilianischen Spitzentänzerin gelebt hatte, wurde allgemein »Der Entsprungene« genannt, frei nach Thomas Manns »Der Erwählte«, obwohl ich nicht glaubte, dass jemand hier im Haus diese Novelle kannte.

Vor den unverhohlen neugierigen Augen von Frau Klick öffnete ich den Brief, und darin kam ein Stück Packpapier zutage, in dem etwas eingewickelt war. Ich wickelte die provisorische Verpackung auseinander, und mir fielen knisternde Geldscheine wie dichte Schneeflocken vor die Füße.

»Mein Gott«, sagte Frau Klick. »Der Bu hot e Bank überfalle. Liewe Leit, das is ja rischdisch viel Geld.«

Ich sammelte und raffte das Geld zusammen. Ein Hunderteuroschein segelte das Treppenhaus herunter wie ein Blatt im Wind.

Ada hatte aufgeschreckt durch das Stimmengewirr inzwischen ihre Tür geöffnet, Hund Geist entwich und rannte dem Schein die Treppe hinterher.

»Geist!«, schrie ich, doch es war zu spät.

Fröhlich hielt Geist seine Beute mit einer Pfote fest und zerriss das herrliche bunte Spielzeug mit den Zähnen.

»Geist! Fast eine halbe Miete fort«, seufzte ich.

Wedelte Ada in meine Wohnung, jagte den Hund, dem noch die Eins von der Hundert in den Mundwinkeln klebte, hinterher und wandte mich zu Frau Klick.

»Vielen Dank, Frau Klick. Schönen Tag noch. Und zu niemandem ein Wort.«

»Hab ich jemals was gesagt?«

»Nein, nie!«

Ich schleppte mich kraftlos in meine Wohnung, und Frau Klick begab sich ein Stockwerk tiefer, um den Vorfall mit dem älteren Ehepaar in der Wohnung rechts unten zu besprechen.

»Was soll das?« Ada ließ sich auf Klaus' blaues Sofa sinken.

Ich hatte seine Einrichtung behalten, doch sie war ebenso zerfahren und hektisch, so uneinheitlich und unklar wie der ganze Mann. Das Schlafzimmer schwarz, die Küche grün, der Gang orange und das Wohnzimmer blau.

Geist setzte sich vor mich und belauerte jeden Handgriff, als ich die Scheine zählte. Sein feuchter Blick wanderte vom Schein zu meinem Gesicht und zurück.

»Es sind zehntausend Euro – minus den hundert, die dein Köter vernichtet hat.«

Ich las den Brief laut vor: »Lieber Klaus, mein Junge. Hier schicke ich dir einen Vorschuss auf dein Erbe. Eines Tages kriegst du es ja sowieso. Ich traue den Banken nicht, schon gar nicht hier bei uns in den kleinen Dörfern. Man hört so viel. Ich bewahre mein Geld zu Hause auf, wie es sich gehört. Die Leute haben einen Kommunisten und einen Schwaben gewählt, der jetzt in Stuttgart regiert. Da ist nichts mehr sicher. Nimm erst einmal das ganze Geld und freue dich, aber es ist nicht alleine für dich bestimmt. Die Hälfte gibst du bitte deiner Kleinen, die ich gerne mal kennenlernen würde und die du so gern hast, wie du mir an Weihnachten berichtet hast. Du schreibst, sie hat so viel Talent. Also soll sie auch dreitausend oder auch fünftausend Euro haben. Wie viel, entscheidest du. Gib es ihr aber bitte auch wirklich. Ich werde nächsten Sonntag anrufen (oder vorbeikommen, wenn ich hier keinen begraben muss) und fragen, was sie gesagt hat und wie viel du ihr gegeben hast. Tante Rudi«

»Was sagt man dazu? Ich brauche nicht Herumführerin in Baden zu werden. Wiedersehen, Herr Reutter! Du, der hat sich aufgeführt wie auf dem Kasernenhof. Und er nennt Baden nur das Produkt! Total plemplem. Mit den fünftausend komme ich eine Weile über die Runden. Ich könnte untervermieten und Sprechunterricht erteilen und zusammen mit dem Statistenjob könnte es reichen, bis die Entscheidung über mein Stück gefallen ist.«

Ada, die immer logisch denkt, was sie auch muss, denn sie entwirft Englischübungen, und das ist wahrhaftig kein Spaß, krause die Stirn. »Ich wäre mir da nicht so sicher. Schließlich steht da klar und deutlich, dass du das Geld erst einmal Klaus persönlich aushändigen musst. Und dann erst teilt er es mit dir, wenn ihm danach ist? Und er kann dir auch nur dreitausend geben.«

»Ha. Ada, er ist *Mönch*. Gott sei Dank. Er hat allem weltlichen Besitz abgeschworen. Er könnte mir also eigentlich auch *alles* geben.«

»Trotzdem musst du ihn wenigstens fragen. Du kannst das Geld nicht einfach behalten.«

»Oh Gott. Aber wo ist er? Wie finden wir den frommen Mann? Und vor allem, in einer Woche!«

»Frag doch Tante Rudi! Die scheint sowieso eine Menge Humor zu haben und eine handfeste Person zu sein. Wie sie das wohl mit dem Begraben meint? Der würde ich lieber nicht in die Quere kommen.«

Natürlich. Tante Rudi fragen war das Einfachste. Es *wäre* das Einfachste, wenn in meinem Leben jemals irgendwas nach Plan und normal liefe, doch der Brief enthielt auch bei genauestem Hinsehen keinen Absender. Wer und was Tante Rudi auch war, sie war jedenfalls ziemlich mutig. So viel Geld mit der ganz normalen Post zu schicken und dann nicht mal ein Absender. Vielleicht hatte sie auch Vertrauen. Oder sie hatte es ganz einfach vergessen. Vielleicht war sie schwachsinnig. Die Bemerkung mit dem Begraben könnte ein Hinweis sein.

»Wenn du wüsstest, wer Tante Rudi ist, könntest du sie anrufen« – »If you only knew who aunt Rudi was you could call her!«, deklamierte Ada und notierte sich den Satz.

»Lass uns Klaus' Unterlagen durchsehen, ob wir einen Hinweis auf diese Tante finden.«

Unter Klaus' spärlichen Hinterlassenschaften in seinem für einen Mann erstaunlich zierlichen Schreibtisch fanden sich keinerlei familiäre Papiere. Lediglich ein Brief von der Tänzerin, meiner Vorgängerin, in dem sie auf ein weißes Blatt »Hurensohn« geschrieben hatte und etwa zwanzig Totenköpfe um das Wort herum gemalt hatte. Ansonsten zwei nicht bezahlte Strafzettel, ein Autogramm von Dieter Bohlen (?), zwei Dollarscheine, die Quittung für eine Gitarre und ein Zugfahrschein nach Iserlohn im Sauerland von 1993.

Keine Tante Rudi. Da Klaus mit seinen Eltern verfeindet war – er hatte von ihnen immer nur als »diese Kleingärtner« und »diese Salatschnecken« gesprochen, was auf eine ländliche Herkunft deutete – verliefen auch in dieser Richtung die Spuren irgendwo in den Weinhängen der Ortenau.

Ich beschloss dennoch, dass mir ein Teil von Tante Rudis Geld auf jeden Fall zustand und beschloss weiterhin, mir ein paar neue Jeans sowie die weinrote Kaschmirstrickjacke zu leisten, die ich mir schon dreimal unter immer anderen Namen im heimatlichen Breuninger, Filiale Karlsruhe, hatte zurückhängen lassen. Beim letzten Mal unter dem Namen Frau Dr. med. Roswitha Mussgnug, weil die Frau an der Kasse so misstrauisch geschaut hatte.

Leider habe ich ja eine vollkommen unschwäbische Eigenschaft: Ich gebe verdammt gerne Geld für Luxus aus. Also gönnte ich mir eine teure *True Religion*, die die bestsitzenden Jeans weltweit sind, kam an einem netten *Hermes*-Tuch nicht vorbei und konnte die traurigen Augen der Verkäuferin nicht ertragen, als sie fürchten musste, ich kaufte das braune *Mango*-T-Shirt nicht, und machte sie schnell wieder glücklich.

Auf dem Rückweg ging ich im *Café Drama* in der Karlsruher Südstadt vorbei, in der viele Theaterleute vordergründig Kaffee trinken, aber dabei heimlich rauchen und zu viel Cognacs nebenher trinken.

Heiner saß da und starrte in einen Espresso.

»Heiner, gibt es etwas Neues, mein Stück betreffend? Meinst du, es macht Sinn, in der Dramaturgie anzurufen?«

»Ich habe für dich nachgefragt«, raunte er und schob seinen Espresso zur Seite, »aber sie sind total zugeworfen mit Manuskripten. Du hast keine Ahnung, *was* diese Frauen alles machen, um eine Chance zu haben, aufgeführt zu werden.«

Ich rückte von ihm ab. »Tut mir leid, Heiner. Ich bin noch nicht über Klaus hinweg.«

Er schüttelte den Kopf. »Danke, nein. Habe derzeit zwei Schauspielschülerinnen am Laufen. Dieser Klaus. Wer hätte das gedacht. Erst in diesen Tagen sprach ich mit Fahdi, mit dem war er ziemlich eng befreundet. Weißt du, das ist *der* Fahdi, der auch den Rüdiger kennt.«

»Klar. Euer genialer arabischer Bühnenbildner. Ich erinnere mich an die Wüstenzelte und die Wasserpfeifen aus dem *Freischütz*.«

»Genau der. ›Ja, dieser Klaus‹, hat er gesagt. ›Wer hätte das gedenket? Bei dem Wandel.‹ Er meinte den Lebenswandel, denke ich. Sein Deutsch, du weißt. Aber pass mal auf – am Sonntag haben sie hier eine Klausursitzung. Spielzeit 2015. Karlsruhes Stadtgeburtstag. Da sollen auch einige junge Dramatiker eine Chance haben. Schock sie doch, fall auf. Ohne Tabus. Komm einfach dazu und schrei ihnen« – Heiner, der ein spilleriges farbloses Männchen war, lebte zu dramatischer Wucht auf – »deine Botschaft entgegen. Mach irgendwas Außergewöhnliches. Komm nackt mit Regenschirm. Schick ihnen deine eigene Todesanzeige. Schick eine Leiche vorbei. Lass dir was einfallen.« Schwer atmend stand er auf und vergaß seinen Espresso zu zahlen. »Wir hören voneinander.«

»Meinst du, ich kann diesen Fahdi mal anrufen?«
»Warum nicht?«

Als ich die Treppe zu meiner Wohnung hochging, um mich von den vergangenen und kommenden Strapazen auszuruhen, stand Geist auf der obersten Treppenstufe und begrüßte mich wedelnd. Ada hatte ihn aus Versehen wieder ausgesperrt. Das passiert ihr oft, wenn sie im Grammatikrausch ist.

Ich betrachtete das struppige Tier nachdenklich und dachte daran, dass in meinem Stück ein toter Hund eine entscheidende Rolle spielte ...

»Denk nicht mal dran!«, schien sein Blick zu sagen.

»Man kann sich auch tot *stellen*«, sagte mein Blick zurück. »Oder eine klitzekleine Vierteltablette Valium einnehmen.«

Zum Entspannen legte ich mich in die Badewanne. Hamambadeöl. Schwarze Kerzen. Ein Glas Champagner. Das Leben konnte trotz allem schön sein. Dass von meinem Geldsegen nur noch 9400 Euro da waren, beunruhigte mich nicht.

Am Abend trank ich mit Ada den Rest der Flasche Schampus, und wir aßen schottischen Lachs auf teuren getoasteten Weizenbrötchen.

»If Klaus comes back, he will be surprised«, dichtete die Grammatikfee.

Selig schlief ich ein. Träumte von den Hügeln rund um Stuttgart, von Reutlingen und von Tübingen. Von Schloss Ludwigsburg, von Burg Hohenstaufen und vom oberschwäbischen Barock.

Beinahe Paradies?

Wachte am Sonntag neben einem Stapel Bücher über Baden auf und dachte: Mist. Das Falsche geträumt. Das Paradies hieß von nun an Baden.

Montag:
Mannheim und ein bisschen vom Rest der Kurpfalz

Wir erschienen alle superpünktlich, aber müde aussehend, um sieben Uhr am Bahnhof, begrüßten uns verlegen und boten einander etwas verklemmt ein verfrühtes Du an. Sine, Helma, Michael (»Lassen wir's erst mal bei Michael, später mehr«) und ich, die Theodora.

»Darf ich Theo sagen?«, fragte Helma.

»Nein.«

Dann musterten wir uns alle argwöhnisch. Einerseits saßen wir vier im gleichen Boot, andererseits würden zwei von uns am Ende dieser Woche über Bord gehen.

Unsere Helma trug einen Rucksack auf dem Rücken, auf dem eingetrocknete Saftspuren zu erkennen waren, und auf dem Kopf eine karierte Kappe gegen die plötzlichen Unbilden der badischen Witterung.

Sine sah aus, als sei sie dem Katalog »Wie style ich mich richtig und teuer für Führungen!« entsprungen. Die beigefarbene Jeans von *Armani* und die weiße Hemdbluse von *Aigner* sowie die Lederjacke aus Wildleder wären ihr auch im *Bois de Boulogne* zur Mittagszeit bei einem Lunch mit Carla Bruni gut zu Gesicht gestanden.

Michael sah aus wie immer, vor allem hatte er wieder sein geheimnisvoll diabolisches Lächeln aufgesetzt, und ich selbst trug meine neue *True-Religion*-Jeans zu Markte.

Da nahte unser aller Reutter.

Irgendein Weib in seinem Leben musste ihm gesagt haben, dass grau seine Augen zur Geltung bringen würde, denn zu den steingrauen, ziemlich knackig sitzenden Jeans hatte er ein betonfarbenes Jackett kombiniert.

»Guten Morgen, meine Herrschaften. Munter und hoffentlich alle ausgeschlafen? Auch unsere lebensfrohe Südbadenerin?«

Das musste ich sein. Ich vermied seinen Blick, der an mir hoch- und runterwanderte und dann irgendwo in der Nähe meines Herzens hängenblieb.

Mein Herz ging ihn nichts an.

»Zumindest sind Sie alle pünktlich. Das schätze ich. Pünktlich, aufmerksam und bei der Sache sollten künftige Baden-Führer sein. Diese Woche wird kein Seniorenausflug, sondern ziemlich anstrengend. Wir werden heute mit der Regionalbahn zuerst nach Mannheim und später nach Heidelberg fahren.«

»Also, wenn ich das zu Hause erzähle!«, sagte Helma, als ginge es mit dem Sonderzug nach Tibet.

»Hier ist für jeden ein kostenloses Wochenticket für Bahn, Bus und Personennahverkehr in ganz Baden, welches Sie aber bitte nicht für Privatfahrten missbrauchen wollen. Wir sind, außer wenn von mir angeordnet, immer als Gruppe unterwegs.«

Tja, bis zu dieser Stunde hatte ich auch nicht vorgehabt, das Baden-Württemberg-Ticket privat zu nutzen, aber manchmal entwickeln sich Dinge irgendwie anders.

Dazu später.

»Unser Programm für heute beinhaltet also erst einen kurzen Besuch in Mannheim und dann geht es weiter in die Gelobte Stadt. Heidelberg ist sozusagen Ihr größter Trumpf im Ärmel und Ihre einzige badische Speerspitze gegen bayerische Schlösser, schwäbisches Barock, gegen Richard Wagner und die Lübecker Buddenbrooks, gegen Milkaschokoladenalmen am Chiemsee und gegen Rügener Kreidefelsen. Oktoberfest gegen das Heidelberger Weinfass.«

Wir schwiegen jeder in eine andere Richtung.

Angriffslustig deutete Reutter auf Sine: »Aha! Was hat es mit diesem Fass auf sich?«

Mit: »Es ist Wein drin«, zog sie sich gar nicht mal so schlecht aus der Affäre. »Mein Mann ist allerdings ein großer Liebhaber der Rotweine aus dem Kaiserstuhl. Unterbewertet, hat er immer gesagt. Der Vulkanboden ...«

»Was für ein Wein und wie viel ist drin?« Reutter ließ nicht locker. »Ich denke, Sie haben sich vorbereitet.«

Michael hob langsam die Spinnenhand. »Man könnte gut einen Menschen darin ertränken. Ein Weinfass als Tatort? Stellen Sie sich diesen rauschhaften Tod vor. Nicht mal schlecht! Moment, kurz notieren. Also, die jetzige Version des Fasses entstand unter Karl Theodor im 18. Jahrhundert und es passen mehr als zweihunderttausend Liter rein. Wird vom Hofnarren Perkeo bewacht. Ich glaube, es ist aber Pfälzer Wein drin. Brrr.«

»Gut. Wenn Sie das mit den Morden bei den Führungen bitte weglassen wollen. Das Fass und dieser mittelalterliche Keller mit den alten Fenstern ist ein Muss bei jedem Besuch. Vor allem die Amerikaner gehen nicht heim, ohne das Ding gesehen und fotografiert zu haben.«

Die Zugtüren schlossen sich mit einem satten Schnaufen. Wir saßen in Reutters Falle.

»Einer Erhebung zufolge denken vierzig Prozent aller Amerikaner sowieso, Heidelberg sei die Hauptstadt Deutschlands. Zehn Prozent wissen allerdings nicht einmal, dass es Deutschland gibt, und zweiunddreißig Prozent sind der Meinung, Hitler sei noch am Leben.«

Michael schmunzelte geheimnisvoll wie immer, und Helma sah schockiert aus.

»So was!«, sagte sie. Eine böse Welt tat sich ihr auf.

Sine sagte nichts dazu. Nicht einmal ein »Allerdings« wollte ihr entweichen.

»Nur zwanzig Prozent aller Amerikaner haben überhaupt einen Reisepass. Wie viele ihn jemals benutzt haben, ist fraglich.«

»Unsere New Yorker Freunde sind allerdings mehrfach im Jahr in Europa.« Sine hatte noch nicht aufgegeben, mit ihren Freunden aus New York anzugeben, doch keiner ging darauf ein. Sie guckte gekränkt.

»Unser trockener Ort ist heute Weinheim, denn aus bestimmten Gründen und bei einer ganz gewissen Interessenlage kann man die kleine Stadt am Nordostrand des Produkts mit einbeziehen. Dazu später etwas mehr.«

»Sepp Herberger ist dort gestorben«, kam es von Michael. »In Weinheim. Man behauptet, es war ein natürlicher Tod gewesen.«

Vor unserem Zugfenster zogen jetzt die badisch-bürgerlichen Außenbezirke von Karlsruhe vorbei. Der Zug rumpelte hin und her, bis er sein Gleis gefunden hatte und langsam Richtung Nordbaden ratterte. Einmal berührte mein Knie das von Reutter. Ich zog es hastig weg, er zog die Augenbrauen fragend hoch. Mein Knie gehört mir, Herr Reutter!

»So, meine Damen und mein Herr, warum überhaupt nach Mannheim?«, fragte er dann oberlehrerhaft wie immer in unsere Runde.

Furchtbar. Meine Künstlerseele eine Woche eingesperrt mit diesen Leuten, die am Altar der badischen Alltäglichkeit beteten? Klaus sollte mir meinen Anteil an seinem Geld bewilligen, und ich könnte morgen früh ausschlafen und an meinem Stück feilen. Der Sonntag barg vielleicht meine große Chance auf den künstlerischen Durchbruch. Doch wo war Kloster-Klaus?

»Das frage ich mich allerdings auch«, erwiderte Sine und legte ein Tuch unter ihren Hintern, bevor sie sich auf den Sitz niederließ. »Keine schöne Stadt im klassischen Sinne. In Mannheim kann man allerdings recht gut einkaufen. *Engel-*

horn & Sturm hat seit dem Umbau eine anspruchsvolle Exquisitabteilung. Die Spielerfrauen von Hoffenheim kaufen dort ein und die Frau des Bundeskanzlers hat das auch schon.«

Wir alle vier starrten sie an. Wären wir ein Comic, erschiene ein Fragezeichen über unseren Köpfen. Merkels Frau? War uns da etwas entgangen?

»Frau *Helmut Kohl*! Aber die Stadt hat allerdings trotzdem etwas undefinierbar Proletarisches, und auf meine kultivierten Franzosen macht sie bestimmt keinen guten Eindruck.«

»Ja, ›in Mannheim die Fabrik‹, singt uns das patriotische Badnerlied, aber Mannheim hat auch eine interessante Kriminalstatistik und eine gut entwickelte Rotlichtszene. Liegt ganz knapp hinter Frankfurt«, meinte Michael versonnen und lächelte sein übliches geheimnisvolles Lächeln, »aber darüber hinaus ist es die größte Stadt im Produkt, oder?«

Helma wusste gar nichts über Mannheim, und es gab auch keinen aktuellen Bezug zu ihren Kindern. »Ob man dann überhaupt mit unserem Bus nach Mannheim sollte? Vielleicht sind ja Mütter in der Gruppe.«

Reutters Blick wanderte zu mir. Ich hatte noch niemals so graue Augen gesehen. Ich dachte bisher, die seien die Erfindung von Romanautoren.

Mannheim? Keine Ahnung, dachte ich. Ich war noch nie wirklich dort gewesen. Nur einmal in der SAP-Arena zu einem Konzert der *Toten Hosen*, und vor vielen Jahren hatten wir Ende April improvisiertes Straßentheater vor dem Maimarkt aufgeführt, ein paar Leute von der Uni und ich. Hinterher waren wir gleich nach Stuttgart zurückgetrampt. Ich erinnerte mich noch, dass die Umstehenden einen herzhaften Dialekt gesprochen hatten und einer uns als Spende einen Kasten Bier namens *Eichbaum* hingestellt hatte.

»Ich weiß nur, dass um 1780 herum Schillers *Räuber* in Mannheim uraufgeführt wurden, was damals ein ziemlicher Aufreger war. Man könnte die Gruppe also zum heutigen Nationaltheater führen. Es gibt auch ein Schillerdenkmal und zwar am ehemaligen Standort des Theaters, irgendwo beim Schloss. Eine Freundin von mir hat mal in der Kneipe *Zwischenakt* bedient. Muss irgendwie da in der Nähe sein. Und in einer Straße gibt es, glaube ich, auch ein Schillerhaus.«

»Im Ansatz zwar richtig, aber natürlich vollkommen ungenau. ›Glaube ich‹ ist ein Unwort, wenn man eine Reisegesellschaft führt, ebenso wie ›irgendwo‹ oder ›irgendwann‹. Sie müssen alle wesentlich sorgfältiger arbeiten«, verkündete Reutter. »Wenn Sie sich keine Mühe geben wollen, können wir gleich wieder nach Hause reisen. Dieses Zügle dreht nämlich in Mannheim um und fährt schnurstracks wieder nach Karlsruhe!«

»Nun, ich hätte das schon noch genauer nachgelesen«, murrte ich. »Man steht ja erst am Anfang.«

Die anderen wirkten erleichtert, dass sie den Mund gehalten hatten. Besser gar kein Schiller als ein unvollständiger.

»Die Leute wollen Daten hören, dafür bezahlen sie, denn sonst könnten sie ebensogut auch alleine in Baden herumirren. Das heutige Theater wurde erst 1957 gebaut, und die besagte Uraufführung des Stückes *Die Räuber* fand andernorts am 13. Januar 1782 statt; das Schillerhaus, eigentlich ein Gartenhaus, steht im Quadrat B 5,7. Übrigens, das mal nur als Fußnote: Die Mannheimer Intendanz wollte damals die Aufführung des *Fiesco* eigentlich zuerst ablehnen, weil Schiller seinen Text bei der Bewerbung selbst vorgetragen hatte, und zwar in breitestem Schwäbisch! Kein Wunder.« Reutter sah aus dem Fenster, ein befriedigtes Lächeln spielte um seinen Mund.

Er sah ja auf den ersten Blick aus wie ein normaler Mann, doch ich fragte mich, ob schwäbischer Verfolgungswahn eine von den Kassen anerkannte Krankheit sein konnte.

»Na ja, wir haben ihm dann halt doch noch eine Chance gegeben und ihn eine Weile lang durchgefüttert. Er hat Mannheim später immer als Ort der Freiheit gelobt.«

Sine wollte sich beliebt machen: »Herr Reutter, nur für meine Unterlagen: Sie sagten B 5,7 oder B 7,5?« Und zückte einen mit Swarovskisteinchen besetzten Kugelschreiber.

»Ersteres. Es gibt ja bekanntlich keine Straßen in Mannheims Kernstadt, sondern seit zweihundert Jahren die berühmten Quadrate aus einer Buchstaben-Zahlen-Kombination. Insgesamt 144. Von A bis U – keines davon übrigens wirklich quadratisch, denn wir Kurpfälzer sind locker und nicht stur, und so kann bei uns ein Quadrat auch mal nur ein Rechteck sein.«

Ein klarer Fall von Fehleinschätzung. Der Mann war in etwa so locker wie Papst Benedikt.

»Das Phänomen der Quadrate können Sie kurz streifen. Unsere Freunde aus New Baden werden später in ihrer Kirchengemeinde beim Lichtbildvortrag erzählen, dass es in Deutschland auch Städte mit Nummern gibt. So wie New York.«

»Genau. Die nehmen was fürs Leben mit. So hatte ich das bisher noch nicht gesehen, Herr Reutter.«

Für jemand, der den Job eigentlich nur als Hobby machen wollte, legte sich diese Sine aber bei den Schmeicheleien ordentlich ins Zeug.

»Erwähnen Sie bei Ihrer Führung auch noch beiläufig, dass in Mannheim die Dudenredaktion beheimatet ist. Das könnte die Franzosen interessieren, die sich beinahe in die Hose machen, wenn in ihrem Land mal einer ›Computer‹ und nicht ›ordinateur‹ sagt.«

»Wissen Sie eigentlich über ganz Baden alles auswendig? So wie das mit dem Schillerhäuschen? Dass Sie sich das alles merken können!« Helma schien aufrichtig beeindruckt.

Reutter warf den Kopf und sich selbst zurück in die Polster und lachte so laut, dass sich eine Frau mit spitzer Nase und Lesebrille auf der anderen Seite des Ganges entrüstet umsah und – für mich typisch badisch – gleich noch ein paar Mitentrüster um sich herum suchte.

»Man muss ja net gar so laut lache, oder wie finde Sie das? Annere wolle was lese.«

»Alles zu wissen ist mein Job, meine Liebe. Doch genug von diesem Schillerhaus. Erstens gibt es keinerlei Beweis dafür, dass diese Behausung, übrigens eines der wenigen erhaltenen Barockhäuser im mehrfach komplett plattgemachten Mannheim, jemals Schiller in seinen Mauern barg, und zweitens interessiert das den durchschnittlichen Amerikaner – und das gilt hier auch für den normalen Franzosen – nicht die Bohne!«

»Nicht?«, fragte Helma traurig.

»Nein, nicht. Der Ami aus New Baden, Illinois, und der Franzose von irgendwo hinter den sieben Bergen haben bestenfalls den Namen von Schiller gehört. Die schnappen auch nicht über vor Begeisterung, wenn Sie ihnen sagen, er sei ein Kumpel von Goethe gewesen. Franzosen interessieren sich nur für französische Literatur und sind der Meinung, dass dies der Gipfel der Schöpfung ist, und Amis interessieren sich für gar keine Literatur.«

»Ist das nicht ein wenig pauschal?«, wollte Sine wissen. »Mein Mann und ich, wir hatten Freunde und diese Freunde, sie waren allerdings bekannte Ärzte und Rechtsanwälte aus New York ...«

»New York ist nicht Amerika«, beschied Reutter sie ruppig, während draußen Friedrichstal/Baden vorüberzog. »Was also können Sie an Mannheim überhaupt zeigen?«

Wir schwiegen, bevor wir etwas Falsches sagten. Ich rechnete insgeheim, wie lange ich mit 5000 Euro die Wohnung und die Künstlersozialkasse zahlen könnte. Wieder rollte eine Welle Liebeskummer auf mich zu. Klaus hatte mich seiner Familie als »talentiert« beschrieben. Wie gut er sich verstellen konnte. Als er noch weltlich gewesen war, hatte er immer gesagt, mein Theaterstück erinnere ihn an die Augsburger Puppenkiste.

Reutter stellte seinen Fuß zwischen meine Füße (und zwar im hochdeutschen und nicht im süddeutschen Sinne, wo man ja »Füß« zu den Beinen sagt), was eigentlich ziemlich dreist war, aber ich bemerkte es kaum. Meine Gedanken mochten ja andere Wege gehen, aber Tatsache war, dass ich hier festgenagelt war, zusammen mit einem Mütterchen, das dauernd das Bild von ihren Kindern auf ihrem Handy anlächelte, des weiteren einer Zicke, die keinen Satz ohne »allerdings« sagen konnte, einem Inkognito-Autor, der weiß wie geheimnisvoll tat, und mit einem militanten Baden-Fundamentalisten.

Tatsache war aber auch, dass dieses kleine Land voller Klöster steckte. Und dass ich keine Ahnung hatte, in welchem davon mein ehemaliger Klaus Dienst tat.

»Könnten wir mal eine kurze Pause machen. Ich müsste mal ...« Ich stand auf und schwankte ins nächste Abteil, denn das Züglein rumpelte arg unruhig.

Der Nachbarwagen war bis auf zwei wunderschöne Türkinnen fast leer. Sie beachteten mich nicht, sondern zeigten sich gegenseitig kichernd ihre Kajalstifte.

Ich tippte eine Nummer in mein Handy: »Hallo, Rüdiger. Ich bin's, die Theodora«, wisperte ich. Er verstand mich nicht. Deutlicher und lauter: »Rüdiger, kann ich bitte mal kurz mit deinem Mann sprechen? Ja, Rüdiger, ich weiß, es ist eine schlechte Verbindung ... bitte mit deinem Mann ...«

Kurz darauf: »Hallo, Herbert, du, ich bräuchte mal die Nummer von Fahdi. Ja ... Gut, er soll mich anrufen. Meinetwegen heute irgendwann, und es sei dringend.«

Ich wandte mich um. Hinter mir stand Reutter und fixierte mich mit seinem Granitblick.

Mit beiden Händen packte er mich an den Schultern und drehte mich um: »Die Toilette wäre in diese Richtung gewesen. Ich hoffe, Sie haben Rüdigers *Gatten* erreicht. Nicht dass Sie mich missverstehen, aber Sie sind eine Woche mit unseren zahlenden Gästen unterwegs. Meistens eher ältere Menschen. Amerikaner sind insgesamt eher konservativ. Da sollten Sie schon ein – übersichtliches Privatleben haben, das im Wesentlichen aus Frauen und Männern besteht, die in den üblichen Rollen auftreten.«

Während ich mich zu unseren Sitzen zurückhangelte, sah ich den Minuspunkt vor mir, den Reutter hinter meinen Namen setzte.

Doch ich spürte auch noch seine warmen Hände auf meiner Haut. Hätten wir uns weit weg von Baden und weit weg von Württemberg, irgendwo am Meer oder am Plattensee oder in New York, London oder auf den Lofoten getroffen, hätte ich ihn und er mich vielleicht sympathisch gefunden. Sympathisch genug für einen Drink an der Bar und für ein Mal-sehen-wie-der-Abend-so-läuft. Aber so: keine Chance.

Helma hatte mittlerweile aus einer abgenutzt aussehenden Tupperschüssel mit Katzengesicht ein Brot hervorgeholt. »Das brauch ich jetzt. Da haben meine Kinder vielleicht gestaunt, als Mama sich heute Morgen *auch* ein Brot geschmiert hat.«

»Ich esse allerdings grundsätzlich nichts zwischen den Mahlzeiten. Meine Designer schneidern nur bis Größe 40«, meinte Sine heiter.

Michael wies auf die kauende Helma. »Bringt sich ihr Essen mit wie ein sparsames Schwäbele! Kennen Sie den Witz von der schwäbischen Hausfrau, bei der ein Bettler an der Tür klingelt und sagt: ›Gute Frau, ich hab seit Tagen nichts gegessen.‹ Antwortet sie: ›Ja, Sie müsset sich halt zwinge!‹ Hahaha.«

»Und wissen Sie, was das größte Kompliment ist, das ein Schwabe seiner Frau machen kann?«, entgegnete Reutter.

Auf solche Fragen hat man nie eine Antwort.

Reutter sah in die Runde. Machte eine Kunstpause. Dann: »Du siehst aber abgeschafft aus!«

Alle lachten. Wie witzig!

»Sind Sie auch verheiratet, Herr Reutter?«, fragte Helma, die sich das erlauben durfte, da sie in unserem Theaterstück die gereifte Mütterliche gab.

»Es war einmal ...«, erwiderte Reutter kurz und sah mich an. »Und Sie?«

Sine hüstelte. »Ja, manchmal entwickeln sich die Dinge anders. Männer kommen da schlechter zurecht. Gelegentlich habe ich schon ein schlechtes Gewissen.«

»Und Sie?«, fragte mich Reutter erneut.

»Ich habe *kein* schlechtes Gewissen«, erwiderte ich, während das Schild Graben-Neudorf an uns vorüberzog.

Michael streckte seine langen Glieder. »Diese Scherze haben einen ernsten Hintergrund. Der Badener gönnt sich halt was. Lebensmotto: Carpe diem! Von der Sonne verwöhnt. Das gehört für mich auch zu einer guten Führung dazu. *Art de vivre* vorleben, nicht wahr? Nach einer gelungenen Buchpremiere lass ich es immer krachen. Nun, nicht in mich dringen, ich habe schon zu viel gesagt. Ich heiße für euch Brenner, und dabei bleibt's.«

Sine stimmte zu. »So denke und fühle ich auch. Spare für die Not und wenn du's dann ausgeben willst, bist du tot. Das ist nicht unsere verfeinerte badische Lebensart.«

»Sehr gut«, lachte Michael. »Tot. Sehr gut!«

Helma ließ das beanstandete Katzengesicht mürrisch in ihrem Rucksack verschwinden. »Wir sind ja schon in Hockenheim.«

Alle sahen mich an. Natürlich wollte ich nicht in den Anfangsverdacht einer geizigen Schwäbin kommen.

»Klar«, sagte ich forsch. »Wir, im Produkt, bestellen im Restaurant von der Speisekarte nur das Beste. So würde ich auch handeln, wenn es *nicht* alles die *BadenTouristik* bezahlen würde.«

Reutter räusperte sich verlegen. Aha, die *BadenTouristik* wollte uns mit badischen Vespern preiswert abspeisen! Bibbeleskäs. Rahmkäs. Brägele und Straßburger Wurschtsalat. Radiesle und Butterbrot.

Ich jedenfalls musste eisern sparen, wollte ich nicht noch mehr von Tante Rudis Vermächtnis anzapfen. Einen Mönch zu beklauen ist wie Kerzen in einer Kirche anzünden, sich Gott weiß was Anspruchsvolles wie eine Traumfigur, gesunde Drillinge oder ewiges Leben wünschen und die Kerze dann nicht bezahlen oder nur zwanzig Cent statt der geforderten zwei Euro einwerfen. So was geht moralisch gesehen gar nicht.

»Früher hieß der Hockenheimring übrigens Kurpfalzring«, sprach Reutter mitten in unsere mäßig interessierten Mienen, »und wurde ursprünglich für Motorradrennen genutzt. Eröffnet wurde die Strecke 1932, womit wieder etwas Bedeutendes in Baden entstand.«

»Sehr gefährlicher Sport«, teilte uns Helma überraschend mit. »Das lass ich direkt aus mit meinem Bus.«

Genervt musterte ich meine Mitstreiter. Ich wollte von keinem von ihnen durch Baden geführt werden. Mich eingeschlossen.

Reutter überraschte uns nun mit Selbstkritik, das heißt mit Produktkritik. »Die lebhafte multikulturelle Industriestadt Mannheim, 320 000 Einwohner, geplant als Idealstadt mit absolutistischem Gedankengut, hat aus der Sicht unserer zukünftigen Gäste auf den ersten Blick leider kaum Interessantes zu bieten.«

»Och«, begehrte Helma auf. »Das stimmt jetzt aber nicht. Unser Papa hat eine Großtante hier. Sie lebt am Stefanienufer, und da kann man herrlich am Rhein entlanglaufen. Man sieht sogar Ludwigshafen auf der anderen Seite. Wunderbar.«

»Dein Vater hat eine Großtante hier? Wie alt ist die denn? Hundertelf?«

»Nein, *unser* Papa. Der Papa von meinen Kindern.«

Wir schwiegen. Reutter sah auf die Uhr. Wahrscheinlich war er auch froh, wenn die Woche rum war. Und nach Hause konnte. Zu Freundin und Katze. Oder zu Freund und Kampfhund. Was ging es mich an, wer auf ihn wartete?

»Doch Amis – vor allem die aus der Provinz – lieben nichts so sehr wie Superlative. Und wenn sie sie im Land ihrer

Vorväter entdecken, ist es umso besser. Wir finden in Mannheim einen der größten Binnenhäfen Europas, und das hiesige Schloss ist die zweitgrößte Barockanlage Europas. Das Ding, in dem ich als Frau nicht Fenster putzen wollte, ist immerhin 450 Meter lang. Das kann man durchaus erwähnen. Sie fahren also etwa mit einem Bus vor das Schloss, zeigen drauf, erläutern kurz, wer es gebaut hat und wann, nämlich zwei Kurfürsten namens Karl Philipp und Karl Theodor im 18. Jahrhundert und dass es in dem Ensemble noch ein Jesuitenkolleg, eine Sternwarte und eine Schlosskirche gibt. Dann nichts wie ab, bevor Ihre Kunden enttäuscht sind.«

»Warum denn das?«, schnurrte Sine, die jetzt auch kapiert hatte, dass Reutter ein offenbar lediger Mann und sie eine Frau war und dass wir anderen beiden Frauen wohl zu uninteressant waren, um ihr in die Quere zu kommen.

Sie konnte ihn haben. Er war ein aus der Zeit gefallener Macho. Warum sollte eigentlich kein Mann in diesem Schloss die vielen Fenster putzen?

»Warum? Weil sogar jemand aus der amerikanischen Kartoffelprovinz weiß, dass 18. Jahrhundert nicht wirklich richtig alt ist, und weil sie keine Ahnung haben, wer und was ein Kurfürst ist und weil heute kein echter König in dem Schloss wohnt, sondern zottelhaarige Studenten aus- und eingehen.«

»Junge Leute sind immer eine Freude«, behauptete Helma feierlich.

Ich war da anderer Meinung. Die jungen Leute bei uns im Haus verließen selbiges vorgeglüht um halb zwölf mit ziemlichem Getöse. Neidisch wälzte ich mich dann in meinem Singlebett und fühlte meine biologische Uhr nicht nur ticken, sondern mit riesigen Klöppeln schlagen.

Reutter fuhr fort: »Wenn Amis zu uns kommen, dann wollen sie bekanntlich Mittelalter und noch mal Mittelalter sehen. Burgen und Ritter und Schlösser und Hinrichtungsstätten. Die Franzosen wiederum vergleichen das schlichte

Bauwerk in Mannheim mit ihrem dekadenten Versailles und gucken gar nicht mehr richtig hin.«

»Herr Reutter, was wäre denn mit der Jesuitenkirche? Könnte man die vielleicht noch einflechten?«, erkundigte sich Michael schleimig. Und dann triumphierend: »Eine der bedeutendsten Barockkirchen Südwestdeutschands, wie ich bei einem Kollegen kürzlich las.«

»Sehr gut. Immerhin einer, der was weiß. Bei unseren Freunden aus New Baden können Sie erwähnen, dass es diese Kirche gibt. Fahren Sie halt mit dem Bus kurz daran vorbei. Details interessieren bei dieser Klientel erfahrungsgemäß nicht. Wir sprechen hier nicht vom Kölner Dom.« Bevor Sine einen Satz mit »allerdings« dazu formulierte, hob er die Hand: »Grundsätzlich: Pro Woche bitte sowieso maximal drei bis vier Kirchen besichtigen. Wenn die Leute von morgens bis abends Kirchen sehen wollen, buchen sie Vatikan plus Papst live! Urbi et orbi! Aber auf Fragen müssen Sie natürlich trotzdem antworten können. Baustile. Daten. Fakten. Krypten. Orgeln.«

Meine Güte, wie sollte man sich das alles behalten? Ich war schon froh, wenn ich mir merken konnte, wo ich meine pfirsichfarbenen Leggins nach der letzten Wäsche hingelegt hatte.

»Also, probieren wir es gleich mal. 18. Jahrhundert! Welcher Baustil ist die Jesuitenkirche also damit? Vorsicht: Die Franzosen deklinieren Ihnen nämlich mühelos alle Stilrichtungen hoch und runter. Bitte?«

Wir sahen aus dem Fenster wie früher in der Schule, wenn der Lehrer ein Opfer für die Kurvendiskussion an der Tafel gesucht hatte. Ich überlegte, ob mir Klaus vielleicht zweitausend Euro mehr geben würde. Was brauchte er von dem Geld schon noch?

Reutter wirkte zunehmend ungehalten. »Barock, meine Herrschaften! Das war etwas mager!«

»Barock«, schrieb Helma zittrig auf ihren Block.

Dort stand es jetzt, das Wort: Auf einer leeren Seite. Grad so. Barock! Ich fragte mich, was sie mit dieser Information später anfangen würde.

»Der französischen Gruppe können sie bei ausreichend Zeit eventuell sogar das Innere der Jesuitenkirche zumuten. Franzosen rechnen gottergeben mit Kirchen, wenn sie einen Ort besichtigen. In ihrem Land besitzt jedes Kaff mindestens eine Kapelle, die bei uns glatt als Kathedrale durchginge.«

»Das stimmt, Herr Reutter. Und sie erleuchten sie nachts. Mein Mann sagt allerdings, es hat manchmal etwas Kitschiges. Wir waren deshalb letztes Jahr erstmalig nicht im Burgund unterwegs. Lassen wir uns den Wein halt schicken, sagt mein Mann.«

»Du sollst von jetzt an nur noch badischen Wein trinken. Als Vorbild. Von der Sonne verwöhnt«, sagte Michael und zu Reutter: »Notieren Sie einen Minuspunkt, Herr Reutter. Trinkt Wein vom Erbfeind.«

Reutter runzelte die Stirn. War er etwa humorlos? Ich könnte mich niemals in einen humorlosen Mann verlieben.

»Eben. Ein Erfolg wäre die Führung für Sie, wenn ein Franzose am letzten Abend einen Auggener Schäf anstatt eines Merlot bestellt. Noch etwas: Wenn Sie Ihre Gruppe übernehmen, sehen Sie sich die Leute und die Namen an. Sind vielleicht jüdische Gäste darunter? Wie viele Kirchen passen zur Gruppe?«

»Woran merke ich das genau? Mit den Juden? Ich habe da wenig Erfahrung. Ich meine, *sieht* man das?« Helma zückte ihren Block.

Reutter sagte hastig: »Später, Frau Burgenbauer. Bei den Franzosen kann rein theoretisch auch ein Gast mit arabischen Wurzeln in der Gruppe sein. So können Sie in Mannheim auf die friedliche Nachbarschaft von Synagoge, Liebfrauenkirche und Moschee verweisen. Stichwort hier: gelebte Toleranz. Eine urbadische Tugend, die uns von einem gewissen benachbarten Menschenschlag unterscheidet!«

»Sie meinen die Schwaben, nicht wahr? Ost-Badener, hat mein Mann sie genannt, wenn er einen Scherz machen wollte. Allerdings darf man keinen billigen Pauschalurteilen verfallen. Hat er auch immer gesagt.«

Sines Mann musste ja ein wahres Prachtexemplar sein. Warum sie dieses Filetstück wohl aufgegeben hatte?

»Wir erwähnen den Landesteil hinter dem Bindestrich in unserer Führung gar nicht. Unsere Reise hört bei Bretten auf. Punkt. Maulbronn etwa kommt nicht vor.«

Vorsichtshalber hatte ich mein Handy auf Vibrationsalarm gestellt. Jetzt vibrierte es wie verrückt in meiner Tasche, doch noch einmal konnte ich nicht telefonieren, ohne mir weitere Minuspunkte zuzuziehen.

Der Zug blieb stur auf den Gleisen stehen, weil ein ICE den Vortritt hatte, und tuckerte schließlich langsam nach Mannheim. Großer Bahnhof, viele Geschäfte, lebhaftes Treiben, auffallend viele Ausländer aller Farben. Der Puls von Mannheim schien schneller zu schlagen als der von Karlsruhe.

»Es kann sein, dass sich unter unseren amerikanischen Gästen Nachfahren von Kurpfälzern befinden. Aus diesem Grund können wir Mannheim nicht ganz aussparen«, rief Reutter im Gehen. »Folgen Sie mir vor den Bahnhof, bitte.«

»Ich find's echt schön hier«, meinte Helma glücklich und schulterte ihren Rucksack. »Ich komm mal raus.«

Reutter wies auf die lebendige Großstadt samt Bausünden vor uns: »Die Auswanderung aus dieser Gegend war im 19. Jahrhundert nämlich prozentual besonders hoch. Erwähnen Sie kurz, dass die frühere kurpfälzische Residenz bereits um 700 im Codex des Klosters Lorsch erwähnt wurde. Unsere amerikanischen Gäste lieben tiefe Wurzeln. Vielleicht war sein Vorfahr damals hier schon unterwegs. Das macht ihn stolz.«

Wir umstanden Reutter auf dem umtriebigen, lauten und von Punkern, Skins, Türken, Touristen, Teenagern, Schulkindern, Pennern, eiligen Yuppies, gebeugten Alten und wartenden Taxifahrern bevölkerten Platz vor dem Bahnhof. Als er sich bewegte, roch ich jetzt *Old Spike*. Ein eigentlich altmodischer Duft, doch er rief dennoch etwas in mir hervor. Nämlich Erinnerungen an meinen Vater, als er noch der Held für mich gewesen war.

Es ist gefährlich, wenn ein Mädel sich bei einem Mann an Vati erinnert. Wenn wir nicht emanzipatorisch gestählt sind wie Alice Schwarzer oder Claudia Roth, ist Gefahr im Verzug. Ich dachte ganz intensiv an Claudia Roth.

»Hier ist allerdings nicht meine Welt«, verkündete Sine und schüttelte sich wie Geist, wenn er Flöhe loswerden wollte, nur etwas anmutiger.

Wir anderen waren auch nicht bei der Sache. In meiner Tasche hörte ich es nämlich schon wieder vibrieren, und Michael war etwas zurückgeblieben, um wichtigtuerisch vor dem Schaufenster eines Buchladens zu stehen und suchend zu schauen. Sein stechender schwarzer Blick wanderte über die Stapel von Büchern, über denen das Schild »Unsere Besten« baumelte.

»Ich schreibe unter Pseudonym. Irgendwann enthülle ich es Ihnen – vielleicht. Aber ich habe einfach Angst, dass danach nichts mehr ist wie zuvor. Ich kenne das doch.«

Sine sah ihn prüfend, Helma bewundernd von der Seite an. War Michael Crichton mit uns unterwegs? Mankell?

Reutter musterte uns alle irritiert. »Also, etwas müssten wir uns schon beeilen. Das Produkt ist zwar klein, aber wir sollten schon drei Städte mindestens pro Tag schaffen, sonst müssen wir verlängern.«

Wir alle vier betonten hastig, dass wir das keinesfalls wollten.

Reutter scheuchte uns über Straßenbahnschienen, kreuz und quer, an dem mächtigen Schloss vorbei und verkündete: »Wir machen jetzt eine reine Franzosennummer: Gegenüber dem Schloss befindet sich das geräumige Palais Bretzenheim.

Darin lebte Josepha Seyffert, die Mätresse von Kurfürst Karl Theodor. Ihren Kindern gab kein Geringerer als Mozart Klavierunterricht. Starb im Kindbett.«

»Traurig. Das ist eine traurige Geschichte. Als Mutter« – vielsagender Blick in meine Richtung – »kann man das nachvollziehen. Gell, Sine.«

»Sterben kann jeder nachvollziehen«, meinte Michael düster. »Wenn es ihn erwischt, weiß er wenigstens, wovor er ein Leben lang Angst gehabt hat. Dies ist der einzige Moment der Wahrheit im Dasein. Kristallklar und grausam!«

»Warum ist dieses Palais nur für Franzosen geeignet?« Ich sagte es absichtlich sehr laut, denn in meiner Tasche summte es erneut.

Das nächste Mal musste ich drangehen. Es blieb mir nicht allzu viel Zeit, Klaus den Klosterbruder dazu zu bringen, mir all sein weltliches Geld zu überschreiben. Spätestens am Montag würde Tante Rudi anrufen, und wenn sie erfuhr, dass Klaus und ich kein Paar mehr waren, würde die badische Krämerseele ihre Gabe bestimmt zurückfordern.

»Franzosen lieben solche Mätressengeschichten. Ein zünftiger Herrscher ist für sie nur einer, der auch außerehelich unterwegs ist. Bei den Amis sollten Sie diese Sache besser nicht erwähnen, denn die sind bekanntlich äußerst moralisch.«

Helma sah erleichtert aus.

Meine Füße schmerzten. Kurz blieb ich stehen und zappelte mit den Zehen. Reutter offerierte mir seinen Arm. Ich verzichtete. Ich gedachte hier die Rolle der smarten jungen Karrierefrau zu geben. Doch anlehnen hätte gutgetan.

Den Farmern aus Illinois, so wurde uns nun verordnet, könnte man beim Vorbeifahren den Wasserturm und damit eine der schönsten Jugendstilanlagen Deutschlands zeigen.

»Rechnen Sie aber nicht mit einem Ah und Oh bei Ihren Gästen. Jugendstil ist nicht das tägliche Thema von Joe, Bill und Biff aus New Baden.«

Der Wasserturm mit seinen Arkaden, seinen Springbrunnen, seinen Grünanlagen, seinen an ihm lagernden Menschen und seinen Polizeiautos, die ebenjene lagernden Menschen bewachten, präsentierte sich prachtvoll und friedlich. Ein Kampfhund badete im Teich, eine alte Türkin freute sich an ihrem schwarzgelockten Enkelkind, ein paar frühreife Mädchen lagen auf dem Rasen. Ich hätte mich am liebsten dazugelegt und die *BadenTouristik & Incentive* sich selbst überlassen.

»Fröhlich und weltoffen ist das Produkt. Lassen Sie den Busfahrer ruhig einmal drum herumfahren.«

Wir bewunderten brav das heitere Produkt, als ein flächendeckend tätowierter Punker eine Bierflasche Richtung Hund schmiss, der daraufhin nicht mehr besonders fröhlich aussah. Die Türkin raffte hastig ihre dunklen wallenden Gewänder zusammen, schnappte sich ihr Enkelkind und wechselte die Bank.

Reutter zuckte mit den Achseln. »Bestimmt keine Einheimischen!«

Wir alle miteinander würden nun in den Mannheimer Luisenpark geführt, damit wir etwas entspannen könnten. Das sei im Ernstfall auch für unsere zukünftigen Gäste geplant.

»Zeigen Sie im Vorüberfahren das Planetarium, das Museum für Arbeit und Technik und den Fernsehturm. Dort oben befindet sich ein drehbares Restaurant.«

Michael deutete leise Würgegeräusche an und zwinkerte mir zu. Ich sah weg.

Reutter trieb uns wieder in eine Straßenbahn, bald stiegen wir schon wieder aus und mussten eine Weile durch ein elegantes Villenviertel namens Oststadt laufen. Helma trank im Gehen gurgelnd eine Capri-Sonne.

»In Mannheim war ein gutes Klima für Erfinder. Drais, das Fahrrad, Benz, das Auto, Lanz, den Bulldog. Das Raketenflugzeug von Hatry lassen Sie bei beiden Nationen besser weg, wobei die Amis in diesem Punkt unempfindlicher sind.«

Helma schrieb »Hatry« auf und strich das Wort dann durch.

»Sie können im Plauderton erzählen, dass man hier in Mannheim einem verkrüppelten Blumenverkäufer ein Denkmal in Gestalt des Blumenpeter gesetzt hat. Das rührt die Gäste. Der Badener als Mensch!«

»Was ist eigentlich mit dem Rhein?«, erkundigte sich Sine von Schönau und klimperte mit den Wimpern. »Unser Schicksalsstrom hat mein Mann ihn genannt. Finde ich allerdings eine originelle Formulierung.«

»Vielleicht nicht so ganz und gar neu, Frau von Schönau, aber immerhin«, antwortete Reutter anerkennend. »Ich sehe, dass Sie mitdenken. Sehr gut. Leider fließt dank Tulla auch hier bei Mannheim der Rhein ziemlich geradeaus und erfüllt so nicht den Anspruch des Amerikaners auf Romantik. Wir können deshalb froh sein, wenn sie überhaupt nach Baden wollen und nicht gleich nach Rüdesheim.«

Am Eingang des Parks wies Reutter eine Karte vor und sah dann auf seine Uhr. »Sie haben jetzt eine Stunde Zeit zur freien Verfügung. Und wenn wir uns wieder treffen, wäre ich den Herrschaften dankbar, wenn jeder mir einen Punkt nennen kann, den er seiner Gruppe gerne zeigen würde. Ich will überprüfen, ob Sie den Auftrag grundsätzlich verstanden haben.«

Etwas wie Freiheit winkte!

»Wo gehst du hin?«, fragte mich Helma unsicher. Dann sah sie auf ihren Plan. »Ich such mal den Bauernhof. Oder das grüne Schulzimmer.«

»Meinst du, das interessiert Leute aus Illinois?«

»Weiß ich nicht. Ich war noch nicht dort.«

»Und ich folge Ihren wohlriechenden Spuren. Unauffällig«, schmiss sich Michael an Sine heran.

»Ich werde *alleine* gehen und den Park auf mich wirken lassen«, erklärte ich entschlossen.

Reutter betrachtete mich nachdenklich, Interesse im Blick. Männer, so hatte ich gelesen, mögen Frauen, die sich selbst genug sind. Es nimmt ihnen die Angst, lebenslänglich mit jemandem Konversation machen zu müssen.

An einem künstlichen See namens Kutzerweiher mit Schilfufer und Seerosen glitten ferngesteuerte Boote deutsch-gehorsam hintereinander wie die Entenküken vorbei. Ich steuerte auf eine ergonomisch geformte Stahlliege zu. Um mich herum freizeitende Rentner mit Thermoskanne und Sudokus. Mühsam rückte ich die Liege in eine Baumgruppe nahe einem Spazierweg und zückte endlich mein Mobiltelefon.

Da sah ich aus dem Augenwinkel Robert Reutter in seinem grauen Hemd von Weitem herannahen. So unauffällig wie möglich wuchtete ich mich wieder heraus aus der Liege, die mir beim Hochwippen noch einen Tritt versetzte, und strebte, wie müßig schlendernd, unauffällig von ihm fort. Noch im Gehen holte ich einen Block hervor, machte mir scheinbar Notizen über diesen gepflegten, gänzlich hundefreien Park mit Gebirgsbach, Wiesen, Flamingos, Schautafeln, Burgenspielplätzen und steinernen Springbrunnen und wandelte so – laut Pfeil – Richtung Pflanzenschauhaus. Dort tauchte ich hastig ein in eine unechte, aber gut nachgestellte Dschungellandschaft, in der sehr authentische tropische Hitze herrschte, und stellte mich schließlich neben einen Glaskasten mit einer trägen Schlange, die mich unverwandt aus ihrem Amazonasgehölz heraus ansah.

Ich drückte den Wiederwahlknopf meines Handys. Versuchte mich möglichst neutral auszudrücken. »Hallo, Herbert, ich muss wissen, hinter welchen Mauern sich Klaus befindet. Sag es mir bitte, damit ich ihn kontaktieren kann. Sprechen darf er ja wahrscheinlich nicht mit mir, aber vielleicht kann ich ihm eine Mitteilung zukommen lassen.«

Ich presste das Handy nahe ans Ohr. Irgendwo schrien und schnatterten Äffchen. Die Schlange hinter Glas runzelte die Stirn.

Er wollte es mir nicht sagen, der Mistkerl. Und ob ich im Ausland sei. Er höre exotische Tiere im Hintergrund. Das koste den Angerufenen nämlich dann auch noch Geld. Er war das lebende Gegenbeispiel, dass Schwule immer die netteren Männer sind.

»Was heißt, es kann nicht so schwer sein, das herauszufinden! Diese Haftanstalten – ja, tut mir leid, aber das sind sie für mich, ohne Sex und ohne Frauen – sind schließlich über das ganze Land verteilt!«, zischte ich. »Herbert, er war mein ... quasi ... mein Mann. Und es geht um Geld. Viel Geld. Sag mir, in welcher Zelle ich ihn auftreiben kann, oder soll ich etwa in Italien bei der Zentrale und beim allerobersten Boss anrufen?«

Herbert gab irgendwann nach. Seines Wissens sei der spirituell angehauchte Kollege in der Abtei Neuburg, einem kleinen Männerkloster bei Heidelberg, gelandet. Als Volontär. Novize nannten sie es dort.

Ich legte auf. Lehnte mich erschöpft an die Glaswand.

Hinter mir erklang wieder die kühle Stimme unseres Feldmarschalls: »Ihr Privatleben geht mich zwar eigentlich nichts an, Frau Thamm, aber der Besuch von badischen Gefängnissen, auch wenn sie gelegentlich architektonisch durchaus gelungen sind – wie etwa Bruchsal – ist eigentlich in unseren Rundfahrten nicht vorgesehen. Wenn Ihr Bekannter einsitzt, ohne Frauen und Sex, wie Sie so anschaulich formulierten, so ist das für Sie und ihn – wenn ich jetzt mal als Mann sprechen darf – natürlich bedauerlich, aber solche Episoden kommen beim Gast nicht gut an.« Er hob die Hand. »Nein. Auch keine Anrufe in Italien beim Boss. Unsere Gäste erwarten eine Frau als Führerin, von der sie zu Hause erzählen, dass sie sympathisch, gebildet und seriös gewesen ist. Ein badisches Gretchen. Oftmals schreiben sie der jeweiligen Dame noch eine Ansichtskarte von zu Hause.«

»Was machen Sie denn eigentlich schon wieder hier? Verfolgen Sie mich?«

Die Schlange richtete sich auf und guckte tadelnd durch ihre Glasscheibe.

»Ja. Ich habe am See bemerkt, dass Sie mir aus dem Wege gehen, und da wollte ich wissen, warum. Wir stellen nicht nur Führer ein, sondern Menschen. Der Führer und die Führerin bleiben bei den Gästen lange im Gedächtnis haften.«

»Waren Sie eigentlich früher Spitzel bei der Stasi? Würde mich nicht wundern.«

Wir sahen uns an wie ein Feuerwerk, das noch nicht gezündet wurde. Doch Reutter hatte uns ja versprochen, er werde sich beherrschen. So kräuselte er nur die Lippen.

»Mitnichten. Dort werden keine Badener beschäftigt. Unser Tonfall verrät uns sofort. Obwohl, Sie sprechen eigentlich gar kein Badisch, nicht wahr?« Sein prüfender Blick haftete an meinen Lippen.

Wieder keimte Sehnsucht nach der kreativ sprudelnden Quelle Klaus in mir auf. Klaus, der Künstler, der Freigeist, der stets verneinte. Der das Komische in allem sah. Der neue Pfade ging. Der den Mut hatte, alles aufzugeben und sich nur dem Glauben zu widmen. Tränen warteten in meinen Augen darauf, heraustropfen zu dürfen.

Reutter hielt mich mit seinem Blick fest. Und die Tränen blieben aus.

»Sie scheinen jedenfalls ein farbenfrohes Privatleben zu besitzen. Wenn wir von privat sprechen ... haben Sie gehört, dass uns Frau Burgenbauer für Donnerstagabend in ihren Familiengarten in Karlsruhe-Durlach zum Grillen eingeladen hat? Ihr Motto: ›Friends cook for Friends‹. Sie möchte eine solche Privateinladung in ihr Führungsprogramm einbauen. Unsere Gäste treffen eine nette deutsche Mittelstandsfamilie.«

Ich verdrehte die Augen. Nicht mal abends hatte ich meine Ruhe.

Reutter kräuselte die Lippen. Beinahe sanft, jedenfalls verschwörerisch raunte er: »So schlecht ist die Idee nicht. Herrn Dr. Umsicht wird sie jedenfalls gefallen. Ja, unterschätzen Sie eine Frau wie Helma nicht. Sie sehen natürlich besser aus, aber die Gute hat Ihnen einiges voraus: ›mein Haus, mein Hund, mein Kind, mein Mann‹.«

Ich zuckte die Achseln.

Er lachte. »Und ich fürchte, Sie haben zwar Männer, aber keinen Mann.«

Eigentlich würde ich am liebsten jetzt die Schlange auf ihn hetzen, doch ich brauchte ihn lebend. Als Legitimation dafür, mich unauffällig in diesem Kloster bei Heidelberg umzusehen.

»Nun gut, Herr Reutter. Nicht dass es Sie etwas anginge, aber das ist ein Missverständnis. In unserem Freundeskreis machen wir oft ganz fröhliche Scherze. Wortspiele, wo wir so tun, als seien wir an ganz anderen Orten. Im Gefängnis. Oder in New York. Oder unter Wasser.«

»Ich verstehe«, sagte er nur. »Lustig. Ha!«

»Ein herrlicher Park, das hier.« Ich schluckte schwer von all dem Lügen. »Und eine gute Idee von Ihnen, die Gruppe hierherzuführen. Wir treffen uns dann bald, ja?«

»Nein«, bestimmte er, »wir beide gehen uns jetzt gemeinsam das Highlight dieses Parks ansehen. Nämlich das chinesische Teehaus mitsamt Ying und Yang, Chi und Gong, Tai und Chi und Teezeremonie und Päonien und Brückchen und einer großen Terrasse ... das größte originalgetreue chinesische Teehaus Europas. Kommen Sie mit?«

Ich folgte ihm widerwillig. Hoffentlich hatte diese Herumkommandiererei bald ein Ende. Theoretisch gehörten mir zehntausend Euro, und damit könnte ich mir zwei Reutters mieten. Aus den Augenwinkeln sah ich im Gehen noch, wie die Schlange mir ihre gespaltene Zunge herausstreckte. Offenbar kannte sie den Unterschied zwischen theoretisch und praktisch.

Unterwegs nach dem Mannheimer China erzählte mir Reutter unaufgefordert, wie interessant seine Arbeit im Verlag sei und wie befriedigend es sei, die Vorzüge des Produktes in Wort und Bild darzustellen. Einer seiner Vorfahren sei zusammen mit Carl Schurz als ganz junger Kerl in vorderster Linie in Rastatt für die Freiheit eingetreten.

»Er ist zuerst ins Elsass geflüchtet und von dort weiter nach Amerika!«

So wie damals 80 000 andere Badener ihr Land Richtung Westen verlassen hätten. Leider sei dieser frühe Reutter ohne Nachfahren gestorben und zwar an den Folgen der Entbehrungen. Aber man habe im Familienkreis berichtet, dass er bis zum Schluss das Pennsylvania German gesprochen habe, welches wie Deutsch oder Elsässisch klinge. Auf diesen Vorfahren sei er persönlich stolz.

Als ob mich das interessierte. Ich sah zum Himmel, wo hoffentlich jemand Höheres ein Auge auf meine Sorgen warf. Schließlich war ein neuer himmlischer Mitarbeiter betroffen, denn irgendwo betete ein Mönchsanwärter namens Klaus und wusste noch nicht, dass er sehr viel Gutes hienieden tun konnte. Zum Beispiel für mich und für die Kunst.

Reutter sprach weiter. Manches wäre anders in Baden ohne Württemberg. Er persönlich sähe die Schwaben gerne in einem eigenen Staat.

»Man könnte Baden, also das Produkt, touristisch als industriefreies Genussland, als Entschleunigungsinsel, vermarkten. Denken Sie nur an den Kaiserstuhl. 1700 Sonnenstunden im Jahr, und dort gibt es Orte, die keinen Handyempfang haben! Und diese Menschen haben eine Entspanntheit im Gesicht! Unglaublich.«

Er wisse, dass es vollkommen politisch unkorrekt sei, aber er habe noch keinen Schwaben und keine Schwäbin kennengelernt, mit der er etwa ein Wochenende auf einer einsamen Hütte verbringen könnte, ohne dass am Sonntagabend nur noch einer übrig wäre.

»Das wäre dann ein mörderischer Fall für unseren Herrn Brenner! Mit einer Badenerin, einer netten Badenerin wie Ihnen beispielsweise, wäre das etwas anderes.«

»Ach ja? Nun, ich persönlich hasse einsame Hütten.«

Was nicht stimmte. Ich dachte an Klaus. In unserem letzten Urlaub waren wir auf einem Bauernhof am Schwäbischen Meer gewesen und hatten den Zauberberg von Thomas Mann gelesen. Synchron. Er ein neues Exemplar. Ich eine Secondhandausgabe für einen Euro aus dem *A & S Bücherland* unserer Wohnung gegenüber. An Sex hatten wir nicht gedacht. Nur daran, die komplexen Nebensätze von Thomas Mann zu analysieren.

Aber Reutter? Der würde vom ersten Moment an nur an Sex denken. Das spürte ich. Er war der Typ dafür. Aber ich würde sein Bett im Kornfeld jedenfalls nicht mit ihm teilen. Mir reichte es schon, dass ich neben ihm her durch diesen Park, vorbei an Kinderwägen, Großfamilien, schlurfenden Senioren am Gehwagen und nicht voneinander trennbaren Liebespaaren spurten musste. Seerosen. Kaffeegeruch. Geklapper von Kuchengabeln. Über uns flatterte ein Storch. Entspannte Parkgesichter.

Dabei war das in Hügelchen und zierliches Gehölz eingebettete chinesische Teehaus wirklich schön. Rot, braun und schwarz mit geschwungenem Dach und harmonischen Formen, mit Gängen, Toren, Säulen und Pavillons, das Ganze umgeben von Zickzackbrückchen, die sich im Wasser spiegelten. Ich schnupperte an einer Päonie, laut Reutter die Lieblingsblume der chinesischen Kaiser.

Um mich herum breitestes Mannemerisch: »Hätt ich ja nie gedenkt, des mer so was außerhalb vun selle Reich de Mitte besichtige kann!! Geh mer mal iwwer die Brick und drinke so en chinesische Tee?« und »He Buu, was meenschn duu? Derf mer doch net abreiße, selles Blümche da.«

Mein Schicksal war es, mit Reutter einmal das Tempelchen zu umrunden und dann wieder zurück zum Treffpunkt zu eilen. Kurz darauf trafen wir auf die anderen drei Bewerber, die uns mit argwöhnischen Blicken herannahen sahen.

Helma wollte den Schaubauernhof unbedingt in ihre ganz persönliche Führung einbauen: »Deutsche Natur und deutsche Tiere sind doch immer etwas Wunderschönes!«

Michael wollte den dreihundertfünfzig Fischarten im Pflanzenschauhaus eine Chance geben: »Darunter der prachtvolle Rotfeuerfisch, der hässliche Königsdrückerfisch und die Piranhas, die einen Menschen in Sekunden bis aufs Skelett abnagen.«

Sine meinte, die Schmetterlinge im gleichnamigen Haus könnten Entzückensschreie bei Provinzlerinnen beider Nationen auslösen: »Das kennen die ja gar nicht. Ich selbst kann mich allerdings sehr mit einem Schmetterling identifizieren. Ästhetisch, zart, lautlos und elegant. Vor allem allerdings: Der blaue Himmelsfalter ähnelt mir.«

Das alles fand keine Gnade vor Reutters Ohren und Augen. »Vergessen Sie den Bauernhof. Diese Amerikaner kommen aus New Baden, Illinois. Nicht mal dreitausend Einwohner. Die wissen haargenau, wie eine Kuh aussieht. Fische, egal, wie viele und wie bunt, interessieren nur solche Leute, die theoretisch auch Briefmarken gut finden und das sind meistens nicht die, die sich eine teure Reise nach Deutschland kaufen. Und zu den Schmetterlingen: Hast du einen gesehen, kennst du sie alle. Hirnlose Viecher, die es überall gibt und die nichts hergeben. Unsere Frau Thamm hier hat mit mir das Chinesische Teehaus angesehen.«

Sechs Augen sahen mich missgünstig an.

»Ja. Man fühlt sich beinahe wie in China. Nur ohne einen einzigen Chinesen, was je nachdem auch von Vorteil sein kann«, sagte ich tapfer.

»Da es das größte chinesische Teehaus in Europa ist, kann man es auf diese Weise unseren Freunden aus Midwest verkaufen. Sie lieben bekanntlich nichts so sehr wie Superlative. Das ist genetisch verankert. Aber nur fünf Minuten dafür einplanen. Einmal drum herum. Auf die Brücke, Fotoshooting. Hinweis auf den Fernsehturm. Sagen Sie, der ganze Luisenpark gilt als die schönste Parkanlage Europas. Hinterher gibt es ein vorbestelltes Tässchen Kaffee und ein Stückchen Kuchen an der Seebühne, man erholt sich, vielleicht findet gerade ein Konzert statt, und dann ist Mannheim so weit erledigt.«

»Was ist eigentlich mit meinen französischen Gästen?«

»Frau von Schönau, es sind noch nicht Ihre Gäste. Mal sehen, wie sich die Woche entwickelt. Wenn es zeitlich und vom Wetter passt, geben Sie ihnen eine Stunde Verweildauer zur freien Verfügung. Franzosen sind verdammte Individualisten. Sie wollen nicht Teil einer Herde sein, sondern wollen in Ruhe gelassen werden.«

»Und danach?«

»Danach wartet der Bus vor dem Eingang Oststadt und es geht über die Autobahn nach Heidelberg. Vorher bieten Sie im Bus noch Schachteln mit sogenanntem *Mannheimer Dreck* an. Dieses Gebäck diente den Mannheimern vor zweihundert Jahren als Mahnung, ihren Dreck nicht einfach auf die Straße zu werfen. Typisch badisch-kurpfälzischer Humor. Von dieser Leichtigkeit kann man andernorts nur träumen. Machen Sie an allen Stationen einen solchen Souvenirvorschlag.«

»Alles sehr gut durchorganisiert«, wisperte Sine bewundernd und durchsichtig.

Reutter sah auf seine teure Uhr, die nach einer echten *Breitling* aussah. Konnte man mit Büchern über Baden eigentlich so viel Geld verdienen?

»Wir fahren mit dem Zug nach Heidelberg. In einer Stunde. Die Mittagspause muss heute leider ausfallen.«

Wie kleine Küken rannten wir hinter Reutter her Richtung Bahnhof. Erst durch ein Villenviertel, dann durch lange Straßen mit Mietshäusern und schließlich passierten wir Bars und Spielhöllen.

Helma kniff tadelnd die Lippen zusammen. Michael nickte einem Türsteher vertraulich zu. Der rieb sich verwirrt das gepierzte Ohrläppchen. Mir taten die Füße weh und ich grübelte, wie ich in die Abtei Neuburg gelangen konnte, ohne mich verdächtigerweise von der Gruppe abzusondern.

»So«, sagte Reutter, »hier am Bahnhof ist ein Internetcafé. Jeder hat jetzt zehn Minuten Zeit, um mir einen Vorschlag zu machen, was man in Heidelberg ansehen könnte.«

Drei von uns sagten: »Das Schloss!«

Ich hielt den Mund, da ich ja ins Kloster wollte.

»*Außer* dem Schloss!«, befahl unser Lehrmeister für mich wenig überraschend. »Das Schloss müssen Sie outsourcen.«

Helma machte den Mund auf, um zu fragen, und machte ihn vorsorglich wieder zu.

»Es gibt mehrsprachige Führungen, die Sie im Voraus für Ihre Gruppe buchen und wo alles das vorkommt, was des Amerikaners und des Franzosen Herz begehrt: efeugeschmückte Ruinenromantik, der Schrecken der Zerstörung 1689, die Liebesgeschichte zwischen dem Winterkönig und seiner Winterkönigin, die Story vom weintrinkenden Perkeo und die muntere Liselotte von der Pfalz. Neckarblick zum Knipsen, ein paar Zitate von Goethe und auch welche von Mark Twain, der sich ja ausgiebig über Baden geäußert hat. Alles hübsch audiovisuell und gut aufbereitet. Das Heidelberger Schloss können Sie touristisch gesehen nicht mehr neu erfinden.«

»Dann wären wir doch mit Heidelberg schon schnell fertig«, meinte Michael und zwinkerte Sine zu. »Hätte ich noch etwas Zeit, in diese herrlichen Buchantiquariate in der Hauptstraße zu gehen? Ist manchmal ein seltsames Gefühl, wenn man da alten Bekannten begegnet, die man selbst geschaffen hat, aber da muss man durch. Das ist der Preis des Ruhmes. Nein, nein, bitte nicht ...«

»Mitnichten. Um uns von anderen Führungen abzuheben, zeigen wir noch ein zweites Highlight in Heidelberg. Und da möchte ich von jedem Vorschläge. In dreißig Minuten. Ich will wissen, ob Sie auch schnell Informationen besorgen können, wenn bei einer Tour etwas schiefgeht.«

Der Perfektionist hatte natürlich schon Internetplätze für uns vorbestellt. Vier Boxen nebeneinander. Er selbst saß an der Kasse und schäkerte mit der arabischen Abrechnerin, die kajalumrandete Blicke nach ihm warf. Erstmals hatte ich einen kleinen Vorteil: Ich wusste nämlich, wonach ich suchte. Die anderen tippten und stöhnten und fluchten neben mir.

Als ich kurz zu Michael hinüberschielte, der mit langen Spinnenfingern auf der Tastatur wie auf einem Bechsteinflügel spielte, sah ich, dass er bei *Amazon* die Bücherangebote aufgerufen hatte. Vermutlich überprüfte er wie fast alle der Autoren, die ich kannte, stündlich seinen Verkaufsrang.

Ich versuchte den Namen zu erkennen, unter dem er suchte, doch er hielt seine weiße Hand wie ein Häuschen davor. Vielleicht war er wirklich berühmt. Machte das hier wie einst Wallraff verdeckt: »Ich war der Baden-Führer«, würde sein Buch heißen, und dann würde er unsere miesen Arbeitsbedingungen geißeln.

So schnell, wie es ging, googelte ich Klaus' Klause.

Zwei Kabinen weiter jubelte Sine: »Das ist allerdings wirklich entzückend. Enchanté. Da gehen wir hin! Das ist etwas für meine Französinnen. Das hat wenigstens Niveau.«

Helma holte einen Apfel aus ihrer Tasche und biss hinein. »Ich hab auch was. Das ist so, so schön. Ich könnte weinen, wie schön das ist. Das letzte Mal war ich mit meinen Kindern in Rothenburg dort.«

Meine Güte. Gut, dass ich nicht von diesen beiden Spießerinnen im Produkt herumgeführt wurde. Ich könnte wetten, bei denen zu Hause war das ZDF im Fernsehen auf Programmplatz eins eingestellt. Sie machen an, und automatisch erscheint Florian Silbereisen oder Rosamunde Pilcher.

Reutter beendete seinen interkulturellen Flirt und schlenderte zu uns herüber: »Unser Zug geht in zwölf Minuten. Wir sprechen in der Bahn über Ihre Ergebnisse.«

Kurze Zeit später saßen wir im Zug.

Sine war begeistert. »Ich werde mit meiner Gruppe ins Kurpfälzische Museum gehen. Ich war schon mal privat dort, das heißt, mit meinem Mann und einem befreundeten Chefarzt, und nun habe ich mich erinnert. Das ist eine Art Stadtmuseum und da drin gehe ich speziell ins Palais Morass. Da sehen die mal, wie herrschaftlich man hierzulande gelebt hat.«

»Wie?«, fragte Helma. »Morast?«

»Das ist ein wunderbarer Barockbau in der Fußgängerzone. Treppenaufgang. Säulen. Wandteppiche. Riemenschneideraltar. Überall Niederländer. Bilder meine ich, Helma. Man wandelt durch die Gesellschaftsräume und in Vitrinen ist die Entwicklung der Mode anhand von Puppen dargestellt. Das ist sehr interessant für die stilbewussten Damen aus Frankreich, die ich erwarte.«

Hoffentlich kriegst du nicht ältere Damen in Blümchenkleidern, Plastikpullovern und mit blaugefärbtem Haar sowie über die Lippen gemaltem grellrotem Lippenstift. Den Typ gibt's nämlich in Frankreich auch, dachte ich.

Vor dem Fenster glitten schmucke Dörfchen vorbei, nahe dem Neckar, dem ich mich plötzlich ganz schwäbisch verbunden fühlte, denn er floss auch durch Stuttgart.

»Und als Höhepunkt werde ich das Straßburger Silberservice zeigen, das mehr als zweihundert Jahre lang als verschwunden galt. Aus diesen Tässchen trank einst eine Verwandte, eine Seelenverwandte ...«

Wir starrten sie an.

»Also *auch* eine Adelige, nämlich die Kurfürstin Elisabeth Augusta, und es ist im Palais in der historischen Deckung ausgestellt.«

»Wow«, sagte Michael sarkastisch und strich sich so über seine Frisur, dass er sie mit den Spinnenfingern nicht berührte. »Eine gedeckte Kurfürstin.«

»Ich«, sagte Helma stolz, »habe auch was. Ich habe mich nämlich in unsere Amerikaner hineinversetzt. Wie sie so sind und was sie so wollen. Sie selbst, Herr Reutter, haben uns gesagt, dass sie ein Deutschland wie von Spitzweg erwarten. Und wo können sie das besser antreffen als in Käthe Wohlfahrts Heidelberger Weihnachtsland.«

»Wie bitte? Sie fahren in eine der berühmtesten alten Städte in Deutschland und wollen im Hochsommer eine Weihnachtsshow vorführen?«

»Ja. Wir können ja alle nachher mal hingehen. Es ist auf der Hauptstraße. In einem entzückenden rosafarbenen Haus. So romantisch. Nußknacker, Puppen, Schwibbögen aus dem Erzgebirge, Zinnfiguren, Spieldosen ... Und es riecht das ganze Jahr nach Spekulatius und Weihnachtsbäckerei. Sie haben dafür extra ein Spray. Ich habe mich erkundigt. Man kann es über Rothenburg beziehen. Privat, meine ich.«

Reutter sah Helma an, als sei sie eine seltene Tierart.

Dann zuckte er mit den Achseln. »Wahrscheinlich hat sie sogar recht. Die Leute aus Illinois werden staunen wie die Kinder, sich Kuckucksuhren und Räuchermännchen nach Hause schicken lassen. Vielleicht können wir den Laden als Sponsor gewinnen.« Dann schüttelte er den Kopf. »Meine Herrschaften, ich bin insgesamt enttäuscht. Erfolg verkauft man über Emotionen. Und hier müssen Sie nun mal Heidelberger Emotionen wecken. Natürlich gehören die Heiliggeistkirche und die alte Karl-Theodor-Brücke mit Brückentor und Neckarschiffchen und das bucklige Kopfsteinpflaster zum Programm. Aber an was denken die Leute, wenn sie das Wort Heidelberg hören? An das Schloss, okay, und dann an: Studenten! An das älteste Pauklokal Deutschlands, das Gasthaus zum *Hirschen*, in dessen Holztische sogar Otto von Bismarck seinen Namen ritzte, hat natürlich keiner von Ihnen gedacht, sehe ich. Obwohl es in den Ihnen ausgeteilten Büchern stand. Nun ja.« Reutter machte sich eine Notiz, die nichts Gutes verhieß.

Dann wandte er sich mir zu: »Und was haben Sie sich Nettes ausgedacht? Die größte Gummibärchensammlung Deutschlands?«

»Wenn ich eine Gruppe zu führen hätte, so würde ich in die Abtei Neuburg gehen. Wir könnten es uns jetzt gleich mal ansehen. Ob es sich lohnt.«

»Ein Kloster?« Helma sah Sine an, in dem naiven Bemühen, sich mit ihr zu solidarisieren. Dabei würde Sine sie ohne Zögern in den badischen Teil des Bodensees schubsen, wenn es sich für sie lohnte.

»Wir sollen doch nicht so viele Kirchen, sagt Herr Reutter«, meinte Helma bieder. »Wegen der Juden und Araber!«

»Wo soll dieses Kloster denn sein?«, erkundigte sich Sine misstrauisch. »Das kostet doch bestimmt viel Zeit, und wir wollen uns mein Museum noch anschauen. Heute Abend habe ich in Karlsruhe eine gewisse gesellschaftliche Verpflichtung. Und ihr wisst ja, wie wahnsinnig schlecht man bei Ärzten und Juristen absagen kann.«

»Ich sage meinem Zahnarzt dauernd ab!«, antwortete ich.

Reutter unterdrückte ein Grinsen.

»Witzig. Was spricht denn für dieses Kloster?«, fragte Sine giftig.

Dass mein Exverlobter – ja, wir hatten uns irgendwann nach einer gelungenen Nacht verlobt, auch wenn es keiner von uns später noch mal erwähnt hatte – dort den Mönch gab, während zu Hause herrliche zehntausend Euro ungenutzt herumlagen. Was brauchte er schon groß noch? Mal eine hübsche Kutte, mal ein neues Kreuz. Also wollte ich ihn davon überzeugen, dass das Geld bei mir bestens aufgehoben wäre. Dies wäre die ehrliche Antwort gewesen.

Stattdessen entwarf ich die bunte Postkarte eines Klosters, von dem ich noch nie zuvor etwas gehört hatte: »Es liegt in Heidelberg herrlich auf einem Hügel über dem Neckar. Und Sie sagten doch, Amerikaner wünschen alte Sachen zu besichtigen, und dieses Ding ... vielmehr, diese Benediktinerabtei stammt aus dem 12. Jahrhundert und hatte eine bewegte Geschichte.«

Reutter sah mich misstrauisch an. Der Mann war gefährlich, denn er sah tiefer in mich hinein, als mir lieb war.

Ich legte trotzdem noch mal nach: »Es muss wunderschön sein. Streichelzoo, herrlicher alter Klostergarten, Mauern, eine Kirche mit Gottesdienst. Vielleicht singen sie sogar öffentlich, die fünfzehn Mönche. Auf jeden Fall züchten sie Fische, und sie haben die bedeutendste Efeusammlung der Welt.«

»Geben dir die Kutten eigentlich Prozente?«, erkundigte sich Michael.

Reutter schüttelte den Kopf. »Irgendwie habe ich das Gefühl, hier herrscht ein Missverständnis. Amerikaner überqueren nicht den Atlantik, um Efeu zu sehen und ein Franzose, dem du eine Efeusammlung zeigst, wird dich für verrückt halten. Die vertilgen das Efeu an ihren alten Gemäuern mit E 605.«

»Es ist ja nicht nur der Efeu. Praktisch alle bedeutenden Geistesgrößen waren dort. Hermann Hesse, Clemens von Brentano, Rainer Maria Rilke, Klaus Mann. Dieses Stift«, schloss ich feierlich, »war das Zentrum der Heidelberger Romantik. Es nicht zu zeigen, wäre geradezu sträflich.«

»Das klingt ja allerdings mächtig aufregend. Bei *den* Namen musst du direkt aufpassen, dass deine Cowboys keine Herzattacke erleiden«, ließ Sine boshaft fallen. »Interessant wäre für meine Gäste, wenn etwa Silvia Sommerlath dort gewesen wäre. Sie ist heute die schwedische Königin, also *auch* eine Adelige, und sie stammt aus Heidelberg.«

Verdammt, ich musste in dieses verfluchte Kloster. Also noch schwereres Geschütz auffahren!

»Das Anwesen hat sogar vorübergehend dem Neffen von Goethes Schwager gehört. Goethe!! Auch ein Adeliger, Sine.«

»Goethe? Was ist denn das?« Michael lachte. Dann sah er zum Himmel: »Sorry, Herr Kollege.«

»Im Hofladen kann man Devotionalien erstehen.«

»Devo... was?« Helma holte wieder ihren Block hervor. Bis auf das Wort Barock und den durchgestrichenen Raketenerfinder Hatry war er bekanntlich noch leer.

»Ich finde das jedenfalls interessanter als Lebkuchengeruch im Hochsommer. Mönche. Klostermauern. Blick auf den Neckar. Die Wucht des Glaubens. Umberto Eco. Der Gral. Das Abendland.« Mir fiel nichts mehr ein. »Mit einem Wort: Ich würde da ganz gerne hinfahren.«

Meine Güte, was man alles für ein paar Tausend Euro zusammenlügen muss.

»Dass Sie sich so sehr für ein Männerkloster einsetzen, hätte ich gerade Ihnen jetzt nicht zugetraut«, kam es argwöhnisch von Reutter. Er streckte die Hand aus und griff in meine Locken. »Sie haben da ein Blatt. Moment ...«

Ich hielt still. Irgendwie war es schön, wenn sich jemand kümmerte. Wäre Herbst, gäbe es noch mehr Blätter.

»Ich dachte, dieses Kloster wäre etwas Besonderes. Wir sollten uns doch von den anderen Führungen abheben.«

Reutter betrachtete mich zweifelnd. »Also gut. Sie gehen mit Frau Burgenbauer ins Kloster, und wir anderen besuchen das Palais Morass, denn ich will über die Gruppenarrangements mit denen verhandeln. Da muss mehr drin sein als die üblichen zehn Prozent.«

Die Burgenbauer war nicht zufrieden mit diesem Arrangement und kämpfte um ihr Weihnachtsgefühl: »Ich würde gerne unsere kleine Gruppe zu Käthe Wohlfahrt führen. Wir werden dort viel Freude haben.«

»Liebe Frau Burgenbauer, ich denke, wir wissen alle, wie ein deutscher Weihnachtsbaum aussieht. Sie beide gehen ins

Kloster. Aber bleiben Sie nicht gleich drin. Wär schade um Sie beide. Nehmen Sie von Ziegelhausen aus ein Taxi. Wir haben ein gewisses Budget für Taxis, und da wir Badener sind und bei uns das Geld lockerer sitzt als östlich von hier, spendiere ich euch eins.«

Als Helma und ich verschwitzt und äußerst schlechter Laune am Treffpunkt Bahnhof eintrafen, warteten die anderen schon. Alle drei sahen bestens erholt aus, und Sine stand lächelnd und auffallend nahe neben Reutter. Offenbar war ihnen das edle Stadtpalais mitsamt gehobener Lebensart gut bekommen.

»Ich finde es sehr nett, dass dieser Professor, der unser Palais gekauft hat, sogar den Frederic Chopin am Finger behandelt hat. Ein Klavierspieler braucht schließlich seine Finger. So was atmet Geschichte. Nicht wahr, Herr Reutter?« Sine tauschte Insiderwissen und Insiderblick mit Reutter.

»Also, das muss ich schon sagen«, keuchte Helma schon im Anmarsch, und sie bemühte sich nicht um Diskretion, sondern scheute sie geradezu: »Mir war das schon etwas peinlich, wie du den Mönchen nachgelaufen bist.«

»Was?« Sine tat so, als erschrecke sie.

Biest, verlogenes. Diese Designerzicke wäre nicht mal zu erschrecken, wenn ich am Karlsruher Bahnhof von einem Marsmännchen samt Raumschiff abgeholt werden würde! Hauptsache, sie wäre mich los.

»Ja. Also: Wir sind absprachegemäß da hochgefahren, und alles war so grün und wirklich idyllisch um dieses Kloster herum. Es liegt schön, im Sonnenglanz, und man hat eine Aussicht. Kaum Touristen. Eigentlich *keine* Touristen. Wir sind in das Kloster hineingegangen. Man darf natürlich nur in den Hof, nicht in die Wohngebäude, denn die sind nur einmal im Jahr geöffnet. Es ist ganz still dort, und ich sag immer zu meinen Kindern: Respektiert die Stille eines solchen Ortes.«

Ich verdrehte die Augen. Reutter kräuselte die Lippen.

»Kein Mensch zu sehen in dem vorderen Hof. Im hinteren Teil, da sind alle möglichen Tiere zum Anschauen und da ist wohl mehr Betrieb, wenn Touristen da sind. Aber nachdem ihr gesagt habt, ein Bauernhof ist nicht interessant für die Leute aus Illinois, sind wir da gar nicht erst hin.«

Reutter blickte auffallend deutlich auf seine Uhr.

»Wir suchen jetzt erst einmal diesen Hofladen, da kommt ein älterer Mönch des Weges. Und die Theodora geht auf ihn zu, aber er will zuerst nicht mit uns sprechen. Haben die nicht ein Schweigegebot?«

Reutter blickte jetzt auffallend deutlich zu mir: »Ein Schweigegebot kann etwas sehr Schönes sein.«

»Ja. Nun, ich wollte ihn fragen, ob sie überhaupt solche Gruppen wie die unsrigen hier empfangen. Über Konditionen verhandeln. Gehört das nicht auch zu unserem Aufgabenbereich?«, entgegnete ich ungerührt.

»Du hast ihn aber was ganz anderes gefragt, nämlich wie viele Mönche sie sind und ob man mal mit einem sprechen kann. Vielleicht mit einem jungen Mönch. Das war vielleicht peinlich.«

Reutter blickte mich ausdruckslos mit seinen grauen Augen an. So, als rechne er mit allem. Sine schüttelte den Kopf und klimperte mit *Sabo*.

Michael grinste: »Für manche Frauen ist es eine der letzten großen Herausforderungen, einen Mönch herumzukriegen.«

»Also bitte! Ich habe mich nur für das badische Klosterleben interessiert.«

Unangenehm war sie aber tatsächlich gewesen, diese Szene: »Wir geben keine Auskunft über unsere Brüder«, hatte der Diener Gottes mir nach langem Zögern karg und streng geantwortet.

»Ich dachte nur, ich könnte einen Mönch kennen lernen, der sich erst in letzter Zeit dafür entschieden hat oder gerade dabei ist, sich für das Kloster zu entscheiden.«

Der starrköpfige Mönch hatte stur den Kopf geschüttelt. So weit die Szene.

Helma schien keineswegs so naiv zu sein, wie sie immer tat. Jedenfalls gab sie mein Scheitern nun auch weiterhin in den buntesten Farben wieder und versuchte nicht ungeschickt, mich als Mitbewerberin auszuschalten: »Die Theodora hat dann wissen wollen, ob so ein junger Neumönch einen Dispens kriegen würde. Wenn man beispielsweise den Abt fragen würde.«

»Na, also wirklich!«, ereiferte sich Sine gespielt. »Es gibt doch genug Männer für uns alle, die *nicht* lebenslange Keuschheit geschworen haben, Theodora.«

»Das stimmt allerdings«, murmelte Reutter.

»Ich habe mir jedenfalls mal das Wort Dispens notiert.« Helma wies auf ihren stets aufgeklappten Block, auf dem jetzt Barock, Devotionalien und Dispens nebeneinander standen.

Man hätte meinen können, sie wolle Dozentin für katholisches Kirchenrecht werden.

»Der Mönch schüttelt also den Kopf und geht weiter. In dem Klosterladen hast du dann noch mal gefragt, Theodora. Da kann man Biosachen kaufen. Käse und Salat. Ich koche gerne gesund für meine Kinder. Jedenfalls hat da ein weltlicher alter Herr bedient. Und die Theodora hat wieder mit den jungen Mönchen angefangen. Da seien keine da, hat der arme alte Mann gesagt. Die jungen Mönchsanwärter seien derzeit alle im Kloster Lichtenthal in Baden-Baden zu irgendeinem einwöchigen Vorbereitungsseminar. Also nicht nur die von der Abtei Neuburg, auch von anderen Klöstern.«

»Dann aber nichts wie nach Kloster Lichtenthal, wo fette Beute wartet, Theodora!« Michael kicherte anzüglich.

Ich lachte mit und murmelte was von Missverständnis. Doch tatsächlich fürchtete ich, dass ich morgen erneut ins Kloster müsste und zwar haargenau nach Lichtenthal!

»Wann sind wir denn in Baden-Baden? Nur damit ich nicht noch mal so was mit der Theodora durchmachen muss,

Herr Reutter. *Ich* habe jedenfalls Respekt vor der Entscheidung eines Menschen, sein Leben Gott zu widmen. Vielleicht, weil ich Mutter bin.«

»Wirklich? Sie sind Mutter? Warum haben Sie das nicht längst gesagt?«, sagte Michael, und leise zu Sine gewandt: »Vatermörder sind der Literatur bekannt. Muttermörder sind seltener.«

Reutter warf mir einen Blick mit einer Million Fragezeichen darin zu. Ich versuchte gleichmütig zu wirken.

Er seufzte. »Morgen, spätestens übermorgen sind wir in der Kurstadt Baden-Baden!« Und warf mir einen forschenden Blick zu.

Ich konnte mir in etwa denken, welches Bild sich zusammensetzte, wenn er an mich dachte. Eine Frau, die wegen großer Geldsummen mit den Ehemännern von anderen Männern telefonierte, nach Fahdis und nach Zellen und italienischen Bossen fragte sowie Mönchen nachstellte und sie sogar quer durch die badischen Klöster verfolgte.

Inzwischen hatte sich ein freundlicher frühsommerlicher Nachmittag über Heidelberg gesenkt. Unser aller Reutter schien indessen nur noch mäßig guter Laune zu sein. Eher wirkte er genervt.

»Kommen wir also noch rasch zum heutigen Trockenkurs. Wissen Sie, was ›Forty-Fighters‹ sind?«

Drei schüttelten den Kopf, nur unsere Sine raspelte verlogenes Süßholz: »Kommt mir ganz bekannt vor, Herr Reutter. Forty-Eighters ... ja doch! Ich glaube, wir kennen die Familie ...«

Reutter schüttelte ungläubig den Kopf. »Oh Gott. Ich weiß wirklich nicht, warum ich mir so was wie das hier immer wieder antue! Und diesmal ist es noch schlimmer als sonst! Haben Sie denn die Bücher nicht gelesen?«

Die anderen murmelten was Verlogenes.

»Sie liegen immerhin neben meinem Bett«, sagte ich wahrhaftig. »Da, wo die wirklich wichtigen Sachen liegen.«

»Sie sollten sie lesen und nicht Ihr Schlafzimmer damit dekorieren«, entgegnete Reutter.

Gut, Klaus, dachte ich. Gib mir nur tausend Euro. Kauf dir für den Rest eine todschicke neue Bibel. Aber befreie mich von dem Joch der *BadenTouristik & Incentive*.

»So nennen die Amerikaner jene Flüchtlinge, die in den Jahren 1848 und 1849 nach der Märzrevolution nach Amerika gekommen sind. Viele davon stammten aus dem einstigen Großherzogtum Baden, wo der badische Aufstand nach dem Scheitern der Frankfurter Paulskirche brutal niedergeschlagen wurde. Von den Württembergern und den von ihnen ins Land gerufenen Preußen. Die Reaktion hielt immer schon zusammen.«

Natürlich waren *meine* Leute wieder an allem schuld.

»In ihrer letzten Bastion, in Rastatt, wurden sie umzingelt, drei Wochen ausgehungert und dann gestürmt. Hingerichtet hat man sie, die badischen Freiheitskämpfer. In Bruchsal liegen sie begraben und mit ihnen die erste Badische Republik.«

Helma schluckte betreten. Sine, als Vertreterin des Adels, tat so, als habe sie nichts gehört, und Michael lächelte glücklich bei dem Wort »hingerichtet«.

Ich versuchte neutral vor mich hin zu gucken. Meine Enkel würden Legastheniker oder Bettnässer werden, weil Oma 2011 im Badischen ihre Identität verleugnen musste. So was hinterlässt bekanntlich ein langlebiges Familientrauma. Moment mal! Welche Enkel denn? Vielleicht sollte ich die übliche Reihenfolge einhalten und mit Kindern anfangen. Ich dachte an Klaus, den Gottesmann, und an meine diesbezüglichen Hoffnungen. Ich würde mir wohl baldmöglichst einen anderen Opa für meine Enkel suchen müssen. Ich dachte an das Gefühl, als mir Reutter das Blatt aus den Locken gezupft hatte. Und dachte ganz schnell wieder weg. »Oma ist schwäbisch und Opa badisch, und deshalb streiten sie ganz doll oft«, würden meine Enkel klagen.

»Der freiheitsliebende Landesteil Baden hat noch heute einen guten Klang in den USA, meine Herrschaften. Nicht nur Astor. Denken Sie immer an Struve und Hecker!«

Ich dachte an die beiden, aber es nützte nichts. Keine Ahnung. Reutter hatte recht. Ich hätte die Bücher lesen sollen, anstatt mein Weinglas darauf abzustellen. Sie waren aber so praktisch. Genau die richtige Höhe.

»Wenn uns die Zeit reicht, werden wir die Gedenkstätte für Freiheitsbewegungen im Rastatter Schloss anschauen«, fügte er an.

»Sehr interessant, wie Sie erzählen«, log Sine. »Und hatte das nicht etwas mit Weinheim zu tun?«

»Aber ja!«, sagte Reutter fanatisch. »Dort haben sich nämlich mehrere Weinheimer Rebellen auf die Gleise gelegt, um den Nachschub der Unterdrücker zu blockieren. Sie landeten dafür im Gefängnis. So was gefällt Leuten mit deutschen Wurzeln. Das sind Geschichten, die ankommen!«

Helma zückte ihren Stift und klappte ihren Block auf.

Ob sie jetzt das Wort Rebellen notierte? Es passte aber nicht recht zu den anderen Wörtern, die auf ihrem Block standen. Wenn sie umgebracht werden würde, hätten es die Kripo und der hinzugezogene Profiler aus Wiesbaden sehr schwer, sich aus ihren Notizen ein Bild vom Mörder zu machen: Dispens. Devotionalien. Rebellen. Barock.

»Weinheim ist ein hübsches und gepflegtes Städtchen. Ich war einmal dort, weil ein mit meinem Mann befreundeter Industrieller, ich möchte hier allerdings keine Namen nennen, uns auf seiner Terrasse empfing. Allerdings war das zur Mandelblütenzeit. Ich trug ein hellbraunes Kleid von *Orwell*. Eine badische Firma aus der Gegend von Bruchsal.«

Weinheim konnte sich geehrt fühlen, denn es war Sine zwei ganze »Allerdings« wert. Ich persönlich kannte Weinheim sowieso nur aus dem Fernsehen. Jedes Jahr einmal gibt es vor dem Wetterbericht im Fernsehen den Beitrag »Frühling an der Bergstraße«. Dann wiegt sich ein Kirschblütenzweig in Nahaufnahme und in einem Eiscafé vor einem Schloss sitzen lachende Menschen unter Sonnenschirmen.

»Kaiser Franz Joseph – wenn Sie sich das bitte notieren wollen – hat beim Anblick der Stadt ausgerufen: ›Hier will Deutschland Italien werden!‹ Den Spruch kann man universal einsetzen, denn es kommt ein Kaiser darin vor, und Amerikaner lieben Kaiscr, weil sie keine eigenen haben.«

Alle schrieben das auf, sogar Michael, wenn auch mit trotziger Miene, nur ich nicht.

»Ich kann mir das merken. Ich habe ein gutes Gedächtnis.«

»Bei Ihrem verwirrenden Privatleben, Frau Thamm, eine schiere Notwendigkeit.«

Der Zug passierte bereits einen Ort namens Graben-Neudorf. Nur eine Bahnstation? Für andere vielleicht, aber nicht für Baden-Reutter, dem nichts rechts und links der Regionalbahn entging.

»In Neudorf gibt es ein mutiges Heimatmuseum. Sie zeigen dort Teile eines im Zweiten Weltkrieg in der Gegend abgestürzten amerikanischen Flugzeugs. Vorsicht also mit diesem Museum. Gehen Sie lieber im Nachbarort in das kleine Taglöhnerhaus. Da sieht man die armseligen Verhältnisse, aufgrund derer die Auswanderer ihr Land verließen.«

Sine schrieb provokativ nichts mit. Keinen Designerschuh würden sie und ihre feinen Gäste in armselige Taglöhnerhäuschen setzen. Ihre Vorfahren wären auf der Titantic First Class ausgewandert.

»Ist Weinheim erledigt?« Michael kontrollierte ungeduldig zum hundertsten Mal sein verstockt schweigendes Handy auf eintreffende SMS. »Oder gibt's da außer Frühling noch was?«

Natürlich hatte Reutter noch einen Trumpf. So leicht kamen wir ihm nicht davon. Noch kurz vor der Einfahrt in den Karlsruher Bahnhof gab's einen Superlativ zum Mitschreiben:

Der Weinheimer Exotenwald, der größte seiner Art. Irgendein Elsässer hatte im 19. Jahrhundert die Lust verspürt, anstatt Tee oder schicken Stoffen ausgerechnet kleine Mammut-Topfpflänzchen aus London zu importieren, die jetzt groß und stark geworden waren und die uns alle überleben würden, da sie 3500 Jahre alt werden konnten.

Ich dachte an meinen vertrockneten Weihnachtsstern im Bad und schämte mich.

»Da dürften Sie ruhig mal mit Ihren Kindern hingehen«, wandte sich Reutter zu Sines Erbitterung an Helma.

Die versprach es gerührt und packte ihr Blöckchen ein. Sine gönnte uns ein finales Klimpern mit *Thomas Sabo* und ein letzter geheimnisvoll wissender Blick von Michael traf die Gruppe. Reutter entließ uns alle mit der Ermahnung, morgen wieder pünktlich zu sein. Wir sollten uns bitte auf Schwetzingen, Bruchsal und Karlsruhe sowie Ettlingen inhaltlich vorbereiten.

»Fragt nicht, was Baden für euch tun kann, fragt, was ihr für Baden tun könnt! – frei nach John F. Kennedy!«

Ich weiß nicht, ob ich es mir einbildete, aber mir schien, dass er mich bei der Ermahnung besonders intensiv ansah. Sonst nicht! Nur bei der Ermahnung.

Oder?

Zwei Maries und kein Ende

Ein stressiger Tag lag nun hinter mir, der einer beinahe berufstätigen Frau. Was erhofft sich eine solche Frau im Allgemeinen, wenn sie nach Hause kommt? Am besten wäre ein Mann, der die im Badischen heißgelaufenen schwäbischen Füßchen massiert und dann mit den Fingern langsam am Bein hochkrabbelt, um gemeinsam mit ihr in der Badewanne Wasser und Sekt zu vermischen. Sollte ein solcher Mann nicht existieren, so erwartete ich verdammt noch mal wenigstens meine Ruhe zu finden.

Aber sie war mir nicht vergönnt. Geist stand wieder vor der Tür. Ausgesperrt. Sein Schwanz wedelte, in seinen Augen lag etwas wie diebische Vorfreude, und aus Adas Wohnung drangen Stimmen. Ihr Liebhaber konnte es nicht sein, denn der hatte nur an ungeraden Freitagen und an geraden Dienstagen Zeit, wenn seine Frau ihren Schamaninnenkurs für Fortgeschrittene in Au am Rhein besuchte.

Ich sperrte erst mal meine eigene Wohnungstür auf, schleuderte die trampeligen Laufschuhe in die Ecke und beschloss, stets gefolgt von Geist, erst einmal das bewusste Bad zu nehmen. Danach würde ich den Köter zu seiner wirrköpfigen Herrin zurückbringen und mir meine Einsamkeit mit einem schönen Frauenabend vertreiben.

Ich zog mich also aus. Stellte mich, wie Gott mich schuf, vor den Spiegel. Hatte ich zugenommen? Abgenommen? Hatte das Leid mich Pfunde gekostet? Würde mir das Nixenoutfit, das ich vor zwei Jahren zum Theaterfasching in Stuttgart getragen hatte, überhaupt noch passen? Die Nixenhaut war meine einzige Vergleichsmöglichkeit, denn Klaus hatte keine Waage in seiner Wohnung geduldet.

Er war furchtbar eitel gewesen. Der Typ, der die Spiegel zuhängte, als er auf die vierzig zuging. An anderen Tagen hatte er nur Fehler an sich entdeckt und mir ausdauernd mit einem roten Stift gezeigt, wo ein Schönheitschirurg bei ihm ansetzen müsste.

»Hier dieses Lid, siehst du das! Es hängt rechts über der Nasenwurzel und dann hier dieses lose Fleisch unter den Armen. Ja, hier, guck doch genau hin! Weißt du, wie die Franzosen diese Stelle nennen? *Les rideaux de bonnes femmes.* Die Vorhänge der Schwiegermutter. Da muss ich gegensteuern.«

Ich zerrte das grünschillernde Nixengewand aus dem Schrank und pellte mich mühsam hinein. Man musste natürlich Unterwäsche darunter tragen, sonst sah es leicht ordinär aus. Ich vor den Spiegel! Meine Güte, wie furchtbar. Wie eine grüne Mettwurst. War ich einst so unter die Leute gegangen?

Hinter mir erklangen Schritte und Stimmen. Meine nie abgeschlossene Wohnungstür öffnete sich. Zwei, nein, drei Gestalten erschienen in meinem Gang.

»Oh, Gott, *so* sieht die also aus! Grausig.«

»Mama!«

Zwei Entsetzensschreie.

»Hol des Digitalapparätle aus meiner Gugg. Mach ein Foto! 's pressiert. Für's Gericht und für mei Leut!«

Es blitzte. Ich verfluchte diese Digitaldinger. Früher hätte man umständlich ein anderes Objektiv aufschrauben müssen und den Blitz einstellen, um in einem halbdunklen geschlossenen Raum etwas so Grässliches wie eine Nixe mit grünem Schwanz zu fotografieren, die rechts und links aus ihrer Haut platzte.

»Wer sind Sie? Was soll das?«

Geist schnappte nach meinem Nixenschwanz. Ich verscheuchte ihn, wodurch der Schwanz zur Beute und damit noch interessanter wurde. Jetzt fehlte nur noch Dr. Seltsam, die Katze, und das Ganze hier geriet zur Farce.

Ich konnte das Kostüm nicht mal schnell ausziehen. Ich war nackt darunter.

Im Hintergrund erschien Ada. »My God, look at you! You're making a terrible sight, dear! Das muss ich unserem Grafiker sagen: Eine Frau verkleidet sich als Fisch, und der Hund spielt mit ihrem Schwanz. Kann man gut für die ing-Form verwenden.«

»Ada, wer sind diese Leute?«

»They have been waiting in my flat. Sie haben bei mir gewartet, bis du kamst. Sie wollten zu Klaus.«

»Immer noch: Wer sind Sie?«

Wie viel Würde kann man in einem schuppigen Nixenkostüm ausstrahlen?

»Ich bin die Johanna-Marie. Klaus' Ehefrau. Und das ist seine Tochter. Leiblich.«

»Wie bitte?«

»Ich konnte es auch kaum glauben«, krächzte Ada. »Er war verheiratet. Dabei hatte er mir immer gesagt, er müsste noch die Richtige finden. Ich darf sagen, dass er mich dabei oft sehr intensiv angesehen hat. Tut mir leid, Theodora. Irgendwann muss es heraus.«

Johanna-Marie konnte sich an mir offenbar nicht sattsehen. Sie deutete immer wieder auf meinen Busen, der inzwischen oben aus dem Kostüm quoll.

»Und Sie habe unser Ehe und Familie zerstört. Wo ist der Mistkerl? Ich will die Nicole-Marie bei ihm lasse. Ich muss nach Hamburg. Beruflich. Un privat. E Woch mindestens. Fünf Däg.«

Verschärftes Badisch. Däg?

»Hier bleib ich nicht, Mama. Nicht bei *der*! Guck die doch mal an.«

Ada qualifizierte sich nun als Mordopfer für diesen unheimlichen Michael. Ihm würde schon eine passende Todesart für sie einfallen: Mit Konjunktiven erschlagen oder in einem Meer von Possessivpronomen ertränken.

Sie sagte nämlich: »Du, Theodora, vielleicht meint Tante Rudi gar nicht *dich* damit, dass du das Geld haben sollst, sondern sie meint dieses Kind! Er spricht von einer Kleinen. Die begabt ist. Damit kann er nur diese Kleine hier meinen, denn du bist ja gar nicht *so* klein. Und nicht begabt. Sie wird für Tauberbischofsheim fechten. Und ihre Mutter ist eine Prinzessin.«

»Danke, Ada. Dann braucht sie ja kein Geld.«

»Welches Geld? Ich war badische Weinprinzessin. In Durbach.«

»Herzlichen Glückwunsch!«

Die Frau richtete ihren Blick starr auf mich. »Nicole-Marie, hör bitte weg. Nix für Kinner. Welches Geld?«

»Genau. Welches Geld?«, wiederholte Nicole-Marie, anstatt wegzuhören.

Ich seufzte. »Wissen Sie was? Ich ziehe das hier aus, dusche mich, esse einen Happen und dann kommen Sie wieder her, und wir reden wie vernünftige Leute.«

»Das ist alles ein Schock für mich. Alles hätt ich erwartet, aber nicht so was«, sagte die Frau.

»Für mich ist es auch ein Schock«, sagte ich. »Klaus und ich wollten heiraten und Kinder haben.«

»Nimm doch das hier so lange!«, kicherte Ada. »See you!«

Was soll ich sagen? Es war die kürzeste und aufregendste Nacht meines Lebens ohne Sex. Kein Wunder, dass Klaus zu Gott gefunden hatte. Der war vielleicht der Einzige, der ihm jetzt noch glaubte.

Johanna-Marie war tatsächlich seit sechs Jahren mit Klaus verheiratet. Ihre gemeinsame Tochter war elf.

»Sie ist aber sehr reif für ihr Alter!«, behauptete die Mutter.

Klaus und sie hatten sich einst in Offenburg, Klaus' Heimat, kennengelernt. Im Unterschied zu mir war Johanna-Marie eine echte Badenerin. Sie stammte aus Sasbachwalden.

Bei einem »Weinfescht« habe man sich kennengelernt und »net lang rumgmacht«. Von ihrer Seite wär's Liebe gewesen, für ihn halt ein Abenteuer. Also hätte sie die Tochter allein großgezogen. Vor etwa sechs Jahren wäre man sich wieder nähergekommen und er hätte sie ganz überraschend heiraten wollen.

»Er war immer schon ein Wunderfitz«, sagte sie warm.

Ich wusste nicht, was das Wort bedeutete, aber ich konnte wetten, es traf zu.

Kurz darauf hätte er die Stelle am Karlsruher Theater angenommen.

»Er war ein Genie«, gab Johanna-Marie nunmehr Klaus' eigene Lieblingsworte wieder.

Der Schuft! War bestimmt bevorzugt worden, wegen Weib und Kind.

Dann hätte er ganz traurig Schluss gemacht. Er sei sich seiner sexuellen Orientierung nicht mehr sicher. Vielleicht wäre er sogar schwul, er »wüsst's net so genau«. Von da an hatte sie kaum noch was von ihm gehört. Ab und zu hätte er Geld geschickt.

»Ich schaff bei Königs im Weingut. Ich war mal Durbacher Weinkönigin. Und dann Assistentin von der Marketing-Assistentin. Ich brauch sei Geld net. Obwohl ich schon wüsst, was ich damit mache tät. So isch's jetzt auch wieder net.«

Aber die Kleine sei halt sehr begabt. Wenn das mit dem Fechten nichts würde, dann wollte sie ins Ballett, und die Lehrerin hätte gesagt, es lohnte sich. In Freiburg gäb es eine gute Ballettschule.

»Er konnt halt so gut reden!«, sagte sie schlicht und wahrhaftig. »Da fällt man als einfache Frau eben immer wieder rein, weisch?«

Das konnte ich, die andere einfache Frau in Klaus' Leben, bestätigen. Wir tauschten uns dann fraulich aus über den Entsprungenen. Und dass zwischen ihr und mir noch die Tänzerin, die mit den Totenköpfen, gelegen hatte. Im wörtlichen Sinne. Und wie es so ging, tranken wir erst das Sektchen, um uns miteinander bekannt zu machen und das Du anzubieten, dann holte sie eine mitgebrachte Flasche Rotwein raus, und als die ausgetrunken war, hatte ich noch eine da, und zum Schluss saßen wir alle zusammen: das Kind mit dem langen Namen, Ada (die Schlange), die promovierte Katze Seltsam, Geist, Johanna-Marie und ich.

»Ist schön, das Zsammehogge, auch ohne den Klaus. Und irgendwie is er ja auch bei uns. Dental.«

»Mental«, verbesserte ich.

Wir hatten eben alle zu viel getrunken. »Gebürschtet«, wie Klaus' Gattin es nannte. Zu vorgerückter Stunde, in bester Laune, nicht an Reutter und die *BadenTouristik* denkend, las ich Tante Rudis Brief leichtfertig vor.

Johanna-Marie lachte weinselig: »Gute Tante Rudi. Soll er sei Geld bhalte. Du sollsch's natürlich auch net kriege. Aber ich bin von Natur aus gar net geldgierig.«

Hatte ich das »Ich aber!« von Nicole-Marie überhört? Jedenfalls waren wir alle am Ende des Abends ziemlich fertig.

»Tante Rudi«, säuselte Johanna-Marie, »war wohl eine wunderbare Frau. Herzlich und direkt, wie die Südbadener sind. Ein raues und ehrliches Geschlecht, die Kaiserstühler. Klaus hat immer mit Wärme von ihr gesprochen. Sie war sehr familienverbunden, hat meine Tochter gern ghabt, ohne sie je gesehen zu haben. Diesem Kind steht das Geld zu. Komm – wir trinken etwas. Morgen sehen wir weiter.«

Und genauso kam es. Am anderen Morgen war die ehemalige badische Weinkönigin noch nicht ansprechbar, ich hatte ein grauenhaftes Kopfweh, und vor meinem Bett stand in einem viel zu langen Nachthemd, welches sie wohl von mir entliehen hatte, ein Kind und sagte: »Du willst mich bestehlen! Deshalb pass ich jetzt auf dich auf.«

Den Kater bekämpfte ich mit Alka-Seltzer. Ich duschte. Gott sei Dank hatte ich eine naturgebräunte Haut, so dass ich sogar heute einigermaßen annehmbar aussah. Chinohosen, Laufschuhe, T-Shirt und Jeansjacke.

Beim Frühstück hatte ich Gesellschaft von dem viel zu munteren Kind. »Die Mama von meiner Mama, also die Oma, ist grad in Hervez zur Kur. Da ist es arg billig. Cola 1,10 Euro! Umgerechnet.«

Ich war verwirrt. Hervez? Ach, Ungarn auf Krankenschein.

Das Land der Magyaren war jetzt mein Problem nicht. Meins war das der Badener. Wie hatte Reutters Befehl gelautet: Schwetzingen, Karlsruhe, Bruchsal und vielleicht noch Rastatt. Ein Mammutprogramm.

An den Computer. Womit würde unser Feldmarschall anfangen? Ich starrte auf die Karte des Landes Baden-Württemberg, von der ich – um aktuellem Heimweh zu entgehen – Württemberg abgeschnitten hatte und die ich dann über meinen Arbeitsplatz geklebt hatte. Das Tesa hatte sich gelöst, der badische Anteil des Bodensees flatterte leicht im Wind meines geöffneten Fensters.

Logistisch gesehen würde er uns vermutlich zuerst nach Schwetzingen schicken, dann über Bruchsal nach Karlsruhe zurück.

Schwetzingen? Als Klaus seine Ich-muss-entwässern-Phase hatte, waren wir einmal zum Spargelkaufen dort gewesen. Es war nicht so, als ob wir uns für Schloss und Park nicht interessiert hätten, aber wir wollten keinen Eintritt zahlen, und so hatten wir lieber einen Kaffee an dem Platz getrunken, wo sie die riesigen Haufen weißer Stangen anbieten und wo eine Spargelfrau aus Metall ganzjährig Spargel verkauft. Klaus und ich, in der Sonne von Schwetzingen. Verliebt und entspannt. Das badische Genie hatte sein Geld vergessen, die schwäbische Freundin hatte bezahlt. Das Licht hatte unsere Proseccogläschen glitzern lassen.

Wenn man verlassen wird und trauernd zurückbleibt, herrscht in der Erinnerung an die verflossene Beziehung seltsamerweise immer Sommer. Den Verlorenen sieht man nie verdrießlich an einer Bushaltestelle im kalten Novemberschnürregen stehen. So erst recht in Baden, der Toskana Deutschlands.

Schnell suchte ich mir was aus dem Internet über den Ort Schwetzingen zusammen. Ungefähr 20 000 Einwohner. Berühmt für Schlossgarten, Spargel und die Festspiele. Die Schlossbiographie war mal wieder was für unsere Amerikaner: Mittelalterliche Wasserburg, Jagdschloss, später Lustschloss – hier seufzte ich – und ab dem 18. Jahrhundert das Schloss, wie es heute da steht. Der große Garten, der überall drei Sterne für *Unbedingt ansehen* bekam, war »a very old garden«, es gab ihn nämlich schon im 15. Jahrhundert. Das müsste einen Amerikaner aus dem Mittleren Westen beeindrucken, deren Vorfahren sich zu dieser Zeit noch in wilden Maisfeldern vor Indianern versteckt hatten. Ansonsten wimmelte es in der noblen Grünanlage vor Tempeln mit griechischen Namen, von denen einer, der Merkurtempel, schon als fix und fertige Ruine gebaut worden war. Halt, Vorsicht. Besser nicht erwähnen. Schlichtere Amigemüter oder spitzfindige Franzosen würden hinfort vielleicht allen Ruinen misstrauen, die man ihnen noch zeigen würde!

Durch Zufall trieb ich noch eine Notiz im Internet auf, die Reutter zeigen würde, wie tagesaktuell *ich* recherchierte: Schwetzingen bewarb sich derzeit als am besten erhaltene Sommerresidenz des 18. Jahrhunderts um den Titel Weltkulturerbe, einen Titel, den unser schwäbisches Maulbronn längst besaß. Hahaha.

Derart unvollständig und oberflächlich gebildet, verschlang ich noch ein weiteres Heimweh-Laugeweckle mit Gselz. Dabei las ich mir noch hastig murmelnd und kauend ein paar weitere Zeilen über unser heutiges Verbreitungsgebiet aus dem Buch »Baden für Schwaben« vor, das mir mein Vater geschenkt hatte. Aus gegebenem Anlass ließ ich es aber lieber zu Hause, rannte zur Straßenbahn und machte mir noch eine Gedankennotiz, dass ich das Nixenbild von Klaus' Ehegattin zurückfordern musste.

Es war mir sowieso nicht recht, dass sich die beiden Bindestrich-Maries in meiner Wohnung aufhielten, ohne dass ich sie beobachten konnte. Die doppelgesichtige Ada sowie der trottelige Geist, der immer noch nicht kapierte, dass er ständig ausgesperrt wurde, schieden als Hüter meines Heims aus. Sicherheitshalber hatte ich das, was von Tante Rudis Geld noch übrig war, hastig in meine Kosmetiktasche gestopft und mitgenommen. Dieses Kind hatte einen äußerst gierigen Glanz in den Augen gehabt.

Dienstag:
Jede Menge Schlösser

Um es kurz zu machen: Meine Mitstreiter warteten schon vor dem Karlsruher Bahnhof in der Morgensonne auf mich, denn ich war zu spät. Deshalb war ihre Laune bestens (Die schafft's garantiert nicht), und Reutters Laune war obermies.

Er inspizierte mich ausführlich. »Sie sehen angegriffen aus, Frau Thamm. Wegen Ihnen müssen wir unser Programm abkürzen und Bruchsal wahrscheinlich nur trocken machen. Karlsruhe werden wir sowieso erst am Ende der Woche behandeln.«

Wir kletterten erneut in den schon bekannten Zug. Die schönen Türkinnen waren auch wieder da und zeigten sich diesmal ganz kleine Nagellackfläschchen. Jetzt hätte nur noch gefehlt, dass mein Handy ebenfalls wieder klingeln würde, gerade eben, da Sine – die heute in taupe und mauve und Esprit und Hilfiger herumsaß – maliziös über Schwetzingen und die Zusammenhänge, in denen die Stadt allerdings und rein zufällig mit ihrem Mann stand, referieren wollte.

Von Helmas biederem Nicken und Michaels amüsiertem Blick begleitet, sagte sie: »Ich habe begriffen. Schwetzingen und der Bau des Schlosses hat sehr viel mit Liebe zu tun. Mit außerehelicher Liebe. Deshalb ist es was für meine Franzosen, aber nichts für eure tugendhaften US-Amerikaner.«

»Genau«, sagte Helma und schälte eine Banane. »Nervennahrung«, sagte sie. »Das Rezept habe ich vom Boris. Auch ein Badener.«

Vier Fragezeichen.

»Na, der Boris Becker. Aus Leimen. Ein Tennisspieler. Den kennt ihr doch sicher?«

Vier Ausrufezeichen.

»Das könnte man bei einer Führung doch auch erwähnen, oder nicht? Die Steffi, Liselotte von der Pfalz, Boris Becker und die Flippers. Alles tolle Badener.«

Sine ließ sich nicht von ihrem Thema abbringen. »Mit seiner Geliebten hatte Kurfürst Karl Theodor nämlich dreizehn Kinder. Das lässt ja tief blicken, was die so in ihrer Freizeit gemacht haben.« Sie lächelte vielsagend. »Mein Mann und ich hatten dafür allerdings keine Zeit. Das Gesellschaftliche hat uns verzehrt. Das fehlt ihm nun doch sehr. Gerade gestern sagt Frau Dr. Fortenbrunn zu mir: Er sieht elend aus, meine Liebe. Haben Sie doch ein Herz. Kehren Sie zurück!«

Also, mein Handy läutete diesmal nicht! Es kam schlimmer. Als Reutter anfing, die Geschichte des Spargels zu referieren und von Mozart, der 1763 in Schwetzingen gespielt hatte (»universal einsetzbare Geschichte«), erzählen wollte, stieg ausgerechnet Fahdi, der Bühnenbildner, zu. Und zwar in Karlsruhe-Hagsfeld, wo er wohnte. Er hatte eine Schwester in Mannheim, und die wollte er besuchen. Ja, es war Fahdi. Fahdi, der nett war, Fahdi, der toll aussah, Fahdi, der erkennbar Araber war, und Fahdi, der leider nicht besonders gut deutsch konnte. Als er mich entdeckte, freute er sich. So ist der Fahdi.

Ich aber freute mich nicht.

Er strahlte alle an, musterte mich dann besorgt. »Theodora, was machst am Morgen so früh!« Und an alle (tutti im Orchestergrabendeutsch) gerichtet: »Der ihre Mann, der Klaus, hat immer in der Kantine erzählt, sie sonst schläft immer bis in die ... gibt einen Ausdruck ...«

»Puppen!«, half Reutter kalt aus. »Richten Sie Klaus in der Kantine aus, dass sie derzeit arbeitet.«

»Oh je. Klaus weg. Ist bei Gott.«

»Du bist Witwe?«, wollte Sine neidisch wissen.

Reutter atmete tief ein.

Fahdis Blick irrlichterte hin und her. »Wieso denn das? Witwe? Also ich sehe, ich passe nicht hierher. Wollte dir nur von Rüdiger und seine Mann sage, dass klargeht mit der tote Hund am Wochenende. Du kannst ihn mitbringe. Und er hat gesagt, du müsse nicht nackt sein. Das zieht nicht mehr. Ich habe nicht ganz verstande.«

»Hahaha«, lachte ich unnatürlich und mied Reutters vielsagenden Blick. »Das war nur ein kleiner Scherz. Eine Art Insiderwitz.«

»Beruhigend zu wissen. Alle Menschen um Sie herum scheinen sehr scherzhaft zu sein. Sie würden uns bitte entschuldigen«, sagte Reutter, während die anderen fassungslos zugehört hatten. »Frau Thamm, Sie besitzen einen toten Hund?«

»Und einen toten Mann?«, sagte Helma und legte mir eine Patschhand aufs Knie. »Hattet ihr Kinder?«

Fahdi trollte sich zu den schönen Türkinnen ins Abteil. Sie kicherten wie verrückt, als er sie ansprach.

»Nein. Ich bin nicht Witwe. Nicht direkt, jedenfalls. Und ich habe keinen Hund. Dieser Hund gehört meiner Nachbarin, und er soll erst am Wochenende, also am Sonntagmorgen, tot sein, also ...«

»Du willst den Hund deiner Nachbarin einschläfern lassen?« Helma sah aus, als wolle sie sich gleich bekreuzigen.

»Nein. Er sollte sich nur totstellen. Mit Valium«, erwiderte ich abgeklärt, drehte mich weg, sah aus dem Fenster und überlegte, wie viel Gefängnis eine Unterschlagung von zehntausend Euro einbringen würde.

Und wunderte mich, dass Hollywood mein Leben noch nicht als Komödie verfilmt hatte. Doch es sollte alles noch viel schlimmer kommen.

Zu fünft trabten wir durch den Schwetzinger Schlosspark. Zuerst ganz munter, denn es war ja wirklich schön in dieser wohlgeordneten Anlage. Rosen, Flieder, Kräuter, Hecken, Denkmäler, Götter, die sich würdevoll in Weihern spiegelten, Flüsse, die an französische Kanäle erinnerten, Wiesen, auf denen heute morgen noch kaum jemand lag. Kieswege, die unter uns knirschten. Durst, genauer gesagt, Nachdurst, den ich hatte.

»Es ist das Zeugnis einer großen Liebe, dieses Schloss«, träumte Helma, als wir in der Nähe der Moschee im Schatten auf Bänken ausruhten. »Ein König hat es für seine Königin der Herzen gebaut.«

»Ein Kurfürst für seine Geliebte. Aber dieses Schloss zieht die Leidenschaft an, Theodora«, sagte Michael. »Auch der kunstsinnige Karl Theodor liebte die Frauen. Und er liebte sie offenbar auch hier ziemlich oft, denn angeblich hat er nach Vollendung der Anlage die Moschee für eine schöne Mohammedanerin bauen lassen.«

»Eine Moschee galt früher als Machtsymbol, aber auch als Zeichen einer gewissen Aufgeklärtheit und Toleranz. Auch dies typisch für das Produkt«, belehrte uns Reutter. »Vergessen Sie nicht, der Gruppe das Rokokotheater zu zeigen. Schwetzingens Glanz erlosch allerdings jäh, als der hiesige Hof nach München ging. Also, wie ist ihr Urteil? Schwetzingen zeigen, nicht zeigen … wie sieht Ihr persönliches Programm mit den beiden Gruppen nun aus?«

»Ich würde mit ihnen lecker Spargel essen gehen, einen schönen Wein dazu trinken und dann am großen Weiher da vorne, unter den Augen des Flussgottes Danubius, spannende Sachen über den Garten erzählen«, sagte ich tapfer. »Den Amerikanern treten die Tränen in die Augen angesichts des armen Wunderkindes Mozart, und dann würde ich geduldig den im Park verstreuten Göttern die steinernen Hände schütteln. Take a nice picture. German Lady with Greek God. Und die Franzosen? Die hätten endlich Respekt vor uns Deutschen angesichts der vielen Mätressen, die diese Kurfürsten hier mitten im Grünzeug vernascht haben.«

Helma sah mich schockiert an.

»Nicht mal schlecht«, bemerkte Reutter ruhig. »Nur: Vergessen Sie das mit dem Spargel und gehen Sie lieber ein Steak essen. Amerikaner machen sich nicht viel aus Spargel.«

»Ach, ich schon. Der Sommer ist für mich die Zeit, um meine Figur wiederherzustellen«, girrte Sine. »Erdbeeren und Spargel. Spargel und Erdbeeren. Alles biologisch angebaut in dem fruchtbaren Ba... Produkt. Allerdings gehe ich trotzdem nicht nackt mit toten Hunden spazieren.«

Blöde Kuh.

Wir bekamen dann großzügig eine halbe Stunde Zeit, uns irgendwo auszuruhen, was zu trinken oder uns frisch zu machen. Gerne sollten wir auch getrennt gehen und uns noch Informationen und Inspirationen holen, verordnete Reutter, nannte uns die Zeit, wann wir am Bahnhof sein sollten, warf mir vorsorglich einen warnenden Blick zu und schlenderte seinerseits davon.

Ich sah ihm nach und bemerkte, dass er im Gehen mit dem Handy telefonierte. Manchmal blieb er stehen. Partnerin? Geliebte? Dr. Umsicht? Die CIA wegen Fahdi? Komisch, dass mir alles gleichgültig wäre, nur die Geliebte würde mich stören. Hey, Theodora! Hände und Herz weg von diesem Megabadener. Das klappt nicht.

Die anderen drei schienen sich mittlerweile gegen mich solidarisiert zu haben, denn sie murmelten einander Vorschläge zu, wie sie die unerwartete Freiheit genießen würden.

»Gehen wir vielleicht in die Innenstadt?«, raunte Sine und blickte an mir vorbei ins Nichts.

Mir war es recht, denn ich musste dringend anrufen, nachdenken und meine Augenringe wegschminken. Außerdem beschäftigte mich mein ganz privates Besuchsprogramm.

Hoffentlich stand bereits morgen Baden-Baden auf Reutters Liste, denn ich musste dringender denn je mit Klaus reden, der – wenn ich Glück hatte – tatsächlich in Baden-Baden seine Mönchsfortbildung besuchte. Ersatzweise könnte ich versuchen, mit Tante Rudi zu sprechen. Doch Johanna-Marie hatte glaubhaft behauptet, sie kenne die genaue Adresse von Tante Rudi nicht. Sie wisse nur, dass sie irgendwo in der Ortenau wohne. Sasbachwalden, die Ecke. Oder Oberkirch. Ja, sie glaubte, es sei Oberkirch. Ein Ort nach Oberkirch. Da hinten, wo es zu den berühmten Allerheiligen-Wasserfällen ging. Nein, nein. Das war Tante Otto gewesen.

Der Kaiserstuhl war hingegen die Heimat von Tante Rudi. Oder? Es würde jedenfalls kinderleicht sein, Tante Rudi aufzuspüren, vor allem weil sie gar nicht Tante Rudi hieß, sondern dies nur ihr Spitzname war.

»Sie heißen alle so: Tante Otto, Tante Rudi und Tante Willi. Tante Willi und ihre Leute hatten eine Schnapsbrennerei bei Oberkirch, wo sowieso die meisten Schnapsbrennereien von Deutschland sind. Sie haben dort Williams gebrannt.«

Darauf wäre ich nie gekommen.

Nachdenklich schlenderte ich durch die nette Innenstadt von Schwetzingen. Es sah hier noch ein bisschen so aus, als sei der Kurfürst erst gestern da gewesen und hätte mit reich beringter Hand für Ordnung gesorgt. Alles hatte was Kleines und was Feines. In einem Lädchen in einer Passage erspähte ich eine nette weinrote Designerhandtasche, die neu war und leider wie neu kostete, dabei aber aussah, als sei sie vom Flohmarkt. So was mag ich. Sie würde sehr gut zu meiner weinroten Samtjacke passen, die wirklich vom Flohmarkt stammte. Die Frage war nur, wovon ich sie bezahlen sollte.

Rein zufällig fielen mit die 9450 Euro ein, die ich in meiner Tasche hatte. Es wäre jammerschade, wenn mir dieses Schnäppchen entginge. Schuhe spielten in meinem Leben keine Rolle, aber nach meinem Tod würde irgendein Museum eine Extraabteilung »Theodoras Taschen« einrichten müssen.

Ehrlich bleiben oder rote Tasche kaufen? Eine Frage von Hamlet'scher Wucht. Klaus hatte mich betrogen und belogen. Mir Frau und Kind unterschlagen! Ich konvertierte kurzfristig zum Judentum, legte das Alte Testament als Maßstab für mein Handeln an, pickte mir daraus den bewährten Spruch »Auge um Auge« heraus und suchte hastig in meiner mit Scheinen vollgestopften Tasche nach einem passenden Scheinchen für die weinrote Schönheit.

Die Verkäuferin wollte mir die Tasche einpacken, doch ich machte sie darauf aufmerksam, dass eine Tasche eigentlich nicht eingepackt werden musste, und ging locker von dannen. Genoss die Sonne, winkte lässig der in Bronze gegossenen Spargelverkäuferinnenfigur zu, stellte mir vor, wie es den künftig von mir geführten Businsassen gefallen würde, auf diesem südlich wirkenden Platz heiter zu sitzen und eine Latte zu trinken.

Es ging vorbei an Modeläden, einer Buchhandlung – in der ich mich anhand eines leicht fasslichen und bunt gestalteten Führers »Baden für Kinder« über meine nächsten Schritte informierte –, einer Bäckerei und einem Reisebüro, wo ich ebenfalls einen Prospekt mitnahm. Pünktlich kam der Bahnhof in Sicht.

Von jetzt an würde ich versuchen, einen etwas besseren Eindruck zu machen und durch originelles Detailwissen glänzen. Fröhlich baumelte die rote Tasche an meinem Arm. Über der Schulter meine alte Tasche. Nun, gut. Das würde sich erklären lassen.

Am Bahnhof standen alle vier wieder wie die Mensch-ärgere-dich-Männchen in ihrem Häuschen. Ihre Blicke waren starr auf mich gerichtet.

Das fand ich einigermaßen seltsam. Noch seltsamer fand ich, dass sie rechts von einer blonden, humorlos aussehenden Polizistin und links von einem älteren untersetzten Beamten, Typ bärbeißiger Badener, flankiert waren.

»Darf ich mal Ihre Tasche sehen?«, verlangte die Junge.

Normalerweise bin ich ja bekanntlich ein Freigeist. Nicht nur die Badener können Revolution. Auch wir Württemberger tragen den Keim des Widerstands in uns. Siehe Stuttgart 21. Haben die Karlsruher etwa ihre U-Bahn gekippt, über deren Baustellen sie ständig schimpfen? Nein. Aber wir Stuttgarter haben uns an Bäume gekettet und gekämpft, bis uns das *Heute Journal* filmte! Ich würde also normalerweise sehr wohl fragen, was das sollte und warum und ob sie sich ausweisen konnten.

Doch Reutters Granitblick und Sines Triumph ließen mich stumm meine nagelneue *Bree*-Tasche hinüberreichen. »Ich habe sie bezahlt. Fragen Sie die Verkäuferin.«

»Genau die hat uns alarmiert. Und es geht auch um die andere Tasche. Sie haben das Geld aus dieser Tasche genommen, in der sich ihrem Eindruck nach Tausende von Euros befanden. Dürfen wir das bitte mal sehen?«

Helma erbleichte und lehnte sich gegen Michael. »Sie ist eine Verbrecherin. Ich habe so etwas geahnt. Echt jetzt mal! Als Mutter spürt man das. Und sagen Sie der Beamtin, dass sie sich als Witwe ausgibt.«

»Vorgespiegeltes Witwentum ist nicht strafbar. Das weiß ich zufällig beruflich«, meinte der und befreite sich nachhaltig aus Helmas Klammergriff.

Die Beamten blickten kurz in meine Tasche und baten mich dann, mit aufs Revier zu kommen.

»Sind Sie Ihr Vorgesetzter?«, fragten sie Reutter, der wohl offenbar einen vorgesetztenhaften Eindruck machte.

»Gott sei Dank noch nicht«, erwiderte der ergeben.

Doch dann schickte er die anderen nach Bruchsal, mit der Maßgabe, sich gedanklich auf der Fahrt bereits mit Ettlingen zu beschäftigen, vereinbarte einen Treffpunkt am Bruchsaler Schloss um 17 Uhr, verhieß finster Überstunden für alle, schnitt Helmas Kindergejammere ab und verkündete zu Sines Enttäuschung, er werde mich zum Revier begleiten.

Seltsamerweise beruhigte mich das.

Du hast nix gemacht, bist unschuldig wie ein weißes Lamm und trotzdem siehst du aus wie vorbestraft, wenn du in den Spiegel guckst. Unter Ausschluss der Öffentlichkeit hatte ich den Beamten von dem Geschenk einer Tante meines momentan im Kloster lebenden Freundes erzählt und davon, dass seine Kloster-Frau nebst Mönchs-Tochter derzeit in meiner Wohnung lebte und dass ich eigentlich am Theater sei, aber Geld brauchte. Nein, nicht *dieses* Geld. Anderes Geld. Und überhaupt.

Erstaunlicherweise nahmen sie mir die krause Story ab, die von jedem Dramaturgen der Welt abgelehnt worden wäre: »Zu unwahrscheinlich, Baby! Denk dir was Glaubhafteres aus.«

Die badische Obrigkeit rief aber peinlicherweise noch meine Eltern in Stuttgart an, und es war gut, dass Reutter diesen Anruf nicht mitbekommen hatte. Der Liste meiner Untaten hätte dies die endgültige hinzugefügt. Die Anmaßung der badischen Staatsbürgerschaft hätte zum sofortigen Ausschluss aus der *BadenTouristik & Incentive* jetzt und immerdar geführt. Amen.

Die Polizeibeamten, die ich von nun an nie mehr Bullen nennen würde, ermahnten mich überraschend milde, das Geld auf ein Treuhandkonto zu legen, bis sich die wirren persönlichen Verhältnisse geklärt hätten. Sie würden dies gelegentlich durch Kollegen in Karlsruhe per Amtshilfe nachprüfen lassen.

»Und?«, fragte Reutter, der auf einem der unbequemen Behördenwartestühle mehr hing als saß, abgeklärt, als ich aus dem Verhörzimmer in die Freiheit entlassen wurde. Beinahe galant hielt er mir die Tür auf. »Es muss eine schwäbische

Bank gewesen sein, die Sie da ausgeraubt haben. War nicht viel zu holen, was? Sonst müssten Sie nicht mehr arbeiten. Und wir hätten uns nicht kennengelernt.«

»Na und?«, gab ich muffig zurück.

»Mir würde irgendwie was fehlen!«, sagte er ruhig.

Ziemlich schweigsam fuhren wir nach Bruchsal. Ab und zu warf er mir einen langen, langen Blick zu. Einmal schüttelte er den Kopf, so als könne er alles nicht glauben. Wir passierten die von Ferne erkennbare Front des Gefängnisses. Er machte eine eindeutige Kopfbewegung und schmunzelte. Ich sah weg.

Um 17 Uhr trafen wir auf dem weitläufigen Schlosshof ein. Das Café, links vom Tor, wurde natürlich ignoriert, obwohl ich höllisch Durst hatte und mich nach nichts so sehr wie nach einem gemütlichen Nachmittag im *Café Drama* sehnte.

Das Schloss selbst war prachtvoll. Schöne Fassade in gold, rötlich und beige. Lüftelmalerei. Heiter. Der Park sah aus wie ein kleines Schloss Schönbrunn mit Springbrunnen, Treppen und weißen Zierfiguren, die Degen und Trommeln in den Händen hielten, halblange Pumphosen trugen und in die baumgesäumte Allee Richtung Straßenbahn hinunterblickten.

Besprechung. Ungemütlich im Stehen. Mist. Mich zog es nach Hause. Es ist und bleibt ein ungutes Gefühl, wenn die Ehefrau deines Freundes den ganzen Tag in deiner, der Wohnung seiner Geliebten, herumsitzt. Was macht sie? Betrachtet sie deine Unterwäsche, spioniert dein Bad aus? Liest deine Tagebücher? Nimmt deine Schlaftabletten?

Was sie alles nicht tat, doch dazu später.

Aus irgendeinem Grund hatte es Bruchsal, das sogenannte »Herz des Kraichgaus«, Sine besonders angetan. In ihr weißes *Hilfiger*-T-Shirt gehüllt, hatte sie es bereits intensiv besichtigt. »Während die Helma und der Michael in diesem Pavillon da vorne am Eingang der Fußgängerzone Kaffee getrunken haben, habe ich mich schon mal umgesehen. Mein Mann hat immer gesagt: ›Kaffee ist was für meine Tante. Mit der Kaffeetasse in der Hand baut man kein börsennotiertes Unternehmen auf.«« Über die Schulter hatte sie dynamisch eine teuer aussehende Lederjacke geworfen. »Und unsere Theodora hier hätte ja beinahe Bruchsal aus ganz anderem Blickwinkel betrachtet. Tröste dich, Theodora, es ist noch nie einem Menschen gelungen, aus dem Bruchsaler Knast auszubrechen.«

»Muss ich mir merken. Gibt eine gute Story. Sollte mal mit meinem Verleger sprechen. Der ist dankbar für jede Idee. Hat immer Angst, ich könnte woanders ... nein, nicht mehr. Das muss für heute reichen.« Wichtigtuerisch machte sich Michael einen Vermerk in sein *Moleskine*-Angebernotizbuch.

Sine blühte auf wie das Ludwigsburger Barock. Irgendwoher hatte sie die Info, dass diese Stadt, die »Prinzessin des Rokoko«, ihren Namen einem fränkischen Königshof »sal im Bruch« verdanke, also ziemlich alt sei, was ja von Herrn Reutter so gewünscht sei. Schwärmte dann von dem einzigartig schönen Treppenhaus von einem Mann namens Balthasar Neumann, der sich mir noch nicht vorgestellt hatte. Gähn! Und schon damals habe man sich italienische Gastarbeiter geholt, um dem Ganzen hier diese Leichtigkeit zu verleihen. Vielleicht sei sie deshalb so begeistert von der Stadt. Da auch sie italienischen Schick und Leichtigkeit besitze.

Bruchsal war sicher toll, auch das Schloss konnte sich wahrhaft sehen lassen, doch wenn ich Franzose oder Ami wäre, hätte ich für einen Tag genug Schlösser und nett angelegte Rabatten sowie brav sprudelnde Springbrunnen gesehen.

Ganz zum Schluss, bevor uns die Augen zufielen, hatte die beinahe-italienische Sine aber tatsächlich noch einen Trumpf im Ärmel. »Im Schloss ist eine Sammlung für mechanische Musikinstrumente und ratet mal, was da steht?«

Wir scharrten unwissend mit den Füßen herum. Michael scharrte ein Kreuz, Helma ein Katzengesicht mit lachendem Mund und ich ... ein Herz. Ein Herz???? Als ich hochblickte, sah ich, dass Reutter mein Herz intensiv studierte.

»Da stehen Produkte jener Firma, die diese Orgel baute, welche eigentlich für die *Titanic* bestimmt war und die nur dank einer Lieferverzögerung das Unglück überstand. Ist das nichts für eure Amerikaner?«

Wäre ich ein aktueller Amerikaner, würden mich Produkte einer Firma, die eine nur *beinahe* untergegangene Orgel hergestellt hatten, zwar nicht um den Schlaf bringen, aber ich hielt mich vornehm zurück.

Helma und Michael hatten sich mittlerweile mit dem wenige Kilometer südlich liegenden Ettlingen auseinandergesetzt und trugen ihr Referat bieder vor.

»Ettlingen ist mit der Champagnerstadt Epernay verschwistert, also würde sich ein kurzer Stopp mit der französischen Gruppe anbieten. Für die Amerikaner ist es dort vielleicht nicht interessant, außer den Hypokausten unter dieser Kirche, wie heißt sie schnell noch ..., denn die sind alt und wir suchen ja alte Sachen, nicht wahr, Herr Reutter?«

Ha. Minuspunkt. Minuspunkt. Martinskirche heißt sie! Ätsch!

Bevor die zukünftige Gruppe sich zerstreuen und zum Essen irgendwo in Ettlingen niederlassen dürfte, müssten die bislang noch fiktiven Amerikaner und Franzosen pflichtschuldigst von alten Holzbrücken in den Fluss Alb schauen. Sie sollten ehrfürchtig an der reich verzierten Fassade des barockig wirkenden Rathauses hochschauen. Am Narrenbrunnen würden sie – inzwischen leicht ermattet – lehnen und die Story von Hans von Singen hören, der den dreizehnten verurteilten Ratsherren gerettet hatte, nachdem schon zwölf Köpfe seiner Kollegen gerollt waren. Dann gab's als Belohnung ... ja, was wohl? Ein Schloss, ein Schloss!

»In dieser früheren Markgrafenresidenz der Sibylla Augusta finden im Sommer Festspiele statt, und man kann sich trauen lassen. Wenn du also doch noch heiratest, kannst du es ja dann dort tun, Theodora!«, sagte Helma gönnerhaft und hinterhältig.

»Ich heirate in Stuttgart. In der Wilhelma. Eine Eventtrauung. Direkt vor dem Käfig mit den Rhinozerossen.«

»Ohne mich!«, sagte Reutter kategorisch. »In Stuttgart heirate ich nicht.«

Alle starrten uns an. Kurzes Schweigen.

Helma unbeirrt: »Napoleon hat mal im Ettlinger Schloss gewohnt. Und alle Franzosen sind wie besessen von diesem Napoleon.«

Reutter hatte sich gefasst, war angetan und verteilte Lob. »Das zeigt, dass Sie zumindest mitdenken. Napoleon, Adoptivvater von Stefanie, unserer Großherzogin, und ein Gönner Badens sowie Stifter des Großherzogtums und Förderer der Entwicklung von Karlsruhe, ist auf jeden Fall immer eine gute Adresse.«

Aha. Er bewunderte Napoleon. Eine Gemeinsamkeit mit der Französin in mir tat sich auf. Wir könnten abends im Bett liegen und den Code Civil studieren. Oder auch nicht.

Alle sahen jetzt mich an.

»Nun«, bemerkte Michael salbungsvoll. »Unsere Theodora möchte ihre Gruppe lieber auf die Polizeireviere des Produkts führen, wo sie bestens bekannt ist. So lernen unsere Gäste auch die Legislative unseres Landes kennen. Auch mir ist dieses Milieu nicht fremd, doch erst beim Unterschreiben meines Arbeitsvertrages hier werde ich meinen wahren Namen enthüllen, und dann werden Sie verstehen.«

Wer war der Angeber? Martin Walsers badischer Sohn? Scheffels Urenkel? Der Trompeter von Säckingen? Mir reichte das wichtigtuerische Gehabe allmählich.

»Ja, warum nicht die Polizeireviere? Mal was anderes. Sonst zeigen unsere Gäste daheim ihre Baden-Fotos, und die Kinder jammern: Opa, bitte nicht noch ein Barockschloss, bitte! Uns ist schlecht.«

»Also, Herr Reutter!«, japste Helma.

Meuterei auf der Fregatte namens Baden!

Sine zog ein staatstragendes Gesicht: »Wie kann man denn so etwas sagen, Theodora. Jedes unserer badischen Schlösser ist ein Individuum. Ich möchte nicht auf eines davon verzichten. Wir, im Produkt, lieben unsere Schlösser. Würdest du etwa in London achtlos am *Buckingham Palace* vorbeigehen?«

Ja, dachte ich. Und genau das hab ich gemacht, als ich damals als Siebzehnjährige in London war und diesen total netten Typ kennen gelernt habe. Sah aus wie Rod Stewart. Wir sind dann in eine Disco gegangen. Im ersten Stock. Und danach zu ihm nach Hause. Mein erstes Mal. In einer Einzimmerwohnung irgendwo in Brixton. Das war jedenfalls lohnender gewesen als ein Palast mit vertrockneten Windsors drin.

»Oder, Herr Reutter?«

»Gewiss«, erwiderte er wenig überzeugend.

Muss er ja sagen, als Über-Badener. Nach einer Woche litt ich als einer, der von uns durch Baden gescheucht wurde, jedenfalls unter einer akuten Überdosis an Spitz- und Rundbögen, ganz zu schweigen von Treppenaufgängen und Langschiffen.

Da ich jedoch die Gruppe noch irgendwie ins Kloster Lichtenthal locken musste, um Bruder Klaus zu stellen, verschob ich den Putschversuch und verlieh mir den Status der originellen Denkerin und des Naturkindes.

»Bei aller Pracht der badischen Schlösser möchte ich doch neue Wege im sanften Naturtourismus gehen. So fände ich den Michaelsberg recht interessant. Bei Bruchsal. Genauer gesagt, in Untergrombach.«

»Nie gehört.«

»Was ist nun das schon wieder!«

»Ideen hat die ...«

Die mobbingbereite Truppe brummelte argwöhnisch.

»In archäologischen Kreisen ist der Hügel berühmt. Stichwort: Michelsberger Kultur. Nur dreihundert Meter hoch, bietet aber eine wunderbare Fernsicht über Teile des Produkts. Über das abgeschaltete Philippsburg bis zur BASF. Pfalz,

Odenwald, Elsass, alles. Ein Ort, der Wallfahrer anzieht. Die Franzosen können ihr angeblich so geliebtes Picknick da machen, den Amerikanern stellt man die Kultur, deren Überreste man in Form von Tongefäßen und Tierknochen gefunden hat, ein bisschen geheimnisvoll dar. Wer waren diese Siedler? Zu welchen Göttern beteten sie? Kannten sie Liebe und Hass? Neid und Missgunst? Konnten sie schon zwischen purem Sex zur Erhaltung der Art und Liebe unterscheiden?«

Ein Geräusch kam irgendwo aus der Richtung von Reutter. Michael rieb sich die Nase. »Ein Frühmenschenkrimi. Mord im Tumulus. Es geht um eine Höhlenfrau, die sich nicht zwischen zwei Ur-Männern entscheiden kann. Wenn man nur eine Lebenserwartung von zweiundzwanzig Jahren hat, kommt es auf jeden Tag an. Keine schlechte Idee.«

Helma sah unglücklich aus. »Ich weiß irgendwie nie, ob du ernst bist oder Spaß machst.«

Verstockt verbiss ich mich in meinen Hügel. »Heidnische Kultur. Viertausend Jahre vor Christus. Da hat die Schöpfung noch nicht an Amerikaner gedacht. Jetzt steht ein barockes Kapellchen da oben. Ist doch auch ein Kulturzeuge.«

»Urmenschen!« Sine schüttelte den Kopf und näselte: »Tut mir leid. Von französischer Seite besteht kein Interesse. Wir möchten Dinge sehen, die aufrecht gehende Leute ohne Ganzkörperbehaarung hergestellt haben: Treppenhäuser, Orgeln, Gemälde.«

»Und dann würde ich über die Hugenottensiedlung Friedrichstal zur Insel Rott fahren. Der hiesige Tabakanbau geht nämlich auf Hugenotten aus der Picardie zurück. Ältere Leute haben bis vor einiger Zeit im Ort noch etwas wie Französisch gesprochen. Sie sagen noch heute »Chaiselongue« und »Chaussee«. Es gibt dort auch ein kleines zweisprachiges Heimatmuseum …«

Sine brach jetzt in ein hochfahrendes Lachen aus, dem absolut nichts Lustiges anhaftete. »Meine gut gekleidete französische Gruppe bucht also Urlaub im Produkt, und dann willst du ihr als Attraktion erst einen Ort zeigen, in dem die Menschen Grunzlaute ausgestoßen haben und dann einen, in dem früher mal etwas Ähnliches wie Französisch gesprochen wurde? Lächerlich. Das wäre, wie wenn ich nach Cannes fahre und lande in einem Hotel, in dem alle ...« – sie sah mit süßlichem Blick in Reutters Richtung – »schwäbisch schwätze würde. Brech!«

Und damit alle es verstanden, lachte sie nochmals und wiederholte: »Brech!«

»Und dann«, fuhr ich mit einer fast erotischen Lust an der Provokation fort, »fahre ich auf die kleine, von superromantischen Altrheinarmen umschlossene Insel Rott, zeige meinen Gruppen, wie der Rhein vor der Begradigung ausgesehen hat. Es ist superidyllisch da mit den Seen und der Stille und der kleinen Brücke, die zu den zwei Fischrestaurants führt, und dann stehen wir am Rhein und schauen in die Pfalz und weiter unten linsen wir nach Frankreich und große Schiffe fahren vorbei ...«

»Und wenn sie nicht gestorben sind, so leben sie noch heute.« Dieser Michael war besessen vom Tod.

Sine ließ natürlich auch die Insel Rott nicht gelten, sondern trumpfte mit einem anderen Gewässer: »Mein Mann war am Mississippi. *Das* ist allerdings ein bedeutender Fluss! Meinst du, eine Insel im Rhein beeindruckt Menschen, die zu Hause so was wie Niagarafälle haben?«

»Das sind die Kanadier, Frau von Schönau!«, warf Reutter ein.

»Mit deinen Franzosen kannst du Kirchen besichtigen, bis sie aus lauter Überdruss zum Buddhismus übertreten. Mit meinen einfach gestrickten Amis fahre ich in der Zeit ins Technikmuseum in Sinsheim mit Spaceshuttle *Buran* und mit einer Boeing, in der man herumlaufen kann, und dann zeige ich ihnen in Wiesloch die erste Tankstelle der Welt, eigentlich eine Apotheke, an der Bertha Benz bei der ersten größeren Autofahrt der Welt ihren Tank aufgefüllt hat. Übrigens mit Ligroin, Fleckenwasser. Amis lieben Tankstellen.«

Reutter stöhnte. »Das reicht. Am Ende der Woche werden wir alle Ihre Vorschläge bewerten. Die Sache mit der Bertha und der Fahrt zur Oma nach Pforzheim ist nicht so dumm, Frau Thamm, aber man muss das historisch genau vorbereiten. Eine Insel, auf der es nichts gibt als Fisch und ein paar brackige Seen, halte ich nicht für besuchenswert. Seit ich Führungen durch das Produkt mache, habe ich noch niemals einen Bus mit Ausländern dort vorfahren sehen.«

»Okay. Aber das macht eben den Reiz unserer Touren aus. Dort halten, wo die anderen Busse vorbeifahren. Und ich«, ich zögerte, »würde wirklich jetzt noch gerne zum Michaelsberg hochfahren.«

Die badische Revolution fand noch einmal statt und zwar diesmal in unserer Kleingruppe. Michael murmelte irgendwas von Lektorat und notwendigen Korrekturen und sorgte dafür, dass wir das Wort »Erscheinungsdatum« nicht überhörten. Helma seufzte mehrmals, rief dann vom Handy zu Hause an und gab ihren Kindern Anweisungen, wann und wie Papi sie zu versorgen hätte. Und Sine murrte, ihr Mann habe immer gesagt, Überstunden seien nur was für Leute, die ihre Arbeit nicht richtig einteilten.

»Mein Mann stand täglich um Punkt sechzehn Uhr auf dem Tennisplatz, und darauf war er stolz. Marx habe gesagt, nur das Proletariat müsse seinen Köper einsetzen, um leben zu können. Die anderen schaffen Mehrwert mit Kapital und Köpfchen. Mein Mann schätzte diesen Marx allerdings trotzdem durchaus. Ein interessanter Mann, hat er gesagt. Auch seine private Seite, wobei ich jetzt nicht ganz genau weiß, was er damit meint.«

Ich sah, dass Reutter erstmals ungläubig in Sines Richtung schaute. Vielleicht kapierte er endlich, dass sie eine taube Nuss in Designerklamotten war, die nicht mal wusste, dass Marx und seine Haushälterin von der Weltgeschichte in einem Namenszug erwähnt werden.

Sie gingen trotzdem alle mit. Es war gar nicht weit von Untergrombach kurz nach Bruchsal. Hohlwege, typisch für den Kraichgau, ging es hoch, über Wiesen, Weiden und entlang an Koppeln und Äcker. Es roch süß nach frühem Sommer und nach einbrechendem Abend. Oben warteten nur ein paar Autos und Motorräder sowie ein atemberaubender Blick in eine ruhige Natur, die sich früher als die Menschen zum Zubettgehen rüstete. Die Sonne ging über der Pfalz im Westen unter und schickte kameradschaftlich ihre letzten Strahlen in den badischen Kraichgau. Unter uns glitzerte ein See, die A 5 wirkte wie die Straße von blechernen Ameisen.

Hier oben, in der Gastwirtschaft neben dem Kirchlein, saßen Leute draußen. Wurstsalat. Familien. Auf den sanft zum Dorf abfallenden Wiesen tobten Hunde und Kinder. Weinschorlegläser klirrten. Man war im Kraichgau. Es roch, es summte. Es war wunderschön, auch wenn es badisch war.

»Der Ort ist nicht schlecht!«, sagte Reutter ruhig, mit einer leicht heiseren Stimme. »Sie haben da eine Biene!« Er legte eine warme trockene Hand auf meinen Rücken, um etwas zu verscheuchen.

Alte eingeschlafene Empfindungen hörten in mir ein Wecksignal. Ich versuchte, es zu überhören.

Er nahm die Hand weg und sah mich lange an: »Aber die Insel Rott ist gestrichen. Okay?«

Es klang beinahe zärtlich.

Auf das Kind gekommen ...

Ich hatte alles Mögliche erwartet, als ich an diesem Dienstagabend endlich ziemlich ausgelaugt und halb verhungert nach Hause kam.

Etwa, dass Johanna-Marie meine Wohnung auf den Kopf gestellt hatte, dass sie und das Kind meine (wenigen) Wertsachen gestohlen und verschwunden waren, dass sie sich aufgehängt hatte (Kummer) und meine Reiz-Dessous zerschnitten hatte (Hass).

Doch weder noch. Alles war anders. So stand Geist etwa nicht auf seinem Exilplatz auf dem Treppenabsatz. Was nicht bedeutet, dass er *nicht* ausgesperrt war. Er saß nämlich bei mir in der Küche und verzehrte ein Leberwurstbrot. Serviert wurde ihm dieses Brot von Nicole-Marie, die mein Telefon am Ohr hatte und ein Bier trank. Ihr für ihr Alter ziemlich üppiger schneeweißer Busen war ebenso wie ihre kräftigen Schenkel kaum verhüllt. Lolita in der Karlsruher Oststadt.

»Bist du verrückt? Du kannst doch in deinem Alter keinen Alkohol trinken. Und was macht der Hund hier?«

»Diese Frau da drüben hat ihn, glaube ich, ausgesperrt.«

»Was du nicht sagst!«

»Ich wollte mal probieren, wie Bier schmeckt. Bei Mama darf ich das nicht.«

»Bei mir auch nicht. Wo ist deine Mutter überhaupt?«

Anstatt einer Antwort hielt sie mir einen Zettel hin: »Bin nach Hamburg gefahren. Ich will endlich leben!!!!!! Kümmere dich bitte um Nicole-Marie. Sie kann nicht alleine gelassen werden, sie neigt dazu, Unsinn zu machen und Dinge auszuprobieren. Das hat sie von ihrem Vater. Nimm sie bitte tagsüber mit zur Arbeit. Und klär das bitte mit Klaus und Tante

Rudi. Wem gehört das Geld???? Wenn ich zurückkomme, will ich es wissen!!!!! Als Ehefrau steht es sowieso eigentlich mir zu!!!!!!!«

Die Frau wusste fürwahr, wie man großzügig mit Satzzeichen umging.

Ich griff nach dem Hund. »Los, geh heim. *Wo* ist heim?«

Als Antwort schnappte Geist nach mir. Ich zerrte ihn auf den Treppenflur, klingelte bei Ahorn. »Ada, hier ist dein Hund. Könntest du bitte dafür sorgen, dass er bei dir bleibt!«

»Would you be so kind as to see to the dog staying with me«, übersetzte sie, einen halb aufgegessenen XXL-Marsriegel in der Hand. »Moment, Theodora.« In ihrem langen Rock eilte sie ins Innere: »Guter Satz. Sehr komplex. Oberstufe. Muss ich mir notieren.«

Dr. Seltsam gab dem Spätheimkehrer Geist eine Ohrfeige und sprang auf den Schrank. Der Hund verkroch sich unter den Schuhschrank und sah mich von dort hasserfüllt an.

Ada kehrte zurück. »Kommt ins Erwachsenenlehrbuch. Neuer Auftrag vom Verlag. Arbeitstitel: Sprachlos in Seattle? Englisch für Redselige.«

»Ada, die Mutter Marie ist fort. In Hamburg. Und die kleine Marie hat sie zurückgelassen.«

»Wie kann sie dir *das* antun? Ein Kind!!!«

Ich wusste, dass Ada Kinder nicht besonders gut leiden konnte. Sie war die Älteste von fünf Schwestern gewesen und wollte nach eigenen Angaben nie mehr zwanzig Paar rote Söckchen zusammenrollen müssen.

»Würdest du vielleicht tagsüber ein bisschen auf die Kleine …«

»Vergiss es. Das ist dein ureigenes Problem.«

Wir wachsen an den Herausforderungen des Lebens. Also ging ich als Erstes in meine Wohnung zurück und nahm Nicole-Marie die Bierdose sowie meine Gauloise aus der Hand. Zweitens parkte ich sie vorübergehend vor dem

Fernseher und stellte einen Krawall-Sender ein trotz ihres Protestes: »Das darf ich nicht gucken!« Drittens: Ich duschte. Viertens: Ich taute drei Schlemmerzöpfe von der *Badischen Backstub* auf, aß zwei, gab dem Kind einen. Ich trank zwei große Gläser Rotwein auf Ex. Fünftens: Ich trug eine Maske auf, checkte meine E-Mails und suchte die Adresse von meiner Busenfeindin Hilla Heim in Baden-Baden heraus. Später würde ich sie anrufen.

Dann setzte ich mich Klaus' Tochter gegenüber. Suchte nach vertrauten Spuren von ihm in ihrem Gesicht. Fand keine. Vor allem, weil sie mich äußerst feindselig ansah und trotzig ihre Füße auf den Stuhl legte. Ihre lila lackierten Fußnägel sahen aus wie frisch angeknabbert. Wie machte sie das? War sie ein Fakir? Während meine Konkurrenten zu Hause schon längst alles über Rastatt lernten, musste ich mich also jetzt mit einem wildfremden Früchtchen auseinandersetzen.

»So, Nicole-Marie, nun lass uns mal vernünftig sprechen. Wie lange wird deine Mutter in Hamburg bleiben?«

»Bis zum Wochenende mindestens. Sie will mal was ohne mich machen. Unter uns gesagt, ich bin ziemlich anstrengend. Sie hat da eine Freundin, die hat eine Boutique, und da kann sie vielleicht irgendwann was arbeiten. Ich will aber nicht nach Hamburg. Ich bin ein rein badisches Kind.«

Nachdenklich betrachtete ich das rein badische Kind. »Ich kann dich nicht alleine lassen, das ist klar. Du musst also morgen früh zeitig aufstehen und mit mir zu meiner Schulung kommen. Gott sei Dank treffen wir uns morgen erst um neun. Aber wenn du dich nicht mustergültig benimmst, stecke ich dich in ein Erziehungsheim.«

Sie starrte mich an. »Du willst mir nur Angst machen.«

»Allerdings. Und kein Wort über deinen Vater. Es gibt ihn nicht. Ich kenne ihn nicht. Sonst führt nur eine Frage zur nächsten, und da die Firma Wert auf einen untadeligen Leumund ihrer Fremdenführer legt, kommt es mit Sicherheit nicht gut an, wenn ich mit einem verheirateten Familienvater zusammengelebt habe. Du weißt aber, dass wir ihn wegen des Geldes sprechen müssen.«

»Es ist mein Geld. Ich will ein Pferd«, murrte sie. »Oder gleich ein Auto.«

»Sollten wir ihm also begegnen, denn wir sollten ihn unbedingt suchen, dann sagst du, er ist ein Freund. Er sei aus reinster christlicher Überzeugung und dem Wunsch nach Entsagung Mönch geworden. Kannst du dir das merken?«

»Klar: christliche Entsagung. Mönch!«

»So. Das hört sich wenigstens solide an. Und du sagst, du seist meine badische Nichte. Aus dem Markgräflerland.«

»Bruder oder Schwester?«

»Was?«

»Bin ich die Tochter von deinem gelogenen Bruder oder deiner gelogenen Schwester? Du musst auf alles vorbereitet sein. Ich kenne das von der Schule. Wenn du sagst, du hast deine Tage, dann musst du auch ...«

»Gut, gut, Nicole-Marie. Wir gehen nicht ins Detail. Gute Lügner gehen nie in Einzelheiten. Du bist meine Nichte, basta. Und sprich nicht viel. Schweige meistens. Du könntest sagen, du hast Halsweh.«

Die Situation begann unübersichtlich zu werden, denn überraschend berichtete mir eine an mich gerichtete E-Mail von Rüdigers Mann, am Sonntagmorgen hätte ich eine Chance, mein Stück vorzustellen. Man erwarte mein spontanes Auftauchen seitens des Dramaturgieausschusses. Spontan um genau zehn Uhr. Die Nummer mit dem toten Hund sei übrigens nicht zu empfehlen, da der stellvertretende Chefdramaturg sehr hundenärrisch sei, Katzen hingegen abgrundtief hasse. Eine tote Katze wäre also eine Option. Weitere Eigenschaften von ihm würden mir im Laufe der Woche noch mitgeteilt. Ein kleiner Knalleffekt könne bei meiner Bewerbung allerdings nicht schaden. So weit die Mail.

Es war jetzt bereits fortgeschrittener Dienstagabend. Um neun Uhr badische Ortszeit würden wir uns morgen wieder am Bahnhof treffen. Dafür könnte es abends länger dauern. Reutter hatte uns eine stressige Woche versprochen, und er gedachte dieses Versprechen einzuhalten.

Diesmal würden wir Mittelbaden aufrollen, und wie immer hatte ich keine Ahnung. Ich wusste nicht mal bis auf die Ortschaft genau, wo Mittelbaden lag, und warum sie ihr eigentlich ziemlich kleines Land in so viele Teile teilten. Nordschwaben, Mittelschwaben, Südschwaben, Ost- und Westschwaben? So was machen wir nicht. Zu viel Aufwand. Wir sind ökonomisch, im Land von Daimler und Breuninger. Schwaben reicht!

Mich interessierte morgen ausschließlich die Abtei in Lichtenthal, und so überwand ich mich und rief Hilla Heim an. Hilla Heim arbeitete in Baden-Baden im Archiv und kannte somit das sogenannte Produkt ziemlich gut, und eigentlich mochte ich sie nicht besonders. Unsere Bekanntschaft datierte von einem sogenannten *Stimmbildungskurs für wütende Frauen* in Bad Herrenalb, den wir und zwölf andere wütende Frauen besucht hatten. Lernziel: Chefs, Ehemänner oder nervige Mütter anschreien, ohne zu keifen und zu krächzen.

Obwohl wir auf württembergischem Boden waren, hatte Hilla gleich bei der Vorstellungsrunde gegen mich gestänkert: »Ich finde es nicht gut, wenn Schwäbischsprachige hier in dem Kurs mitmachen, denn die müssten erst richtig Deutsch lernen. Sie quetschen die Vokale heraus und das behindert den ganzen Kursus. Sie sagen ›hend‹ anstatt ›haben‹ und ›send‹ anstatt ›sind‹.«

»Ich spreche hochdeutsch und nicht schwäbisch. Und ich habe noch nicht gehört, dass Badisch einen internationalen Preis für den schönsten Dialekt der Welt gewonnen hätte.«

»Bitte!«

»Ich bemängele nur, dass ihr für alles ›der Dinger da‹ sagt! Und ›gewesche‹ anstatt ›gewaschen‹. Und ›geschraue‹ anstatt

›geschrieen‹. Und ›Teppich‹ anstatt ›Decke‹. Und kürzlich sagte eine Hundebesitzerin, deren Hund einen alten Knochen im Garten wiedergefunden hat: ›Ich hett net denkt, dass derre das noch denkt.‹ Wie findest du das?«

Doch irgendwie war der Kontakt zu ihr trotzdem nicht abgerissen. Frauenfeindschaften sind langlebig.

»Hilla Heim«, meldete sie sich. »Ja?«

»Ich bin es. Theodora. Wie geh...«

»Was willst du?«

Man sagte den Badenern eine falsche Verbindlichkeit nach. Meine Leute zu Hause zum Beispiel taten es, aber Hilla war untypisch. Sie war einfach nur unhöflich.

»Hilla, wenn ich irgendjemandem einen Besuch in Kloster Lichtental schmackhaft machen wollte, wie würde ich da vorgehen? Was für Argumente habe ich, um dieses Kloster als etwas Einzigartiges zu verkaufen?«

Hilla war humorlos bis in die Knochen. »Warum willst du jemandem das Kloster Lichtenthal verkaufen? Das ist nicht notwendig. Wenn man die weltberühmte Allee zeigt, beginnend an der historischen Trinkhalle, das Gebäude des Casinos, das entzückende Theater, dann vorbei am Verkehrsmuseum, am Burdamuseum, am Alleehäusle, an der Gönneranlage, an den rückwärtigen Fassaden von *Brenner's Parkhotel* und an den Tennisplätzen, wenn man also Richtung Geroldsau mit den herrlichen Wasserfällen und der Rhododendronblüte geht, also wie auch immer, man kommt dann automatisch zum Kloster Lichtental.«

»Was zeichnet dieses Kloster als etwas Besonderes aus? Sag schnell!«

»Bist du verrückt? Mehr als tausend Jahre Klostergeschichte und ich soll ›schnell‹ sagen, was daran sehenswert ist! Das wäre, wie wenn ich sage: New York, du hast drei Minuten.«

»Freiheitsstatue, Broadway, Wall Street, Ground Zero, Harlem, Central Park, Little China, Brooklyn Bridge, Macy's, Tiffany's, Guggenheim ...«, sagte ich rasch.

»Also gut. Wurde nie säkularisiert oder zerstört, war ohne Unterbrechung bis heute ein Kloster, deshalb bestens erhalten. Schlichter gotischer Zisterzienserbau mit herrlichem Innenhof im Bogen der Oos unterhalb des Leisbergs. Badens Hauskloster und seine Keimzelle. Eingeweiht vom Bischof von Straßburg. 1245 von der Markgräfin Irmengard von Baden gegründet; die Fürstenkapelle hat Rudolf I. von Baden ein paar Jahrzehnte später als Grablege für seine Familie gestiftet. Das Herz des Türkenlouis aus Rastatt, gestorben 1707, liegt dort.«

»Na also«, dachte ich.

»Zisterzienserinnen leben und arbeiten heute noch in diesen Mauern. Sie sticken Kleider für den Papst. Paramentenstickerei nennt man das. Netter Klosterladen, wo man von den Nonnen hergestellte Trostwässerchen kaufen kann. Wunderschöne Singerei in der Kapelle immer um fünf. Die Nonnen speisen Arme, nehmen in einem eigenen Gebäude auch zahlende Gäste auf und sie öffnen ihre Räume für Fortbildungen, auch für Mönche. Besitzen herrliche Kunstwerke in dem langgestreckten Wohnbau. Hab einmal mit der Oberin gesprochen. Man kann sie aber nur durch ein kunstvolles historisches Trenngitter hindurch sehen.«

Ich schwieg. Vor meinem geistigen Auge sah ich Klaus, den genialisch-diabolischen Regisseur, gefürchtet bei den Schauspielern für seine Wutausbrüche, wie er fromm Kleider für den Papst bestickte.

Hilla verstand mein Schweigen falsch. »Es ist wirklich erhebend dort! Auch für Schwaben.«

Ich seufzte. »Ich glaube es dir. Aber du kennst Robert Reutter, unseren Produktmanager, nicht. Ich muss ihm klar machen, dass es geradezu eine Sünde wäre, unsere amerikanischen Gäste in ihr Kaff in Illinois zurückkehren zu lassen, ohne dass sie zuvor den Hauch abendländisch-badischer Geschichte in Kloster Lichtenthal geatmet haben. Warum ausgerechnet dieses Kloster, wird er fragen. Er fragt das immer.«

Hilla Heim lachte. »Obwohl ich dich nicht leiden kann, hab ich dann was für dich. Rechts und links von der Klosterpforte wachsen zwei der ältesten amerikanischen Trompetenbäume Deutschlands oder vielleicht ganz Europas. Die Dinger sind mehr als zweihundert Jahre alt. Älter als vieles in Amiland. Ist das nichts?«

»Danke. Wenn wir uns sehen, spendier ich dir einen Kaffee!«

»Übernimm dich nicht, Schwäbele!«, erwiderte sie trocken und legte auf.

Mittwoch:
Rastatt, Baden-Baden und so manche Überraschung

Nachts schlief ich schlecht. Träumte von Klaus, der in der Uniform eines Kreuzritters mit einem Fallschirm über der Lichtenthaler Allee landete, meine zehntausend Euro ergriff und entschwand. Müde schlich ich zum Kleiderschrank. Schwarze Hose, schwarze Strickjacke, weißes T-Shirt. Ich sollte im Kloster möglichst wenig auffallen, sondern fast wie Inventar wirken. Demütig. Fromm. Bescheiden.

Ich ließ deshalb die angeknabberten zehntausend Euro diesmal mitsamt der neugekauften Handtasche vorsorglich zu Hause. Doch Taschenwechsel ist nichts, was eine Frau morgens im Halbschlaf machen sollte. Ich übersah leider, dass auch mein eigenes ohnehin schmales Geldtäschchen sich in der neuen Roten und nicht mehr in der alten Braunen befand.

Ich raffte Handy, Schlüssel, zwei Bananen und meinen Schreibblock zusammen, stopfte alles in die alte Braune und los ging es.

Ich hatte erwartet, Nicole-Marie wecken und irgendwie hastig unter der Dusche sauber schrubben zu müssen, doch sie saß reizend gekleidet in einem Katuröckchen und einem weißen T-Shirt in der Küche.

»Gehen wir, Tante Theo?«

Das Kind bedeutete Ärger, das ahnte ich. »Nenn mich nicht Tante Theo. Das lässt mich um Jahre altern.«

Wir hetzten zur Haltestelle. Die Straßenbahn hatte baustellenbedingt Verspätung. In letzter Sekunde, alte Leute und kleine Kinder zur Seite schubsend, erreichten wir den Bahnsteig mit dem Zug in Richtung Offenburg.

Das Zügle stand noch da, doch seine Türen hatten sich bereits unwiederbringlich zur Abfahrt geschlossen, obwohl ich noch in letzter Sekunde auf den Knopf drückte wie besessen.

Durch die langsam entgleitenden Fensterscheiben sah ich noch Sines triumphierendes, Helmas scheinheilig-bedauerndes und Michaels ironisches Lächeln, als er mir zuwinkte, sowie Reutters ausdrucksloses Gesicht.

»Waren das deine Mitarbeiter? He, ich glaube, die mögen dich auch nicht besonders«, erklärte mir das Kind schonungslos. »Nur dem einen hat es leidgetan, dass du nicht mit bist.«

»Welchem?«

»Dem in dem grauen Hemd.«

Reutter! Reutter? Es tat ihm leid. Mir auch. Irgendwie.

Wir warteten eine halbe Stunde bis zum nächsten Zug. Tatenlos hingen wir in der Sitzgruppe vor McDonalds herum wie die Penner. Ich konnte mir nicht mal einen Kaffee kaufen, da ich bekanntlich kein Geld hatte, was mir erst in dem Moment auffiel, als die ewig lächelnde Asiatin hinter dem Tresen schon den Pappbecher unter den Kaffeehahn gestellt hatte. Als ich nicht bezahlen konnte, goss sie ihn einfach weg.

Vor ihrem mitfühlenden Blick flüchtete ich für ein paar Minuten in die Buchhandlung und suchte nach Büchern über Rastatt. Heimlich, mit fliegenden Fingern, als studierte ich Pornos, las ich wenigstens ein paar Sätze über die Stadt, die sich die »Murgperle« nannte.

Als ich in die Sitzgruppe zurückkehrte, streichelte Nicole-Marie gerade den Pitbull eines ganzkörpertätowierten Punkers. Der Typ ließ sich erfreut neben ihr nieder, und Nicole-Marie klimperte mit den Wimpern. Kurz bevor er ihr einen Schnaps anbieten würde, schritt ich ein und verfrachtete sie auf den Bahnsteig, wo der nächste Zug schon wartete.

Karlsruhe, das wie die Spinne in einem Verkehrsnetz zwischen Mannheim, unserem schwäbischen Heilbronn, dem elsässischen Wissembourg und dem fast schon südbadischen Achern sitzt, ist mächtig stolz auf seine Straßenbahnen, die auf Zuggleisen fahren, was angeblich weltweit, sogar in China, nachgeahmt wird. Und sie fahren auch noch pünktlich. Siehe oben.

Im Zug hauchte ich verzweifelt die Scheibe an. Hier saß ich also. Für alles im Leben zu spät. Vor mir Klaus' Kind. Das Kind, das ich eigentlich mit ihm haben wollte. Nicht genau *dieses* Kind, aber so ungefähr. Zu Hause lagen 9300 Euro, von denen man nicht wusste, wem sie gehörten, und die ich verdammt gerne ausgeben würde. Am Sonntag wartete meine große Chance im Theater, und ich hatte keine Zeit, mich darauf vorzubereiten, sprich, Valium für die Katze zu besorgen. Die Gruppe war in Rastatt, vielleicht unauffindbar, und meine Minuspunkte bei Reutter wuchsen ins Gigantische.

»Tante Theo, was soll das eigentlich? Und wie werden wir diese Mitarbeiter von dir denn wiederfinden?«

Warum nur, warum hatte ich das Wort Mitarbeiter nicht gleich korrigiert!!! Milde und kindgerecht versuchte ich stattdessen zu formulieren: »Pass auf, Janine-Marie ...«

»Nicole-Marie.«

»Gut. Auch das. Dies ist ein Kurs, in dem man lernt, wohin man Leute führt, die Städte und Landschaften in Baden besichtigen wollen.«

Erkläre einem unschuldigen Kind dieses schwachsinnige Unternehmen.

»He?«

»Also, wir werden ausgebildet, Ausländern schöne Orte in Baden zu zeigen.«

»Dann musst du dich getäuscht haben, und die sind gar nicht nach Rastatt gefahren. Ich war mal in Rastatt, bei 'ner Kusine, aber da gab es nichts zum Angucken. Nur einen guten Klamottenladen an so einem Platz mit 'ner Kirche, und das war's.«

»Es geht bei diesen Führungen auch nicht in erster Linie um Klamottenläden. Es geht um Schlösser. Kirchen. Parks. Brücken. Türme. Museen.«

»He?«

Kaum zu glauben, dass der penetrant kulturschaffende Klaus solch ein buchfernes Kind gezeugt haben sollte.

»Nicole-Marie, ich habe in der Eile mein Geld vergessen. Könntest du mir zehn Euro leihen?«

»Wann krieg ich die wieder?«

»Sowie wir meine Gruppe treffen.«

Ich überflog meine hastigen Notizen. Jede Wette waren die Spaßbremsen als Erstes brav zu diesem Schloss da gewandert. Das war wieder so recht was nach Reutters Geschmack: großer Ehrenhof, viele Figuren und Statuen, repräsentative Schlossanlage mit Park und mal wieder eines der schönsten Barockschlösser in Deutschland.

»Erbaut von dem letzten Markgrafen von Baden aus der katholischen Linie, der der Türkenbezwinger genannt wurde, allerdings nicht mehr viel von seinem Schloss hatte, weil er zwei Jahre nach Einzug schon starb«, erzählte ich Nicole-Marie übungshalber.

»Türkenbezwinger. Echt, ey? Aber unser Ethiklehrer sagt immer, wir sollen nichts gegen Türken haben.«

»Es waren nicht die Türken von heute, sondern alte Türken ...«

Missverständlich, Theodora. Zurück.

»Gegen alte Türken soll man natürlich erst rechts nichts haben. Türkensenioren muss man respektieren. Pass auf, der Mann war Markgraf von Baden und hat beim Kampf gegen die Türken vor Wien als Anführer der kaiserlichen Truppen mitgewirkt. Er hat immer eine rote Uniformjacke getragen, deshalb haben sie ihn den Roten Louis genannt. Jedenfalls wollte er dann so wie die Könige in Versailles auch ein schönes Schloss und einen dazugehörigen Ort haben, und so plante er diese Anlage mit riesigem Ehrenhof als Gesamtkunstwerk, und wie das früher so war, baute er die Stadt Rastatt gleich drum herum.«

Das Kind wollte dann wissen, welcher König heute in dem Schloss wohnte. Nachdenklich betrachtete ich sie. Wussten Elfjährige wirklich nicht, dass es in Deutschland, sogar in Baden, keine Könige mehr gab, oder war sie etwas zurückgeblieben?

»Niemand. 1918 wurden alle Könige abgeschafft. Nach dem Krieg. Nach einem der Kriege. Heute sind zwei Museen in dem Schloss. Ein Museum für Freiheitsbewegungen und ein Militärmuseum. Platz genug gibt es. Wir gehen da jetzt hin und treffen die anderen wieder.«

»Woher weißt du, dass die da sind?«

»Wo sollten sie sonst sein?«

Ja, wo eigentlich? Reutter war ja wie besessen von diesen Alt-Achtundvierzigern, und in der sogenannten »Gedenkstätte für Freiheitsbewegungen« konnte er wieder mit dem ungebrochenen Freiheitswillen der Badener angeben. Paulskirche gescheitert, die Demokratie machte Pause in Deutschland, aber die Badener gaben nicht auf. Hecker, Schurz und all die anderen. Von den Bauernkriegen bis Hitler. Selbstgefällig lächelte ich. Das unterschied mich vom Rest der Gruppe. Ich hatte den Mann durchschaut, als sei er aus Glas. Alle Organe. Nur das Herz sah ich noch nicht.

Vom Bahnhof, eine Straße mit bunten türkischen Läden entlang, ging es durch einen weitläufigen Schlosspark – Gras, Kies, Bänke, Rabatten, Hecken – in das Schloss, das mit großem Portal auf mich wartete.

Mächtiger Kassenbereich und eine Frau dahinter, die heute Morgen noch nicht allzu viel zu tun hatte. Sie ordnete deshalb Prospekte und arrangierte Faltblättchen. Das Museum hatte gerade geöffnet.

»Ist hier vor Kurzem eine Gruppe mit vier Personen, zwei Männer und zwei Frauen, hineingegangen?«

»Kann sein, kann nicht sein. Ich zähle die Leute nicht, die hier rein- und rausgehen.«

So viel zur ewigen badischen Freundlichkeit. Wie viele Leute mochten hier heute Morgen schon Eintritt bezahlt haben?

»Gut. Dann möchte ich zwei Karten.«

»Schülerin?«

»Wie?«

»Das Kind?«

»Ja. Ja, ich nehme es an. Bist du Schülerin, Nicole-Marie?«

»Ja.«

»Sie ist Schülerin.«

»Wie alt?« Die Frau fixierte mich misstrauisch.

Mein Gott, ich sah schon die Polizei erneut auf mich zukommen. Tathergang: Übermüdet aussehende Frau zwingt Kind, das sichtlich nicht zu ihr gehört, in ein wehrgeschichtliches Museum zu gehen. Eine besonders perfide Art der Kindesmisshandlung.

Nicole-Marie und ich eroberten das weitläufige Museum im Eilschritt. Überall, hinter jedem Schaukasten, jeder Waffe und jedem ausgestopften Rock, jedem Hut, jeder Fahne, jedem alten Zeitungsausschnitt und jeder Schrifttafel glaubte ich meine Gruppe zu sehen. Ich konnte mich nicht wirklich auf das konzentrieren, was interessant gewesen wäre. So etwa auf die Orden aller Bundesstaaten Deutschlands, die vor unseren Augen an ihren Bändern hingen. Amis, die ja bekanntlich Orden lieben, würden bestimmt begeistert vor dem »Eichenlaub mit Schwertern und Brillanten zum Ritterkreuz des Eisernen Kreuzes« verharren.

Ständig war ich stattdessen am Überlegen, wie mich jetzt gerade Sine bei Reutter ausbooten würde, wie Helma mit warmer Herzlichkeit made in Baden punkten würde und welcher Erfolgsautor auf Badens Spuren unser Michael alias Mr. Spock wirklich war. Nicole-Marie war weder von Hecker-Reminiszenzen noch vom Ostasiatischen Lackkabinett angetan.

»Das ist alles voll langweilig. Können wir mal woanders hingehen?«

Wir konnten. Fast fluchtartig, von der Frau an der Kasse argwöhnisch mit Blicken verfolgt, verließen wir das Gebäude.

»Ansonsten könnten sie nur nach Schloss Favorite gefahren sein. Das liegt außerhalb von Rastatt. Wie kommen wir dahin?«

»Taxi. Nehmen wir ein Taxi! Mama fährt gerne Taxi.«

Aha.

»Nicole-Marie, wir haben kein Geld.«

Peinlich. Zurück.

»Ich habe natürlich schon Geld, ausreichend Geld, aber erstens ist es zu Hause und zweitens nicht für so was wie ein Taxi. Taxifahren war Luxus, damals bei meiner Oma und Opa in Stuttgart ...«

Das Kind sah mich aufmerksam an, denn es war ja bekanntlich ein badisches Kind.

»Als sie dort mal zu Besuch in der Wilhelma waren! Aber es hat ihnen nicht gefallen.«

»Klar. Warum?«

»Egal. Nun komm.«

Wir trampten nach Favorite. Ich, die Frau, die künftig riesige überseeische Reisegruppen in komfortablen Bussen – souverän, beliebt, gut bezahlt und mehrsprachig – durch das Land Baden begleiten sollte, stand derzeit noch mit einem Kind im weißen Blüsle am Ortsausgang von Rastatt, Ortsteil Niederbühl, und wollte nach Schloss Favorite mitgenommen werden.

Ein gütiger Mann nahm uns auf. »Weil die Kleine da so nett aussieht, mit ihrem Faltenröckle. Wie a Püpple!«

Hinter einer Straßenbiegung tauchte Schloss Favorite wie ein Kleinod zwischen durchschnittlichen mittelbadischen Ortschaften auf. Die Anlage bot an diesem heiteren Frühsommermorgen alles, was nett und romantisch war:

Ein Teich, reinliche helle Kieswege rund um das Schlösschen, eine baumgesäumte Allee, die darauf zuführte, Kolonnaden, Treppenaufgänge, ein Wäldchen als Schutz zur Straße hin und in dem Wäldchen eine niedliche kleine Kapelle.

Alles war da, nur meine Gruppe war nirgends zu sehen.

Eine entsprechende Nachfrage an der Kasse ergab zumindest eine freundliche Antwort von einer älteren Frau mit kurzem eisengrauem Haar: »Es war heute noch niemand da, außer zwei farbigen amerikanischen Damen. Die haben natürlich über unser herrliches Porzellan gestaunt. So was haben die ja da drüben nicht mehr, seit die Sklaverei abgeschafft ist und es die alten Herrenhäuser nicht mehr gibt.«

Ich wollte für das Kind eine Eintrittskarte kaufen, doch ich hatte bekanntlich immer noch kein Geld.

»Nicole-Marie, könntest du bitte das Eintrittsgeld für dich selbst lösen. Oder am besten leihst du mir gleich noch mal zwanzig Euro.«

Die ursprünglich freundliche Dame an der Kasse sah nun fast ebenso misstrauisch in meine Richtung wie ihre Vorgängerin in Rastatt.

Ich hörte sie zu ihren Kolleginnen sagen: »Kommt daher, sieht nicht gerade billig angezogen aus, will dann alles Mögliche wissen und leiht sich Geld von ihrer eigenen kleinen Tochter! *Noch mal,* hat sie gesagt. Es ist also nicht das erste Mal! Schlimm.«

Als ich Richtung Eingang strebte, um das Schloss zu erkunden, wurde mir mitgeteilt, es sei nur im Rahmen einer Führung zu besichtigen. Einer Führung, die etwa eine Stunde dauern würde. Mindestens. Wenn keine Fragen kamen.

»Eine Stunde?« Nicole-Marie setzte sich mit verschränkten Armen auf eine Bank im Kassenbereich. »Nee. Das mach ich nicht. Das ist voll langweilig. Erst die Auferstandenen, dann Gewehre und jetzt das! Scheißgeschirr.«

Die Frau an der Kasse verzog mokant den Mund. Wieder jemand, der sein Kind nicht erziehen kann, sprach ihre Miene. Und was für Gewehre?

»Aufständische, Nicole-Marie, nicht Auferstandene.«

Nach zähen Verhandlungen wurde uns erlaubt, einen Blick in den ersten Raum zu werfen. Der war wirklich prachtvoll und könnte den Amerikanern und vielleicht sogar den Franzosen gefallen. Ein lichter, nach oben offener Saal, mit Galerien und Balustraden auf halber Höhe, wunderbaren romantischen Wandmalereien, Kacheln mit exotischen Motiven, einem Kronleuchter, großen Fensterbögen, Figuren in Nischen – ein weiblich-üppiges, ein kitschiges und ein irgendwie auch erotisches Entree.

Sogar Nicole-Marie staunte für den Moment.

Schon erschien die Kassenkraft und scheuchte uns zurück in den Eingangsbereich.

»Warum darf man sich eigentlich nicht alleine in dem Schloss umsehen?«

»Dieses Haus birgt eine einzigartige Sammlung von frühem Porzellan, dass wir es leider nicht riskieren können.«

Sie hätte beruhigt sein können. Ich mache mir nichts aus edlem Porzellan. Ich brauche Geschirr, das meinem Temperament gewachsen ist. Nach jeder Absage durch ein Theater pfeffere ich die Tassen und Teller in den Schrank, und nur die stärksten überleben. Deshalb speise ich aus rustikalem preiswertem Steingut.

Gemeinsam mit dem mürrischen Kind blätterte ich im Vorraum einen Katalog vom Schloss durch: »Du erinnerst dich, was ich dir über diesen Türkenlouis gesagt habe. Nun, dieses Anwesen hier wurde von seiner Frau, einer gewissen Markgräfin Sibylla Augusta errichtet. So etwa am Anfang des 18. Jahrhunderts. Da sie aus Böhmen stammte und zwar aus einem Ort namens ...« – Ich blickte auf meine Notizen – »... Schlackenwerth, wirkt das Schlösschen hier insgesamt ein wenig unbadisch. Mit den Steinen außen an der Fassade und den Farben. Die Einrichtung wurde von italienischen Handwerkern besorgt. Diese Sibylla wusste zu leben, feierte hier tolle Feste und soll angeblich etwas enger mit einem türkischen Leibdiener namens Hassan befreundet gewesen sein.«

»Hat sie es mit einem Türken getrieben? Na ja, es heißt ja auch Lustschloss. Stand da vorne auf dem Blatt, das sie den Besuchern geben. Warte, ich nehm's mit.«

»Nicole-Marie! Damit ist eine andere Art von Lust gemeint. Doch irgendeiner Statue auf einer Brunnensäule ist ein Kopf aufgesetzt, das soll er sein, dieser Hassan. Mal sehen, wo das ist ...«

»Krass!«

Wir liefen jetzt durch den Park. Ganz alleine, denn es war noch früher Vormittag. Ich gähnte. Ich konnte mir vorstellen, dass sowohl Amerikaner als auch Franzosen hier eine nette halbe Stunde verbringen könnten. All die Lebensart von früher, die man so nobel präsentiert bekam. Und der Park war schön. Rasen, Bäume, im Hintergrund weite Felder, ein See, ein Wasserfall, eine Orangerie. Ich ließ mich auf eine Bank fallen.

Nicole-Marie scharrte mit den Füßen auf dem Kies, seufzte, blätterte ihr Faltblatt durch. »Gehen wir jetzt ... ha, guck mal auf dem Foto, wie das aussieht.«

Eine Familie, hölzerne Puppen, saßen lebensecht um einen Tisch herum. Gesichter und Hände der Figuren sahen aus wie aus Wachs.

»Hammerhart«, kam es aus Kindermund.

Ich persönlich fand Nicole-Marie etwas frühreif in ihrer Ausdrucksweise. Elfjährige sollten eigentlich noch aufgeregt »Guck mal, Tante Theodora!« rufen und mich dann naiv fragen, ob die Leute echt sind. Aber ihre Mutter hatte mich ja vorgewarnt.

»Was sind das für Leute?«

Ich griff nach dem Blatt. »Jedenfalls keine wie du und ich. Laut Führer handelt es sich bei dieser Gruppe um die Heilige Familie, mit denen die Markgräfin gerne gelegentlich ihre Mahlzeiten einnahm.«

»Mit toten Leuten hat sie gegessen? War die irgendwie daneben? Gaga?«

»Nein. Nur christlich. Hat in der Eremitage, die du da hinten im Wald siehst, religiöse Meditationen durchgeführt. Vielleicht hat sie auch nicht immer so gottgefällig gelebt, wie es sich gehörte. Auf der Bodenplatte im Eingangsbereich der Schlosskirche, wo sie 1733 begraben wurde, steht nämlich: ›Betet für die große Sünderin Augusta!‹«

Das Kind sah mich mit schief gelegtem Kopf an: »Das wird auch auf deiner Bodenplatte stehen, Tante Theo, denn du hast auch gesündigt. Mit meinem Vater. Ey, man lebt nicht mit dem Mann meiner Mama zusammen!«

Damit hatte sie sogar recht.

Schloss Favorite und sein Rastatter Pendant samt Museen konnte man den beiden Gruppen vorführen, musste man aber nicht unbedingt, so lautete mein Urteil.

Doch die große Frage blieb: Wo, zum Teufel, war meine Gruppe? Was machten sie ohne mich? Und welche Attraktionen sahen sie sich eigentlich in Rastatt an, wenn nicht die üblichen Schlösser und Schlösschen? Was gab es denn noch in Rastatt? Ich blickte auf meinen Computerausdruck. Außer diversen Museen, wie etwa der Fruchthalle und den Resten der Befestigungsanlage, gab es in der Murgmetropole noch die Pagodenburg, und die lag auf unserem Weg zum Bahnhof zurück, mitten in Rastatt, unweit der Murg: Ein zierliches Schlösschen, als Spielburg für die markgräflichen Kinder gedacht und der Pagodenburg im Münchner Nymphengarten nachgeahmt.

Vielleicht hatte die kinderlastige Helma mit sanftem mütterlichem Druck dafür gesorgt, dass die Gruppe sich dorthin begab. Ich hörte sie im Geiste sprechen: »Lieber Herr Reutter-Chef, so was kennt kein Amerikaner, aber sie werden es lieben. Ein ganzes echtes Schloss für Kinder zum Spielen! Kinder!«

Also, zurück nach Rastatt und zwar möglichst wieder per Anhalter. Diesmal nahm uns eine ältere, distinguiert aussehende und sehr gesprächige Dame mit. Ebenfalls wieder »wegen dem Kind« habe sie angehalten. Sie habe so was noch nie gemacht: »Man hört ja so viel! Bei uns im Badischen eigentlich nicht, aber es laufen eben so viele Fremde herum.«

Klar, die CIA und Scotland Yard haben eine international gültige Landkarte. Rot heißt Verbrechen. Weiß heißt keine. Und ganz Baden ist eine einzige weiße Fläche!

Sie komme aus Ebersteinburg, einem hochgelegenen Stadtteil von Baden-Baden, unweit des uralten Schlosses Hohenbaden, und wolle ebenfalls zur Pagodenburg, allerdings in das dortige Café, um sich mit zwei Freundinnen vom Bridge zu einem Gabelfrühstück zu treffen. Mitleidig betrachtete sie mich.

»Sie haben kein Auto? Leben Sie und ihr Kind von Hartz IV? Darf ich Ihnen die Adresse der Baden-Badener Tafel geben? Sehr gutes Essen. Manchmal«, ein unheilvoller Blick glitt über meine Gestalt, »kommt man unschuldig ins Unglück. Wichtig dabei ist, dass man sich mit Würde wieder herauszieht. Wir hier im Badischen sind zwar lebensfroh, aber wir wissen auch, wann es genug ist. Die Familie, der Gesangverein und der Garten – das hat schon manchem geholfen.«

Ob die Frau nicht Lust hatte, sich freiwillig dem Sträflingstrupp rund um Herrn Reutter anzuschließen?

Zum allgemeinen Katastrophenmanagement trug Klaus' Kind jetzt natürlich noch frohgemut bei: »Sie hat sich sogar von mir Geld geliehen, und ich denke, sie hat auch von dem, was mein Vater mir gibt, was weggenommen.«

Dummheit oder Bosheit? Die uralte Menschheitsfrage stellte sich angesichts des Kindes Nicole-Marie neu. Bevor sie weitersprechen konnte, kniff ich sie in den fleischigen Oberschenkel.

»Au! Das ist gemein!«, schrie sie auf.

Die ältere Dame sagte nichts mehr, betrachtete mich nur scheinbar unauffällig und leise kopfschüttelnd im Rückspiegel. Schweigend ließ sie uns mitten in Rastatt vor einer Veranstaltungshalle mit umgebendem gepflegten rosengeschmückten Grünbereich aussteigen. Im Hintergrund war ein freundlich lockendes Schlösschen mit Türmchen zu sehen: Zweifellos die Pagodenburg!

Schweigend umrundeten wir die Miniatur. Ich machte ein Foto mit Nicole-Marie im Vordergrund. Nebenan lag das bewusste Café, in dem unsere mildtätige Autofahrerin zum Frühstück verabredet war. Für mich unerreichbar – kein Geld! Sehnsüchtig blickte ich hinein in die Konsumwarenwelt. Draußen vor der Tür. Nachkriegsschicksal.

Ich sah genauer hin. Und traute meinen Augen nicht. Drinnen, gemütlich mit Sekt und Selters und Lachsschnittchen saßen die Spießgesellen rund um einen entspannten Reutter. Kaum waren sie ohne mich, mieden sie jegliche Barockschlösser großräumig und ließen es sich einfach nur im Café gutgehen. Unglaublich!

»Komm!« Ich packte die widerstrebende Nicole-Marie an ihrem Handtäschchen und zog sie hinter mir her ins Café.

Sarkastisch sah ich auf die Runde herab. »Guten Tag! Schon alles in Rastatt erledigt? Das ging aber schnell. War das nicht ein bisschen oberflächlich? Wie ist eure Meinung zu Favorite? Zeigen oder nicht? Habt ihr auch alle das herrliche Geschirr gesehen? Die Fayencen und die Fresken, die Marmorbildtafeln? Und die herrlichen Wandbehänge? Alles Handarbeit. Eine ganze Stunde habe ich es mir genauestens angesehen. Man sieht förmlich die Tänzer, wie sie sich bei den opulenten Festen auf den Stuckmarmorböden drehen, die Kandelaber, die den Schlosspark in feierliches Licht tauchen ...«

Ha. Die Gruppe betrachtete mich feindselig. Nur Reutter schien erleichtert, fast erfreut.

»Respekt. Wer zu spät kommt, den belohnt offenbar das Schlossleben.«

»Was ist denn das?«, fragte Sine angewidert und deutete auf Nicole-Marie.

»Mein Name ist Nicole-Marie, und ich bin die Nichte von der Theodora. Sonst soll ich nichts sagen.«

Reutter betrachtete unser Familienidyll mit wenig Begeisterung.

Ungewohnt kühl sagte er: »Frau Thamm, meine Geduld beginnt allmählich etwas zu schwächeln. Was soll dieses junge Mädchen bei unserer Arbeit und warum waren Sie heute Morgen schon wieder nicht rechtzeitig am Bahnhof? Wollen Sie später Ihre Gäste auch irgendwo warten lassen?«

»Dies ist …«, ich holte tief Luft, hoffend, dass der sogenannte liebe Gott diese meine ganz private Fernsehserie von Folge eins an gesehen hatte und mir die plötzliche Tantenschaft inklusive der Lügen verzieh, »… ein badisches Kind, eine Kennerin unserer begnadeten Landschaft, meine Nichte, also im Geiste und auch sonst und bestimmt eine Bereicherung unserer Gruppe. Ihre Mutter musste in einem persönlichen Notfall verreisen, und ich habe sie heute dabei.«

»Du kommst direkt mit zum Grillen. Mein Sohn wird sich freuen, dich kennenzulernen!«, jubilierte Helma.

»Wie alt is 'n der so?!«

»Du wirst ihn mögen.«

»Aha. Also maximal elf. Wahrscheinlich zehn. Mein Gott – ein Baby!«

Ich nahm Platz am Tisch der Reichen, vom Nachbartisch zog ich für das Kind einen Stuhl heran. Musterte meine etwas matt wirkende Reisegesellschaft. Reutter sah aus wie immer, nur dass er diesmal ein weißes Hemd trug, dessen Ärmel hochgekrempelt waren und einen muskulösen Motorradfahrerunterarm enthüllten.

Sine war heute extra elegant gekleidet, denn es ging ja nachher nach Baden-Baden. Ihre Beine steckten in hellbraunen, leicht schimmernden Hosen und endeten in goldfarbenen Slippern. Ein weißes T-Shirt mit einem goldfarbenen Emblem und eine sehr feine Kaschmirstrickjacke machten das Outfit perfekt. Michael hatte sogar das schwarze Hemd gewechselt und kam braun-beige kleinkariert daher, die Miene voller Geheimnisse wie immer. Helma trug einen weiten Rock mit Blümchen und Sandalen. Um den Hals, ich musste genau hinsehen, baumelte ein kleiner rot-goldener Anhänger, der einen Bollenhut darstellte.

»Gell, da staunst du? Das müssen wir den Kunden gleich sagen, dass nicht alle deutschen Frauen einen solchen Hut tragen, sondern nur Jungfrauen aus bestimmten Ortschaften, etwa Gutach im Schwarzwald.« Sie brach ab. »Ich meine, nicht verheiratete Frauen. Solche wie du!«

»Oh, ein Bollenhut würde Ihnen sicher großartig stehen, nur mit der Jungfernschaft habe ich meine Zweifel«, bemerkte Reutter galant.

»Ich auch«, sagte meine angenommene Nichte.

Ich kniff sie wieder in den fleischigen Schenkel.

»Aua! Immer tust du mir weh!«

Die Dame, im Folgenden nun »die Chauffeurin« genannt, ließ ihre Gabel mit dem Rührei sinken und sah aufmerksam zu uns hinüber.

»Nun, Frau Thamm, wie haben Sie Ihre Zeit in Rastatt nun wirklich verbracht?« Reutter betrachtete mich mit echtem Interesse.

Ich hatte Oberwasser. »So, wie es ja wohl gewünscht ist: Mit den beiden tollen Schlössern. Sie doch auch?«

Reutter zuckte die Schultern. »Mitnichten. Sie waren es ja, die uns gesagt hat, wir sollten mal was anderes machen. Uns abseits der angeblich langweiligen barocken Schlösser begeben. Also haben wir uns mit einem sehr interessanten Stadthistoriker zu einem Lachsfrühstück getroffen, der uns etwas oder einiges« – hier kicherte Sine blöde und zwinkerte Reutter zu – »über den Rastatter Gesandtenmord erzählt hat. Das sind Geschichten, die ankommen. Geheimnisvoll. Historisch. Gefährlich. Ihre Worte!! Morde!«

Die Chauffeurin wackelte mit dem Kopf, um besseren Empfang in unsere Richtung zu haben. Ihre Ohren mussten bereits Satellitenschüsseln gleichen. Ich fürchtete, ihr leckeres Rührei würde kalt.

Als ich vielleicht einen Tick zu laut sagte: »Diesen Mord kenne ich nicht«, zuckte sie zusammen und wisperte ihrer Nachbarin, einer kleinen alten Frau mit Nerzkragen und zwei Rougeflecken im Gesicht, etwas ins Ohr. Ich vermutete, es war »Mord!«. Die Nachbarin drehte sich dann so unauffällig nach mir um, dass sie dabei fast vom Stuhl fiel.

»Das war spannend, und ich bin auch noch nicht sicher, ob ich da nicht was draus mache«, gab Michael mal wieder an. »Das ist mal wieder was für die *Spiegel*-Liste. Mehr möchte ich heute nicht sagen. Erst am Schluss. Vielleicht.«

Sine musterte ihn immer noch respektvoll. Wie doof kann man sein?

»Ende April 1799«, las Helma aus ihrem Heft vor, »wurden zwei von vier französischen Diplomaten ermordet, die anlässlich eines österreichisch-französischen Friedenskongresses in Rastatt gewesen waren. Nachdem der Kongress aber gescheitert war und ein Mann namens … Metternich – kennt ihr den? – abgereist war, hätten die Franzosen eigentlich auch in ihre Heimat zurückkehren sollen, aber sie sind geblieben und haben weiter herumspioniert. Die Untersuchungsergebnisse zu dem Mord sind in Wien irgendwie verschwunden. Der Fall wurde nie aufgeklärt. Das ist jetzt die Kurzversion. Theodora, der Herr, mit dem wir den guten Lachs gegessen haben, hat uns das ganz genau erzählt. Außerhalb Rastatts ist ein Gedenkstein für die Getöteten. Aber sollte man da mit der französischen Gruppe wirklich hingehen?« Sie sah Sine an, als sei sie schon die designierte Führerin für die Franzosen.

»Unbedingt!«, rief ich ironisch aus. Wenn ich Hunger habe, werde ich immer ironisch. »Ein Mord an den eigenen Landsleuten, der vom Gastgeber vertuscht wurde, kommt vor allem bei Franzosen sehr gut an! In eine solche Stadt zieht es den Franzosen geradezu magisch.«

Zwei Tische weiter trafen sich jetzt die Köpfe der Damen in der Mitte. Sie zischten wie die Wasserkessel.

Reutter hatte uns unbewegt zugehört. »Dies ist natürlich ein sensibles Thema. Es kann aber sein, dass Sie in der Gruppe historisch Vorgebildete haben, die sich für dieses Geheimnis interessieren. Bei Franzosen, die bekanntlich sehr nationalistisch und ichbezogen sind, kann man das nicht ausschließen.«

»Diese Franzosen«, seufzte Helma mit liebevoller Strenge, als habe sie ein ganzes Volk zu erziehen.

»Außer dem Schloss, übrigens das älteste deutsche Barockschloss, könnten Sie mit Ihren amerikanischen Freunden das neue Mercedes-Benz-Werk umrunden, um den Wirtschaftsstandort Baden zu betonen, oder ein Stückchen an der Murg entlang bis nach Gernsbach fahren und die kompakte historische Altstadt zeigen. Auf dem Markplatz dort gäbe es Gelegenheit zu einem Tässchen Kaffee. Vielen Dank, Frau Thamm, für die Anregungen Rastatt betreffend, aber Sie können uns das in Ihrem schriftlichen Abschlussbericht genauer darstellen.«

Alle sahen mich an. Ich schwieg bescheiden und griff wie spielerisch nach einem Brötchenrest in dem Körbchen, kurz bevor die Serviererin abräumte.

»Ich hab auch Hunger, und die gibt mir kein Geld«, nörgelte Nicole-Marie weinerlich.

Ich trat ihr wieder unter dem Tisch an das mollige Schienbein.

»Auaaa!«

Die drei Damen rund um die Chauffeurin wisperten empört. Sie waren wohl alle badische Mütter und badische Großmütter. Ein Kind zu treten, wenn es Hunger hat, ist eindeutig unbadisch. Es wäre auch unschwäbisch, aber das mal nur am Rande.

»Wir sind ein bisschen knapp in der Zeit, und vor uns liegt nun – nach Heidelberg – der zweite Höhepunkt der Tour durch das Produkt und eine gute Möglichkeit, uns von den anderen hervorzuheben.«

»Da bin ich aber mächtig gespannt, wohin Sie uns jetzt entführen!«, jubelte Helma, so als habe sie das Wort Baden-Baden noch nie gehört. »Allmählich macht mir die Sache hier richtig Spaß. Ist doch mal was anderes als den ganzen Tag staubsaugen und bügeln, nicht wahr, Sine?«

»Dafür habe *ich* allerdings meine brave Frau Welschnowitz!« Sine rückte von Helma ab, in Richtung Michael.

Reutter stand auf. »Gehen wir! Wir haben noch einen langen Tag vor uns.«

»Darf ich einen kleinen Moment stören?«

Ich hätte es mir eigentlich denken können. Was schiefgehen konnte, ging seit einiger Zeit schief in meinem Leben. Die großen Sachen und die kleinen auch. So tauchte die Chauffeurin nun majestätisch und bedeutungsschwanger am Tisch auf.

»Es geht mich ja nichts an, aber hinterher steht wieder in der Zeitung, dass alle nur zugeschaut und nicht gehandelt haben. Ihre Kollegin oder Bekannte hier hat offenbar kaum Geld und muss mit dem Kind trampen, am frühen Morgen, das Kind leidet Hunger, und sie hat ihrer Mutter sogar noch Geld geliehen, obwohl diese ihr den Unterhalt ihres Vaters vorenthält. Ich sage dies nur, damit Sie Bescheid wissen. Vielleicht können wir ihr alle gemeinsam helfen. Manchmal sprechen diese Menschen aus falsch verstandenem Stolz nicht über ihre Not.«

Alle sahen wie aufgezogen von der Frau zu mir und wieder zurück. Nicole-Marie tat so, als ginge sie das alles nicht an und steckte sich die Schnüre ihres iPods in die Ohren.

»Sie leihen sich von Ihrer Nichte Geld?«, fragte Reutter fassungslos. »Gestern hat die Polizei Sie noch in Schwetzingen mit zehntausend Euro lose in der Tasche aufgegriffen, und jetzt leihen Sie sich Geld von einem Kind?«

Zwischendurch hatte ich den Eindruck gewonnen, Reutter habe ein Faible für mich, und ich hatte ebenfalls erstmals wieder das Gefühl gehabt, dass es ein Liebesleben nach Klaus geben könnte, aber jetzt taxierte er mich nur frostig.

»Ach, das ist gar nicht Ihre Tochter? Warum behaupten Sie das dann?«, fragte die Chauffeurin, die handstreichartig mein Leben ordnen wollte.

Helma nickte Sine zu und flüsterte so, dass ich es hören konnte: »Frauen ohne Kinder neigen dazu, zu lügen und sich Kinder auszudenken. Das ist alles so traurig.«

»Ich habe das nicht behauptet, sondern Sie haben es mir an der Landstraße einfach unterstellt«, fuhr ich die Frau rüde an. »Und das geht Sie sowieso gar nichts an. Und dieses Kind hat keinen Hunger, es ist sowieso viel zu dick.«

Jetzt sah man, dass ich tatsächlich keine Ahnung von jungen Mädchen hatte.

Nicole-Marie riss die Schnüre aus ihren Ohren und giftete mich funkeläugig an: »Das ist voll gemein. Ich bin nicht zu dick. Ich habe sogar eine tolle Figur. Anders als du. Was du für eine Figur hast, schrecklich ... und die zehntausend Euro willst du auch stehlen.«

Alle Sünden kamen nun auf einmal auf mich herab. Doch das Foto schlug alles. Das liebe badische Kind zückte nämlich wutentbrannt seine Digitalkamera, drückte zweimal drauf herum und schon erschien auf dem großzügig bemessenen Display gut sichtbar eine grauenhafte Person in einem viel zu engen grünschillernden Nixenkostüm. Mit Schwanz. Auf dem zweiten Bild schnappte ein Hund nach dem Schwanz. Routiniert hielt das badische Kind das bunte Bildchen in die Runde.

Drei Leute und zwei Damen hielten den Atem an. Starrten, bis Nicole-Marie die Kamera wieder einsteckte.

»So. *Wer* ist hier dick?«

»Ich denke«, sagte Reutter kühl und schob uns alle aus dem Café heraus, bevor wir nach dem Rastatter Gesandtenmord für das zweite größere Kapitalverbrechen in der sogenannten Murgperle, nämlich für einen Kindermord, verantwortlich wurden, »wir klären das draußen.«

»Ich habe schon Sachen an Ihnen gesehen, die Ihnen besser stehen«, raunte er mir beim Gehen zu und schob mich mit seiner kräftigen Hand nach draußen. »Aber unter gewissen Umständen …«

Als wir hinausgingen, hörte ich noch die Stimme der Frau, die sich ratlos an ihre Freundinnen wandte: »Er deckt sie. Sie stiehlt der Mutter des Kindes Geld. Und auf dem Bild sah sie seltsam aus. Wie heißen diese Männer, die sich als Frauen herrichten. Transsibirien ist es natürlich nicht, nein, Transvestiten. Sollten wir nicht doch die Behörden einschalten?«

Mein Gott. Ich bin Schwäbin. Künstlerin zwar, aber auch Künstler sind ordentlich im Schwäbischen. Das ist etwas Grundsätzliches und liegt tief in uns. Ich hatte bisher niemals Schulden gemacht, niemals mit den Behörden zu tun gehabt, war noch niemals von der Polizei aufgegriffen worden oder als Kinderschänderin verdächtigt worden – erst seit ich in Baden Führungskraft werden wollte!

Reutter wandte sich mir zu, als wir endlich wieder im Angesicht des Pagodenschlösschens in der frischen Luft standen: »Liebe Frau Thamm, nichts für ungut. Ich denke, wir beide sollten bald einmal ein intensives Gespräch über Ihr Privatleben führen. Stellen Sie sich solche Szenen im Rahmen einer Führung vor! Ich bin lediglich erleichtert zu sehen, dass der Hund auf dem Foto offenbar bis jetzt noch lebt.«

Die anderen drei zogen scheinheilige mitleidige Gesichter, doch ich war lange genug am Theater gewesen, um zu erkennen, dass sie Schauspieler waren. Schlechte Schauspieler noch dazu. Sie waren vor Freude außer sich.

»Ich denke«, meinte Sine, »wir sollten allerdings das ganze Rastatt sowieso weglassen. Es hat so gar nichts Vornehmes. Und diese Revolutionäre ... das ist nichts für meine Franzosen.«

Sorry, Rastatt. Auf deinem Boden hatten mutige Menschen sich die Freiheit, die sie in Frankfurt schon zum Greifen nahe geglaubt hatten, nicht mehr nehmen lassen wollen, doch eine Kapitalistentussi wollte euch auch heute noch zum Schweigen bringen!

Ich war traurig und verstand erstmals den Begriff des Fremdschämens. Ich schämte mich fremd für Klaus, seinen missratenen Nachwuchs und für mich selbst schämte ich mich gleich mit.

Mit dem Zug war es nicht weit nach Baden-Baden. Wir saßen alle mürrisch in einem Sechserabteil. Nicole-Marie tippte frenetisch auf ihr Handy ein und warf mir ab und zu böse Blicke zu. Ich ahnte die Worte, die sie da prägte: »Liebe Mama, du glaubst es nicht, was die gemacht hat ...«

Helma suchte in ihrer Tasche nach irgendetwas Essbarem, Sine sah nachdenklich von Reutter zu Michael und wieder zurück, und ich sehnte nur noch das Ende dieser entsetzlichen Woche herbei. Hoffentlich gelang es mir, heute mit Fortbildungsmönch Klaus zu sprechen. Wenn er keinem Schweigegebot unterlag. Es war wahrscheinlich jedoch einfacher, ihn anlässlich eines Novizenseminars in einem Frauenkloster einzukreisen, als ihn im Männerkloster Neuburg aus seiner Zelle zu locken.

Reutter sah nach draußen. Dörfchen flogen vorbei, die Landschaft wurde hügeliger.

So feierlich, als erreichten wir bald Lourdes oder Santiago de Compostela, verkündete er: »Wir nähern uns also jetzt Baden-Baden. Ein weiteres Highlight jeder Tour durch das Produkt. Nichts dergleichen gibt es im Landesteil *hinter* dem Bindestrich.«

»Gut, Chef!«, sagte Michael. »Nicht schlecht.«

»Herausragendes Klima, Hotels, Obamabesuch, Festspielhaus, elegante Pferderennen in Iffezheim, der ältesten Rennbahn der Welt. Nur Pluspunkte also. Schöne Lage am geschützten Westrand des Nordschwarzwaldes. Internationaler Kurort. Schon vor 2000 Jahren den Römern wegen der warmen Quellen lieb und teuer, bewohnt schon von Alemannen und Merowingern und mit dem Alten Schloss und dem Neuen Schloss Sitz der Zähringer, einem für unser Land früh prägenden Geschlecht.«

Sine nickte wohlwollend, als sitze sie täglich mit den ausgestorbenen Zähringern zum Lunch, und Helma schrieb »Zähringer« in ihr Heft.

Nicole-Marie drehte ihren iPod lauter.

Reutter seufzte. »Gut, dass wir solche Orte haben. Baden-Baden. Bad Cannstatt. Was hat wohl weltweit den besseren Klang?«

Ich dachte an unzählige lustige Stunden auf den Cannstatter Wasen und war mir nicht sicher.

»Sie dürfen jetzt jeder ein Lieblingsziel in Baden-Baden vorschlagen, dann verteilen wir, das heißt eigentlich ich, die Ziele und zum Schluss bewerten wir sie auf ihre Tauglichkeit. So bringt es etwa nichts, mit einer Gruppe von Übergewichtigen, von denen die Hälfte am Stock geht, rund um den Merkurberg zu wandern.«

»Caracalla-Therme.« Helma (War mit den Kindern da gewesen).

»Das Casino. Wegen Dostojewski!« Michael (Vermutlich ein Kollege von ihm).

»Museum Frieder Burda. Der Verleger. Ein Bekannter von meinem Mann.« Sine (Na klar, was sonst!). »Der herrliche Rosenneuheitengarten auf dem Beutig wäre auch noch etwas mit Niveau für meine Gäste«, fügte sie noch an. »Man schlendert auf den sanften Höhenzügen rund um die Kurstadt, blickt auf die Villen der Fremersbergstraße herab und hinein in die Täler des Vorschwarzwaldes. Man trinkt ein Glas Champagner und genießt. Nichts für eure Amerikaner, denn mit Cola funktioniert das Ganze nicht.«

Jetzt fiel plötzlich jedem von den drei Strebern noch was zu Baden-Baden ein: »Altes Schloss. Und Neues. Wird gerade zu einem Hotel umgebaut. Und das Festspielhaus im ehemaligen Alten Bahnhof. Und die Stourdza-Kapelle. Und Gönneranlage. Und die Allee. Die römischen Hypokausten. Das Paradies, ein einmaliges Wasserspiel unterhalb des Merkurs. Ja, und mit denen ohne Stöcke und Übergewicht der Hausberg Merkur auch. Mit der Zahnradbahn.«

Alle sahen mich an und warteten auf meine ganz persönlichen Punkte in Baden-Baden.

Damit mein eigentliches Ziel nicht auffiel, zählte ich bieder auf: »Der Südwestfunk vielleicht. Die römischen Badruinen. Ach ja, und das Kloster Lichtenthal natürlich. Hätte ich doch beinahe vergessen: Ein echtes *Muss*!«

»Theodora, du scheinst ja geradezu besessen von Klöstern zu sein. Dabei gibt es in Kloster Lichtenthal meines Wissens nach nicht mal junge Mönche, sondern nur ältere Mönch*innen*, Zisterzienserinnen, und die sind nicht gerade für ihre Sinnenfreude und Lebenslust bekannt!« Michaels Lachen klang immer, als meckere ein Schwarzwaldschaf.

»Lichtenthal ist seit mehr als tausend Jahren ein ununterbrochen bewohntes, nie zerstörtes Kloster, und das alleine ist schon einen Besuch wert. Es steckt voller Kunstwerke, wie etwa der berühmten Schlüsselmadonna, die den Schlüssel zum Kloster bei Gefahr angeblich an sich nimmt. Wenn die anderen also kein Interesse an heiligen Orten haben, die noch dazu das von der *BadenTouristik* gewünschte hohe Alter ausweisen, ich würde mich …«

»Nein, Frau Thamm. Wir möchten nicht noch einmal von einer solchen Szene hören müssen wie in dem Kloster in Heidelberg. Sie werden – nein, das Casino kommt in Ihrem Fall auch nicht in Frage –, Sie werden die Gönneranlage und den Rosengarten auf dem Beutig übernehmen. Helma, Sie gehen zur Lichtenthaler Klosteranlage, Sine übernimmt das Neue Schloss, und Michael darf das Casino aufsuchen.«

»Sehr, sehr gut«, meinte Michael mit seiner üblichen geheimnisvollen Miene. »Lässt sich möglicherweise einbauen. Könnte man was draus machen. Nein, bitte nicht wieder fragen.«

Reutter seufzte und sah auf seine Uhr. »Was Sie auf jeden Fall alle herausarbeiten sollten, ist die große Geschichte der Stadt – früher übrigens Baden in Baden –, ohne allzusehr ins Detail zu gehen. Vertrauen Sie der Schönheit der Gebäude und der Lage, die einmalig ist. Napoleon III. war hier, die englische Königin Viktoria, Kaiser Wilhelm. Erwähnen Sie, dass die Zarin Katharina die Große nach Baden-Baden kam, um nach einer Schwiegertochter Ausschau zu halten, und in der damals erst zwölfjährigen Luise von Baden fündig wurde. So etwas ruft Mitleid hervor, vor allem, wenn Sie sagen, dass das Kind für die Hochzeit russisch-orthodox werden musste.«

»Ey, für einen Typ werd ich bestimmt nicht russisch«, warf meine missratene Pseudonichte ein. »Ich werd auch bald zwölf! In fünf Jahren fang ich mit dem Führerschein an.«

Reutter betrachtete sie mitleidig.

»Später hat diese Luise, inzwischen selbst Zarin, den Ort wieder besucht und damit den Russenboom ausgelöst. Lassen Sie die großen Namen, vor allem bei den Amerikanern, nur beiläufig fallen: Turgenjew. Dostojewski. Tolstoi.«

»Warum?«, fragte Helma. »Das sind ziemlich bekannte Schriftsteller.«

Keiner antwortete ihr.

Nicole-Marie scharrte mit den angeknabberten Füßen.

»Stellen Sie sich mitten auf den Leopoldsplatz, verweisen Sie auf die Hauptachsen der Stadt, erzählen Sie ein bisschen was von der Geschichte der Stadt. Von *Aquae Aureliae* bis heute. Bieten Sie Fotomotive an: Auf der einen Seite Kurhaus mit Trinkhalle, herrlicher Blick über den Kurgarten auf Altstadt, Stiftskirche, Neues Schloss, Battert und Altes Schloss. Auf der anderen Seite die elegante Sophienstraße mit teuren Boutiquen sowie Luisenstraße und Lichtenthaler Allee. Wer Lust dazu hat, kann seine Gruppe auf buckligem Pflaster zum Marktplatz hochkeuchen lassen. Da war Obama immerhin mit Merkel verabredet.«

Helma machte den Mund auf. Sine auch.

Reutter brachte beide vorsorglich zum Schweigen. »Wir treffen uns in zwei Stunden im *Café König*. Auch ein Touristenziel. Die Apfelreistorte ist berühmt. Die Lichtenthaler Allee mit Kutsche und den exotischen alten Bäumen wie Platanen und Gingkos und so weiter sowie das Burda-Museum und das nette Theaterchen gehört uns sowieso allen.«

»Sine, können wir tauschen?«, murmelte ich leise, als wir in einen städtischen Bus kletterten, der uns in die Innenstadt schaukelte. Doch nicht leise genug.

»Herr Reutter, jetzt will sie tauschen. Die Rosen gegen das Kloster!«, mokierte sich Helma entrüstet. »Gell, Sine?«

»Also gut, Theodora, ich übernehme die Rosen. Ich liebe Rosen! Du kannst das Schloss haben.«

Die falsche Katze tat solidarisch.

»Sie werden das machen, was ich Ihnen sage!«, schnarrte Reutter. »Was ist mit dieser Nichte?«

Ich sah aus dem Fenster und reagierte nicht. Wenn man keine Nichte hat, löst das Wort Nichte nichts in einem aus.

»Hallo, Theodora! Aufwachen! Nimmst du deine Nichte mit oder soll sie mit jemand anderem gehen?«

Nichte? Ach so, die!

»Ich möchte zu den Mönchen!«, sagte das Kind. »Auf keinen Fall mit ihr. Ich möchte auch ins Kloster.«

»Ein seltsames Kind. Will freiwillig ein Kloster besichtigen. Hauptsache, sie muss nicht mit ihrer Tante gehen«, murmelte Helma. »Also meine zwei würden lieber auf diesen Steinen da oben unterhalb der Ruine herumklettern. Battert heißt die Wand. Die Zwillinge meiner Schwester haben dort mal einen Kletterkurs vom Alpenverein gemacht. Das ist richtig gefährlich. Es ist mal ein erfahrener Bergsteiger, der sogar die Eigernordwand gemacht hat, dort zu Tode gestürzt.«

»Ja, manchmal kann es verhängnisvoll sein, ins Gebirge zu gehen. Vor allem als ältere reiche Frau mit ihrem jüngeren Ehemann, der einmal zu oft im Casino war. Kein schlechter Plot. Könnte man was draus machen. Könnte, wohlgemerkt! Nicht fragen.«

Wir zerstreuten uns auftragsgemäß. Reutter entfernte sich ebenfalls. Er habe etwas mit der Stadtverwaltung zu klären.

Mit ungen Gefühlen sah ich Nicole-Marie zusammen mit Sine durch die schnurgerade Allee Richtung stadtauswärts entschwinden. Das Kind war eine Zeitbombe, und es würde mich irgendwann diesen Job kosten. Langsam wandelte ich durch das Farbenspiel der Lichtenthaler Allee, durch einen der gelungensten Parks der Welt im Stil eines Englischen Gartens. Beinahe unwirklich schön war es hier, wirklich. Sauber lackierte Bänke. Ordentliche Schilder mit alten Ansichten der Stadt aus feudalen Zeiten. Das transparente Burda-Museum aus Glas sah aus, als habe es immer schon hier gestanden. Eine Kutsche mit Pferden trabte vorbei wie in der guten alten Zeit. Überall plätscherte es über Steine. Jeder schritt. Keiner rannte. Erholsam für meine angestrengte Seele.

Und Gelegenheit zum Nachdenken. Über mich, das Theater, Klaus. Über den Landesteil Baden und über Reutter. Das eine war nicht ohne das andere zu haben. Aber wollte ich das überhaupt? Ich hatte nicht drei anstrengende Tage hinter mich gebracht, um kurz vor dem Ziel aufzugeben.

Ich suchte die mir zugewiesene Gönneranlage über ein Brückchen namens Josephinenbrücke auf, streckte mich auf einer Bank in der Nähe des Bassins des Josephinenbrunnens aus. Um mich herum Rosen in allen Sorten. Es summte. Und duftete. Ich ließ die Sonne mit meiner Haut spielen und starrte in den blauen Himmel und die entfernten Kronen der mächtigen Bäume. Es war ruhig, bis auf das Plätschern der Oos.

Nicht mal ein Flugzeug hörte man. Nach Baden-Baden reiste man vornehm. Mit Zug und Taxi.

Und dann fielen mir die Augen zu und ich schlief so ruhig wie selten zuvor. Es war die Ruhe vor dem Sturm.

Eine halbe Stunde später wachte ich auf, weil ein in der Anlage eigentlich verbotener, nicht angeleinter Hund an mir schnüffelte. Es war ein kleiner weißer Baden-Baden-Hund mit Knopfaugen und strassbesetztem Halsband.

»Geht es Ihnen nicht gut?«, fragte mich eine ältere Dame mit echter Anteilnahme.

»Doch, doch.« Ich setzte mich auf. »Ich war nur müde.«

»Das verstehe ich. Sie sind noch jung, und da sind die Nächte lang.« Sympathischerweise begleitete sie diese Aussage mit einem Augenzwinkern.

Ich rieb mir die Augen.

»Unsere schöne Stadt hat Sie in einen Traumschlaf entführt?«

»Sind Sie aus Baden-Baden?«

»Geboren am Marktplatz oben. Mit Thermenwasser getauft!«

»Wenn Sie Amerikanern oder Franzosen etwas von Baden-Baden zeigen wollten, das nicht jeder kennt, was wäre es?«

»Weit weg von der Allee? Die Geroldsauer Wasserfälle hinten Richtung Schwarzwaldhochstraße. Herrlich, wenn der Rhododrendron blüht. Wissen Sie, dass der Wirt die Gäste spätabends mit Fackeln zurückbringen lässt? Den Ooswinkel mit den kleinen Häuschen, wo der Arzt Groddeck seine Vorstellung von sozialem Wohnen verwirklichen wollte. Den Panoramaweg vom Krankenhaus oberhalb der Stadt entlang bis zur Dreieichenkapelle mit Blick auf die Stadt. Die Grillhütte am Herrengut. Das Wildgehege unterhalb vom Merkur ...«

»Natur statt Glamour?«

»Gibt es immer schon beides bei uns. Wussten Sie, dass der Arzt Robert Koch 1910 da drüben im Sanatorium Dr. Dengler gestorben ist? Nobel geht's da zu. Bis zum Ende. Dieser Ort hat viele Geheimnisse.« Die Dame musterte mich nachdrücklich. »Sie sind aber ein hübsches Ding und Sie haben so einen netten schwäbischen Akzent. Viel Glück!«

Und schon war sie verschwunden. Zwischen Rosen, hinter Hecken. Hatte sich in der Schönheit ihrer Stadt aufgelöst.

Im *Café König* erwartete mich nichts Gutes. Sine trug ein empörtes Gesicht zur Schau, Nicole-Marie stocherte muffig in einem Kuchen herum, von dem ich nicht wusste, wer ihn bezahlen sollte, und der Rest der Truppe blickte mir erschrocken entgegen.

Reutter war noch nicht da.

»Wir müssen ihm sagen, wie sich dieses Kind benommen hat!«, sagte Helma und konnte ihren Triumph kaum verbergen. »Ach, vielleicht doch nicht. Ich meine, das fällt doch alles nur wieder auf die Theodora zurück, und dann hat sie doch überhaupt keine Chance mehr auf den Job. Und wir haben den Eindruck, sie braucht ihn von uns allen am nötigsten. Mit einem Freund, der Mönch ist. Er wird ihr ja wohl nichts mehr zahlen. Oder haben die ein festes Gehalt?«

»Genau. Behalten wir es also für uns«, meinte Michael und seine scharfen schwarzen Augen wanderten zwischen uns hin und her.

»Andererseits«, meinte Helma nun eilig, »wenn wir nichts sagen, dann ist es auch unehrlich. Er hat ja gesagt, auch unsere menschliche Seite spielt bei der Auswahl eine Rolle. Und wenn sie genommen wird, dann müsste ja einer von uns mit ihr zusammenarbeiten. Hm.«

Das alles besprachen sie in meiner Gegenwart, als sei ich schon gar nicht mehr Teil der Gruppe. Nicole-Marie war auffallend still und nippte an ihrem Kakao.

Reutter erschien als Letzter. Mit dem ihm eigenen zackigen, geradlinigen Selbstbewusstsein nahm er an unserem Tisch Platz und orderte einen Kaffee.

»Und?«

Auf den zierlichen Stühlchen nahm er sich fremd aus. Er suchte einen Platz für seine kräftigen Arme und Beine. Er war ein Motorradfahrertyp. Klaus hatte die nervösen hohen Gliedmaßen einer tänzelnden Grille gehabt.

»Sehr, sehr interessant«, säuselte Sine. »Also, ich habe mir vorgenommen, mit meiner Gruppe, *la groupe* sozusagen, einen ganzen Tag Baden-Baden einzuplanen. Es ist eine herrliche Stadt. Diese Vornehmheit. Die Allee, das Angebot des Festspielhauses. Die Kleiderboutiquen, Kaschmir, und die eleganten Handtaschenläden. Die Patisserien. Ein Blick von der Terrasse dieses sogenannten Neuen Schlosses auf die Stadt, einmalig. Rom und Avignon und Bayreuth in einem.«

Ich wartete.

»Allerdings«, fügte sie an, »war mein Mann nicht ganz so begeistert in letzter Zeit: *nouveaux riches russes*. Sie verstehen?«

»Der Fall Hau«, murmelte Michael, »ist bis heute nicht aufgeklärt. Man könnte mit einer Gruppe den Tathergang rekonstruieren. Die gewundenen Lindenstaffeln hinuntergehen, da oberhalb des Kurhauses, wo der Rechtsanwalt Carl Hau angeblich seine Schwiegermutter umgebracht hat. Anfang des zwanzigsten Jahrhunderts. Könnte was bringen. Könnte was sein. Muss mal mit dem Verlag reden.«

»Und Sie?« Reutter spielte versonnen mit meinem Kaffeelöffel.

»Ja, die Rosen gehören zu Baden-Baden«, sagte ich und dachte an meinen Mittagsschlaf. »Man veranstaltet hier im Frühsommer alljährlich die Rosentage. Dann verwandelt sich der Rosengarten auf dem Beutig in ein Blütenmeer, und die schönsten Rosen werden prämiert. Das könnte man durchaus ins Feld führen. Sowohl Franzosen als auch Amerikaner lieben Gärten.«

Sine hatte auf glühenden Kohlen gesessen. »So, und jetzt bin ich dran. Ich habe mich kaum beruhigt. Musste mir ein Fläschchen Nerventrost im Klosterlädchen kaufen. Den brauen die Schwestern dort selbst. Wenn ihr mal probieren wollt ...«

»Sie schmeißt 'ne Runde Nerventrost. Wie dekadent«, sagte Michael knarrend. »Hoffentlich kann ich danach noch fahren!«

»Michael«, kicherte Sine und stupste ihn an. »Dieses Kind, diese Nichte, hat genau das Gleiche wie ihre Tante angestellt. Sie hat zuerst eine Nonne, die über diesen friedlichen großen Klosterhof gelaufen kam, einfach angesprochen und gefragt, wo hier der Kurs für angehende Mönche stattfindet. Die Nonne, es war übrigens eine Inderin, hat nur den Kopf geschüttelt und ist weitergegangen.«

»So was!«

»Mit diesem Kind stimmt jedenfalls was nicht.«

Reutter kippte Milch in seinen Kaffee. Seine grauen Augen ruhten forschend auf Nicole-Marie.

»Und dann ist sie in den Klosterladen und hat dort gefragt, wo das Seminar für junge Mönche stattfinde. Meistens in dem modernen Bau in der Mitte, ich habe vergessen, wie der heißt, hat die Frau gesagt, die dort arbeitet. Irgendein Saal. Jedenfalls ist sie dann, als ich mir die herrliche Fürstenkapelle angesehen habe – ein sehr würdiger Ort und die Grablege der badischen Markgrafen –, ist sie anscheinend, ohne zu fragen, dort reingegangen. Jedenfalls hat ein Mönch sie herausgebracht, zurück zu mir, und hat uns« – jetzt sah sie sich verzweifelt um – »Hausverbot erteilt. Sie war in den Schlafkammern der Mönche unterwegs. Das Kind ist krank. Sie muss in Therapie. In ein Heim.«

»Theodora, sag dieser Frau, sag all deinen Mitarbeitern sofort ...«

»Wie bitte?«, sagte Reutter verblüfft. »Mitarbeitern? Frau Thamm!«

Ich breitete hilflos die Hände aus. Mach was gegen ein knapp zwölfjähriges Gör, das wie eine Cruise Missile entschlossen ist, dein Leben zu zerstören.

»Sag denen, dass ich nur meinen ...«

Hastig unterbrach ich. »Nein, meine kleine Nichte, die das mit den Mitarbeitern natürlich glatt verwechselt hat und der ich morgen ein sehr sehr schönes Geschenk machen werde, ist nicht krank oder verrückt. Sie hat in meinem Auftrag gehandelt.«

»*Wie* schön ist das Geschenk? Wie viel genau?«, wisperte Nicole-Marie.

Ich trat sie unter dem Tisch. An Sines schmerzverzerrtem Gesicht sah ich, dass ich die Falsche getroffen hatte.

»Sie tritt das Kind«, wisperte sie. »Mein Gott!«

Dramatisch blickte ich in die Runde. Endlich machte sich die teure Schauspielausbildung bezahlt, die ich in diesem privaten Institut in Leinfelden bei Stuttgart gemacht hatte.

»Meine kleine Nichte hier, die mit dem schönen Geschenk, wollte mir einen Gefallen tun und nach meinem Lebenspartner suchen. Sie hat ihn sehr gerne gehabt, er fehlt ihr und mir auch, und nun hat sie gehofft, sie trifft ihn.«

Alle starrten mich an. Reutter mit einer seltsamen Mischung aus Erstaunen und Resignation. Eine Mischung, die ich noch nicht richtig deuten konnte.

»Ja, es hat mit unserer Arbeit hier nichts zu tun, aber es hat mich doch belastet. So muss es heraus: Mein Freund Klaus, Klaus-Joseph, hat mich wegen Gott verlassen. Er ist Mönch geworden. Hat allem Weltlichen entsagt und weiht sein Leben von jetzt an den Armen und den Bedürftigen. Lebt in Stille und Zurückgezogenheit nur seinem Glauben.«

»Klaus-Joseph?«

»Ja, man hat recht ungewöhnliche Doppelnamen in der Familie. Ich habe versucht, ihn zu finden, um ihn umzustimmen, doch von Jesus – so deutet er an – gibt es keinen Weg zurück in den Trubel unserer Welt. Eigentlich ist er stationär in Neuburg, aber derzeit eben im Kloster Lichtenthal, wo er betet und büßt und Gutes tut.«

So. Damit wäre selbst Ignaz von Loyola zufrieden gewesen. Helma sah enttäuscht aus, Michael ungläubig, Sine mürrisch und Reutter? Nachdenklich.

»Eine einzige Sache gefällt mir an Ihrer Geschichte.«

»Ja?«

Das lief besser, als ich es erhoffen konnte.

Feierlich blickte Reutter in die ahnungslose Runde. »Unser Markgraf Hermann von Verona, bekanntlich der Urahn des Hauses Baden, fällte eines Tages den Entschluss, seine Familie – er hatte Frau und Kind – zu verlassen, um in einem ununterbrochenen Gebet und eiserner Askese in Cluny zu leben. Als Mönch. Ohne Privilegien. Nur dem Herrn dienend.«

Wir schwiegen alle beeindruckt von Hermanns Entscheidung.

»Wann war das wohl?«, fragte Helma träumerisch.

»Im Mittelalter natürlich.« Sine lächelte. »So um 1600, vermute ich mal.«

»Es wäre nicht schlecht«, fuhr Reutter sie an, »wenn Sie alle sich etwas mit der badischen Geschichte auseinandersetzen würden. So kann man doch kein Land erklären. Stellen Sie sich vor, dass Ihr Führer auf einer USA-Reise behauptet, Kolumbus habe das Land irgendwann um 1700 herum entdeckt.«

Helma machte den Mund auf, ich stupste sie vorsichtshalber in die Seite.

»Das war 1073, meine Herrschaften.«

Wir schwiegen beeindruckt.

Reutter wandte sich mir zu: »Gut, also das tut uns natürlich leid, dass Sie derart unglückliche Erlebnisse verarbeiten müssen, aber verarbeiten Sie sie bitte in Zukunft etwas unauffälliger, ja, Theodora. Die Person, die unsere exklusiven Gruppen durch das Produkt führt, hat für diese Zeit kein Privatleben. Und schon gar kein solches. Nach dieser Woche können Sie alle wieder Ihren Leidenschaften frönen.«

»Yes, sir!«, antwortete ich.

Doch ich hätte wetten können, da war etwas wie Verständnis in seinen Augen. Nach dieser Woche sähe manches anders aus. Vielleicht.

Kurz darauf standen wir in der Halle des Kurhauses. Die Sagen der benachbarten Trinkhalle hatten wir studiert – farbenfrohe und dramatische Wandbilder mit vermutlich wenig Wahrheitsgehalt – und nun sollte es als weitere Attraktion einen kurzen Besuch in der Spielbank geben, die ab zwei Uhr nachmittags geöffnet hatte.

Das Kind durfte natürlich nicht mit. Mit fünf Euro ausgestattet, die durch eine mitleidige Sammelaktion zustande kam, welche die beiden Mutterfiguren – also Helma und Sine – anregten, durfte sie ein bisschen in die Stadt gehen.

»In einer halben Stunde bist du wieder hier! Und kauf nichts!«, mahnte ich laut. »Und trink nichts. Rauche nicht. Und lass dich nicht von Männern ansprechen!«, zischte ich noch leise hinzu.

Mit einem lässigen Schulterzucken entfernte sich das Kind. Wir anderen mussten uns an der mit mehreren Personen besetzten Kasse des Casinos ausweisen, und Reutter bezahlte für uns jeweils fünf Euro Eintritt.

Wir passierten einen Herrn, dessen Aufgabe es wohl war, darauf zu achten, dass wir halbwegs ordentlich aussahen, und obwohl Sine sehnsüchtig zu dem Schalter blickte, wo man Geld gegen Chips tauschte, durften wir natürlich nicht selbst aktiv werden.

»Wenn Sie mit Ihren Gästen hier sind, dürfen Sie weder selbst spielen noch Ihre Gäste dazu animieren. Was die Leute abends machen, wenn sie Zeit zur freien Verfügung haben, ist deren Sache. Aber es kommt nicht gut an, wenn ein Farmer von einer Reise durch das Produkt nach Illinois zurückkehrt und hat Haus und Hof verspielt.«

»Und seine schwarzen Dienstboten«, erschauerte Sine und vertat sich wieder einmal im Jahrhundert.

»Michael Stourdza, für den sein Vater die nette Kapelle da oben erbaut hat, war auch hochgradig spielsüchtig und hat sich mit siebzehn in Paris die Kugel gegeben«, bemerkte Michael, dessen Ortskenntnis stets untrennbar mit Mord und Totschlag verknüpft war.

Mit ihm in Urlaub zu fahren musste ein morbides Vergnügen sein.

Im Inneren empfing uns eine unvorstellbare Pracht mit Stuck und Gold, mit Samt und Lüstern, mit schwülstigen Wandgemälden und zierlichen Möbelchen, mit Kronleuchtern, hohem Teppichflor und den elegantesten Toiletten, auf denen ich jemals gewesen war. Fast wollte ich den Raum nicht mehr verlassen, denn draußen erwarteten mich nur ständig neue Irrungen und Wirrungen.

Ein paar wenige Spieler umstanden mit lauernden und angespannten Mienen die Tische, an deren Ende erhöht ein Mann saß und zwei seiner Kollegen beobachtete, die mit einer Art Rechen Chips hin- und herschoben.

»Dieser von *Bénazet* 1838 als Casino eröffnete Tempel des Glücksspiels, vorübergehend im Bismarck-Regime geschlossen, wurde erst kürzlich authentisch restauriert. Beachten Sie die prachtvollen Stuckverzierungen und den in den Kurgarten erweiterten Genußbereich hinter der Bar!«

Wir wanderten großäugig durch die vornehmen Säle. Niemand sprach laut. Über allem lag ein erregtes Gemurmel, ein Gezischel, mehr nicht. Mit unbewegter Miene schob ein arabisch aussehender Mann mit fettigen Schmalzlocken einen Turm von Zwanzig-Euro-Chips auf die Sechsundzwanzig. Ungerührt nahm er das Fallen der Kugel auf der Siebzehn zur Kenntnis. Der Kerl hatte gerade mein Jahreseinkommen verloren, und es war ihm nicht mal ein Stirnrunzeln wert.

Reife Damen mit zu vielen Brillis an alten Händen, junge Asiatinnen, die sich ständig umsahen, Männer, die wie Putins Zwillingbrüder aussahen und sich den geforderten Schlips nur flüchtig wie einen Strick um den Hals gewunden hatten.

»Und?« In Erwartung unserer Meinungen blickte Reutter in die Runde.

Wir nickten alle. »Unbedingt zeigen!«

»Es gilt als das schönste Casino der Welt. Allerdings ist auch Monte Carlo nicht schlecht«, verkündete Sine überraschend. »Mein Mann und ich konnten uns nie entscheiden, sooft wir auch da waren.«

»Ich lehne zwar das Glücksspiel ab und möchte nicht, dass meine Kinder hier eines Tages landen, aber als Anschauungsobjekt mag es dienen«, verkündete Helma *nicht* überraschend.

»Hier verbündet sich Gier mit Leidenschaft und gebiert tödliche Emotionen«, kam es düster von Michael. »Mal sehen.« Und machte sich eine der rätselhaften Notizen, an die wir uns schon fast gewöhnt hatten.

»Es ist märchenhaft. Eine andere Welt«, murmelte ich bescheiden.

Mir war daran gelegen, nicht mehr aufzufallen. Wie ein stilles Veilchen im Moose wollte ich jetzt im Hintergrund erblühen und durch ruhiges, sanftes Wesen und solides Wissen punkten. Als Exfreundin eines heute geouteten Mönchs war das eine Rolle, die mir auf den Leib geschrieben war. Nichts Grelles und Spektakuläres sollte mir mehr anhaften.

Anders diese aufgetakelte, sicher steinreiche Frau, die gerade auf die Null setzte und dabei mit ihren unzähligen Ringen und Reifen klimperte. Ihr Handtäschchen war mit Brillis besetzt. Neues russisches Geld.

Man hatte davon gelesen. Sie mieteten ganze Suiten, nein, ganze Stockwerke in *Brenner's Parkhotel* mit Blick auf die Allee. Sie bestellten Kaviar in den besten Restaurants der Stadt, schlürften Champagnercocktails, als sei es Fanta, und legten ganze Boutiquenstraßen lahm. Sie kauften sich einfach alles, was sie sahen. Vielleicht sogar Männer.

So wie diese blonde Person mit den viel zu breiten Backenknochen. Sie war nicht mal hässlich, nur eben ein bisschen zu reich und zu blond für ihren Verstand. Und der Mann neben ihr, gegeltes Haar, selbst fürs sonnenverwöhnte Baden eine Spur zu gebräunt, war ebenfalls ausstaffiert, als habe er gerade Baden-Badens besten Herrenschneider ausgeplündert ... gerade schob sie ihm ein Türmchen Chips zu, warf ihm eine glitzernde Kusshand zu, girrte ihm was ins Ohr und schnippte nach dem Kellner, der eilig mit einem Champagnerkübel herannahte, den er offenbar gegen jenen, der bereits neben ihr stand, auszutauschen beabsichtigte.

Ich fasste den Mann näher ins Auge. Er kam mir bekannt vor. Sehr bekannt. Furchtbar bekannt.

Ein Schock durchzuckte mich. »Klaus!!! Klaus, hm, Klaus-Joseph!« Sein Name fiel, ohne dass ich es verhindern konnte. »Was machst du denn hier? Warum bist du nicht in deiner Zelle?!«

Gemurmel in den heiligen Hallen der Spielbank. Ich hörte das Wort Polizei zwischen den Croupiers hin- und herfliegen.

»*Kloster*zelle meine ich! Und wer ist diese Schlampe? Und weiß sie eigentlich von all deinen Maries und ...« Mir versagte die Stimme.

Aller Augen, nein, nicht aller, nur die vier bekannten Augenpaare durchbohrten mich. Warum hatte er auch einen solch ungewöhnlichen Namen? Und warum musste ich vorhin ebendiesen Namen laut und deutlich nennen? Und – warum saß er hier und nicht in seiner schlichten Dreiquadratmeter-Klause und betete, wie es sich für Mönche gehörte?

Lässig, mit einer goldberingten Hand, an deren Ende eine fette goldene Uhr, Marke *Rolex*, glomm, winkte er mir zu. »Maries? Momentchen, Theodora. Ich komme gleich mal zu dir. Muss nur meine Glückssträhne im Auge behalten. Sonja, mein süßer russischer Zupfkuchen, warte einen Moment, setzen wir noch schnell auf die Elf. Ich habe da so ein Gefühl!«

Die als Sonja angeprochene Goldmarie ließ die freie Hand, in der sie gerade keine Chips jonglierte, tief unter den Tisch wandern, und ihr Blick verschleierte sich lüstern.

»Du bist mein Maskottchen!«, hauchte sie rau und ließ dann ein paar R rollen. »Ein grrroßer Kinstlerrr und ein besonderrrerrrr Mensch! Ich bin so glicklich, dass ich dich *da* geholt habe rrraus!«

Klaus warf ihr einen ergebenen Blick zu, der mich stark an Geist erinnerte, wenn ich ihm einen Lammknochen in Aussicht stellte. Dann versuchte er sich von seinem Samtstühlchen zu erheben, was ihm nur schwankend gelang.

»Versuch mich zu verstehen, Theodora. Sonja inspiriert mich. Sie lässt mich fühlen wie Dostojewski, Turgenjew ... du weißt schon. Wir wohnen übrigens in *Brenner's Parkhotel*. Es ist so schön da.« Seine Stimme klang fast weinerlich.

»Es ist doch erstaunlich«, bemerkte Reutter neben mir kühl wie immer, »wie tolerant heutzutage das Armutsgelübde in unseren Klöstern ausgelegt wird.«

Klaus war auf sein Samtstühlchen zurückgesunken.

»Ich hatte keine Ahnung ... als ich ihn das letzte Mal sprach, war er noch Mönch. Vielmehr Mönchsanwärter. Er muss es sich anders überlegt haben!«

»Es spricht manches dafür.«

»Er ist ein Lügner! Ein Betrüger! Ich haue ihm eine herunter und diesem Breitmaulfrosch auch!!« Ich versuchte, mich zu Klaus durchzudrängeln.

Reutter hielt mich an der Hand fest. Ich versuchte mich zu entwinden, doch er verstärkte seinen Griff.

»Ich würde das lassen, Theodora. Es würde ihm nur schmeicheln. Ich spreche jetzt als Mann.«

»Ich hasse Männer!«, erwiderte ich, mit den Tränen kämpfend.

Sine musterte mich zufrieden. Helma schüttelte den Kopf. Michael schrieb etwas auf und lachte trocken.

Trotz allem wäre jetzt der richtige Moment, Klaus auf die zehntausend Euro anzusprechen, doch angesichts der Tatsache, dass gerade eben die Null fiel und Sonja ihm atemlos vor Bewunderung und gieksend vor Glück ein ganzes Häufchen Chips in die Jackentasche oder was auch immer sich unterhalb des Tisches befand, schob, ließ mich schweigen.

»Theodora, was hat es genau mit diesem Mann auf sich?«, herrschte mich Reutter auf einmal mit mühsam gedämpfter Stimme an und drängte mich energisch in eine Ecke, neben einen Brunnen, wo eine Nackte Wasser spie. »Was sollte die Geschichte mit dem Mönch?«

»Er war wirklich Mönch!!«, zischte ich zurück und versuchte mich zu entwinden.

»Und vorher?«

»Vorher war er mein Freund. Mein Bettpartner, wenn Sie so wollen. Was geht es Sie an?«

Reutters Mund war ein schmaler Strich, seine Augen verhießen Sturm. »Lügnerin!«, sagte er wütend.

Ich musterte ihn. »Sie haben gesagt, Sie werden keine Emotionen zeigen während unserer Woche. Außer …«, ich atmete das Gemisch aus Parfüm, Rauch und Alkohol ein, das durch die Plüschsäle zog, »außer wenn es Ihnen wirklich wichtig ist.«

Reutter ließ mich abrupt los. »Sie haben recht«, sagte er. »Verzeihung. Es lohnt wohl nicht.« Drehte sich um und ging zur Gruppe zurück.

Unser kleiner Trupp, der nichts gewonnen hatte, weil er nichts wagen durfte, zog wieder hinaus. Mitleidige Blicke des Krawattenkontrolleurs folgten uns. Wieder welche, die es nicht geschafft hatten.

Ich hatte mehr verloren als Geld. Meinen Glauben an einen Teil der Menschheit und den letzten Schimmer Hoffnung, dass Klaus jemals zu mir zurückkehren würde. Als ich durch die schwere mit Gold verzierte Tür hinaus ins Tageslicht trat, ließ ich ein Kapitel meines Lebens hinter mir.

Draußen vor der Spielbank empfing uns der operettenhafte Baden-Badener Alltag: Laternen. Elegante Leute. Herrlicher Blumenflor Eiscafés und grandioser Blick. Rechts das kleine Theater, gegenüber die Kolonnaden, links der Michaelsberg, oben die fremdartige Stourdza-Kapelle. Über allem der azurblaue badische Himmel, der angeblich öfter und länger und früher blau war als in meiner Heimat jenseits der Schwarzwaldhügel. Alles könnte märchenhaft sein. Sogar meine Nenn-Nichte Nicole-Marie stand da, wo sie stehen sollte, nämlich an einer der alten nachempfundenen Gaslaternen, wie sie in allen Büchern über die Kurstadt unweigerlich auftauchen. Dass ein älterer Geck im abgetragen wirkenden weißen Anzug wie eine Motte um sie herumkreiste und ihr ziemlich auffallend tief in die Augen sah, war ein kleiner Schönheitsfehler. Nicole-Marie streckte ihren kleinen Busen raus und lächelte verheißungsvoll. Lolita ließ grüßen.

Meine Güte, für dieses Kind brauchte man keinen Vaterschaftstest zu bemühen.

Gut, dass sie nicht gesehen hatte, dass ihr Daddy urplötzlich vom Mönch zum Spielzeug einer steinreichen Russin avanciert war. Welches Vorbild konnte ihr dieser Vater sein? Mitleid mit dem missratenen Kind erfasste mich.

»Das Kloster. Der Mönch. Das Armutsgelübde«, zählte Reutter, der sich mühsam beruhigt zu haben schien, leise in mein Ohr auf. »Sie erwarten aber nicht, dass wir Ihnen noch *irgend*etwas glauben.«

»Lassen Sie mich in Ruhe. Sie können mir glauben, dass ich lieber freiwillig zur Fremdenlegion ginge als noch mal so eine Woche wie diese hier mit Ihnen zu verbringen.«

Reutter schien nicht mal beleidigt. Fanatiker sind nicht so leicht aus der Ruhe zu bringen.

»Diese Schulung ist Dienst im Namen des Produkts und die Voraussetzung für eine attraktive und gut bezahlte Arbeit. Natürlich nur für den, der sie bekommt. Und außerdem: Wer weiß, ob dieses Kind da überhaupt wirklich Ihre Nichte ist?«

Ich seufzte und wies auf Nicole-Marie, die ihren Lidschatten mithilfe eines dicken blauen Stiftes korrigierte und sich dabei bereits intensiv nach einem jugendlichen Gärtner umsah, der die Rabatten vor dem Kurhaus betreute. »Schauen Sie sie doch an. Was sollte sie wohl sonst sein? Würde irgendjemand sie freiwillig mitnehmen, wenn nicht irgendeine Form von Verwandtschaft vorläge?«

»Das ist allerdings ein Argument. Die Kleine ist ein Silvesterkracher. Wehe, wenn jemand kommt und sie anzündet.«

Ich sah, dass sich in der Musikmuschel gegenüber ein paar Musiker für ihren Auftritt zurechtrückten. Erste Kurgäste nahmen in den mittleren Reihen Platz. Wenn es etwas kostet, wollen die Leute immer vorne sitzen. Ist es umsonst, lassen sie sich lieber im Mittelfeld nieder. Ist das eine badische Eigenheit? Wäre das bei uns zu Hause anders? Hier. Bei uns. Die landsmannschaftlichen Grenzen begannen allmählich in mir zu verschwimmen.

Reutter behauptete jetzt jedenfalls, er habe eine gute Nachricht für uns. »Durch einen Kontakt unseres Verlagshauses zum hiesigen Tourismusbüro habe ich es erreicht, dass wir für den Rest des Nachmittags einen Kleinbus bekommen. Und sogar einen Fahrer dazu. Man wird uns nun durchs Baden-Badener Rebland fahren. Über Bühl und Achern nach Sasbachwalden. Dort durch die Reben nach Kappelrodeck.

Dort werden wir ein kleines Abendvesper zu uns nehmen, und in Offenburg werden wir in den Zug nach Karlsruhe steigen.«

»Dauert es heute also länger? Ich muss zu Hause anrufen! Es ist schon vier Uhr!« Helmas eiserne Zuversicht begann erstmals Risse zu zeigen.

Zu Hause wartete ihre selbstgemachte Firma, und die Chefin war nicht da. Hoffentlich kam *keiner* ohne sie zurecht.

»Mein Mann sagte immer, das Baden-Badener Rebland erinnere ihn entfernt an Lugano. Nur der See fehlt allerdings!«

»Offenburg und Kehl sind finsterste Dreh- und Angelpunkte des mitteleuropäischen Drogenhandels«, wusste Michael. »Aber das erwähne ich natürlich bei meinen Führungen nicht.«

»Dafür wäre ich Ihnen sehr verbunden, Michael«, erklärte Reutter feierlich.

Vorbei an den Büros des Südwestfunks, die wie eine eigene Stadt für sich links den Hügel hinaufkletterten, fuhr uns der Fahrer, ein stiller kleiner Mann, aus der Stadt heraus, und wir kurvten zuerst auf die Yburg, eine etwas zerrupft aussehende Burg auf einer kegelförmigen Bergkuppe.

»Dies ist ein mittelattraktives Ziel, bestens geeignet für die Amerikaner, die Burgen sehr lieben! Für diese Burg hier spricht, dass wenig los ist«, meinte Reutter.

Na, ob sie *diese* Burg hier lieben würden? Zwei renovierungsbedürftige Türme: einer gotisch, einer romanisch, so wurde uns erklärt, aber ansonsten keine Ritterromantik weit und breit. Der Blick von dieser ehemaligen Burg der Markgrafen, die wie fast alles 1689 zerstört worden war – und zwar von den Franzosen –, bot allerdings einen herrlichen Blick über Wäldchen mit Esskastanien, über Weinberge und die Winzereldorados Varnhalt, Steinbach, Neuweier und Affental.

In Serpentinen ging es zurück auf die Hauptstraße Richtung Bühl. Nicole-Marie hatte sich halbwegs ruhig verhalten, wirkte sogar etwas deprimiert. Wahrscheinlich war sie enttäuscht, dass sie ihren heiligen Vater nicht angetroffen hatte.

Ich hingegen war froh, dass sie ihn nicht in seiner neuen Rolle als Hochstapler Felix Krull gesehen hatte.

»Affental?«, las Nicole-Marie auf einem Hinweisschild. »Wohnen da echte Affen?«, fragte sie dann mehr mit müdem Trotz als wirklich frech.

»Nein, da wohnen lebensfrohe Badener, die gerne ›zsammehogge‹, wie man hier sagt, die genießen und leben und in ihrem Verein aktiv sind. Die Mentalität des Schaffens und Raffens ist hier unbekannt«, behauptete Reutter selbstzufrieden und im festen Glauben an die epikureischen Tugenden seiner Badener.

Der Gegenentwurf zu dem verbissenen Schwaben, der in Frankreich eine kleine Apfelschorle für alle bestellt und im Degerlocher oder Tuttlinger Aldi Anfang Januar die Weihnachtsgeschenke fürs kommende Jahr besorgt. Da, wo sie in Körben liegen und mit schwarzem Marker »Billiger!« auf einem Pappschild geschrieben steht.

Ich hätte gerne gewusst, wovon all diese angeblich so lebenslustigen Badener ihre Miete bezahlten, wenn nicht auch von täglicher Arbeit.

»Das ganze sogenannte Rebland ist sehr genussfreudig. Gute Restaurants in den Reben. Weisen Sie bitte als mögliches Mitbringsel die aus Franken nach Neuweier eingeführten Bocksbeutelweinflaschen der Sorte ›Stich den Buben‹ aus. Und vergessen Sie nicht Erwin von Steinbach als wahrscheinlichen Erbauer des Straßburger Münsters zu erwähnen. Die Leute hier sind stolz auf ihn. Da oben in den Weinbergen steht seine Statue.«

Allgemeine Schweigeminute für Erwin.

Wir passierten Bühl.

»Sie können die Franzosen eventuell auf die Bühler Frühzwetschgen hinweisen, deren Herkunft nicht ganz geklärt ist. Ein Bauer hat angeblich zufällig einen auffällig früh Früchte tragenden Baum unterhalb der Burg Alt-Windeck – dort oben! – entdeckt und hat ihn kultiviert. Heute profitiert die ganze Region davon.«

Aha. Ich dachte an den Reichtum Südwestfrankreichs an Gemüse und Obst. Ob da eine Zwetschge aus dem Badischen für Lustschreie unter meinen Gästen sorgen würde?

Wir fuhren durch flaches fruchtbares Land und aus schier endlosen Maisfeldern ragte der gedrungene Körper einer Basilika heraus.

»Münster Schwarzach! Im Herzen der zivilisierten Welt«, rief Reutter mit unermüdlicher Begeisterung fürs Einheimische. »Schon im 8. Jahrhundert eine mächtige Abtei.«

Die Fahrtroute wurde spontan abgeändert. Vorbei am Flughafen Baden-Airpark, von dem aus sich der Badener weltweit ausbreiten konnte, ging es ins frühabendlich betriebsame Kehl.

Reutter drehte sich nach uns um. »Auch wenn es heute nicht so aussieht, aber Kehl ist ein uralter Ort an der Schnittstelle des Rheinübergangs. Die Weltoffenheit der Badener muss ja irgendwo herkommen. Wir haben über den Tellerrand hinausgeschaut. Wir, wohlgemerkt! Unbedingt allen die 1960 erbaute Rheinbrücke zeigen und ebenfalls für alle: die Pflimlin-Brücke, über die Obama als frisch gewählter Präsident geschritten war. Das ist ein Highlight für unsere Freunde aus den USA. Zumindest für diejenigen, die Obama gewählt haben. Das dürften allerdings in Illinois eher wenige sein, aber wir könnten es trotzdem probieren. Es verleiht dem Produkt etwas Internationales.«

»Dürfen wir mal nach Straßburg rüber? Shoppen?«, nörgelte Nicole-Marie von hinten nach vorne. »Mir ist voll langweilig.«

»Straßburg gehört nicht zum Produkt!«, kam es entschieden von Reutter.

Dafür aber Offenburg, wo wir auf einem belebten und geschäftigen Platz aussteigen durften.

»Die Heimat von Burda«, murmelte Sine. »Meine Zugehfrau schneidert sich da manches selbst. Sie machen Hefte für Frauen, die sich nichts Fertiges kaufen können.«

Ob diese Definition den hippen Redakteurinnen von *Burda Moden* gefallen würde, blieb dahingestellt.

Reutter hatte es jetzt offenbar eilig. Sein geliebtes Produkt war schließlich übersät von Sehenswürdigkeiten, und da wir viel Zeit im Norden vertrödelt hatten, musste jetzt südliche Kultur im Minutentakt her. Wir hatten nur noch zwei Tage Zeit, um all die Herrlichkeit zu erfassen.

Meine Begeisterung hielt sich in Grenzen. Außer bestenfalls dem Heidelberger Schloss und der Spielbank hatte ich persönlich allerdings bisher nichts gesehen, das meine französische Verwandtschaft aus dem Perigord und Aix-en-Provence auch nur die Digitalkamera hätte zücken lassen. Mochte Sine ruhig verwöhnte Franzosen in der Produktlandschaft herumführen. Ich gönnte sie ihr. Ein guter alter Ami aus New Baden, der tagaus, tagein auf seiner Veranda den Opossums beim Spielen zusah oder sich an seinem Steak freute, das so groß und so dick war wie die Familienbibel, war bestimmt leichter davon zu überzeugen, dass Baden und nur Baden allein eine Reise nach Deutschland wert war.

Reutter war jedenfalls sowieso für jeglichen Ort an unserer Reiseroute aufs Neue zu begeistern. Jetzt war es also Offenburg.

»Das kenn ich alles und mir ist voll langweilig«, murrte das Kind verständlicherweise. »Wer macht denn hier schon Ferien? Alle, die ich kenne, fliegen woandershin.«

Die eigene Heimat, so wurde sie belehrt, habe im Grunde sehr viel zu bieten. Nur gebe man sich normalerweise keine Mühe, dies zu würdigen. So zum Beispiel Offenburg. Dieses nette Städtchen in der Ortenau, von der Zähringerburg Schauenburg überragt, strahle doch Lebenslust pur aus, und man mache hier beileibe nicht nur Modeheftchen, sondern versorge tagtäglich die halbe Welt mit Gedrucktem.

»Eine logistische Leistung. Alles kristallisiert sich hier in Offenburg: Innovation, Fleiß und italienisch anmutende Lebensfreude. Hier sind *wir* daheim.«

Mürrisch sahen wir aus den Busfenstern nach draußen. Ganz normale Leute liefen eine Geschäftsstraße entlang. An ihnen haftete nicht mehr und weniger Lebensfreude wie an allen anderen achtzig Millionen Deutschen.

Doch Reutter war wild entschlossen, Offenburg zum badischen Dreisterneort hochzujubeln. »Reizvolle Altstadt. Nette Geschäfte. Hier die 1698 erneuerte Hirschapotheke im Renaissancebau mit wunderschönem Treppengiebel. Davor der Löwenbrunnen, Löwe hat Stadtwappen in der Hand, Andreasspital mit Kapelle, eine Stiftung aus dem 14. Jahrhundert für bedürftige und kranke Bürger – bitte das Barockportal beachten.«

»Damals schon Gratis-Gesundwerden für alle? Respekt! Das kriegen die Amis nicht mal heutzutage hin!« Michael machte ein Foto vom Barockportal. »Schick ich einem Freund. Ein Prominenter. Sie kennen ihn alle, aber ich nenne keine Namen. Fängt mit S an.«

Schätzing? Suleiman der Prächtige? Schäuble?

»Michael, Sie sollen die Gäste herumführen und nicht beleidigen«, mahnte Reutter. »Ansonsten ist Offenburg eine Zähringergründung mit breiter Marktstraße, und Sie können, wenn noch Zeit ist, auf das barocke Rathaus sowie auf das Amtshaus der Landvogtei verweisen. Sind alles schöne, reiche Fassaden, die den Wohlstand des Produkts im 18. Jahrhundert widerspiegeln.«

Wir gähnten. Ich persönlich war mehr an meinem Wohlstand im 21. Jahrhundert interessiert. Ob im oder außerhalb des Produkts, war mir wurscht.

Es dämmerte schon bald. Über hügelig gewundene Landsträßchen ging es im Zickzack Richtung Schwarzwald und zurück. Orte und Sehenswürdigkeiten prasselten auf uns herab: Man könnte die Wasserfälle Allerheiligen … Aber nur bei gutem Wetter ... Oberkirch: Bestand früher fast ganz aus Fachwerkhäuschen. Heute noch schöne Überbleibsel am Gewerbebach. Und das uralte Gasthaus »Zur Linde« (eventuell Einkehr, meine Herrschaften!).

Jeder zweite Einwohner ein Schnapsbrenner: »Geben Sie Gelegenheit zum Verkosten. Aber Vorsicht. Amerikaner vertragen nichts und Franzosen trinken nur zum Essen.«

Eine der größten Erdbeermärkte Deutschlands. Bitte darauf hinweisen! Erdbeeren sind nämlich was Positives.

»Die Franzosen nennen sie *les fraises*«, lächelte Sine. »Ein Wort wie Musik. Fräääses.«

Wir gähnten wieder. Durch blühende Felder und Obstgärten nach Kappelrodeck. Durch den sauberen, wie geschleckten Ort, an einem gezähmten Bachlauf entlang, hinaus zu einem reizenden kleinen Gebäude mit dem reizenden Namen Zuckerbergschloss. Reizender Garten drum herum und davor. Palmen in Kübeln, Sonnenschirme, Wurstsalate auf den Tellern, kleine Spazierwege am Waldrand. Die Atmosphäre Kleinstadtsommerfrische anno dazumal. Kurze Einkehr. Für jeden ein Getränk.

Dann gewundene Ministräßchen durch Weinberge, an kleinen Höfen und Häuschen entlang nach Sasbachwalden. Auch furchtbar reizend. Hier nun wirklich Urlaubsidyll aus dem Katalog. Norddeutsche würden sofort buchen.

Wenn ich nicht neben noch immer schwelendem Liebeskummer ein fremdes Kind am Halse hätte, Schulden über alle Ohren, eine bisher namen- und wohnsitzlose Tante Rudi zu suchen hätte, um mit ihr über zehntausend Euro zu streiten und wenn ich nicht am Sonntag ein alles entscheidendes Gespräch am Theater hätte, ja, wenn all das nicht wäre, könnte ich mich hier direkt entspannen.

»Voll langweilig!«, befand Nicole-Marie erneut. »Meine Kusine wohnt hier irgendwo. Wann fahren wir heim?«

Helma reichte ihr eine halb geschälte Banane, als gelte es einen jungen Schimpansen zu besänftigen.

»Bei der durft ich mal Topi probieren. Kartoffelschnaps«, erklärte das badische Kind und schmiss die Schale aus dem Fenster auf die Straße.

Beinahe genierte ich mich für meine Nichte, bis mir einfiel, dass sie gar nicht meine Nichte war. Ich konnte mich eben immer schon mit meinen Rollen identifizieren. Heutzutage nennt man das Fremdschämen.

Von Reutter angestachelt blickten wir dann alle ehrfürchtig hinauf zur Schwarzwaldhochstraße.

»Am Ort hier machen Sie vielleicht mit ihren Kunden eine Weinprobe. Das lockert die Stimmung, und das Produkt bleibt in guter Erinnerung. Die Kunden bestellen Wein, und die Winzer schicken nur zu gerne Weinpakete nach Amerika. Man wird es Ihnen danken. Nehmen Sie aber bitte keine Provisionen. Wir rechnen mit der jeweiligen Gemeindeverwaltung prozentual ab. Der Badener ist schließlich kein Gschäftlehuber wie ein gewisser *Jemand*.«

»Wer?«, fragte Helma.

Michael lachte.

Diese Schwabenabneigung bei Reutter hatte schon etwas Pathologisches. Auch wenn ich diesen Job nicht bekam, würde ich ihn entführen und mit Waffengewalt zwingen, mit mir ein Eis am Schlossplatz in Stuttgart zu essen. *Da* herrschte ein Leben, wovon diese ewig im Gesangverein oder in kleinen Familienklumpen zsammehoggenden provinziellen Badener nur träumen konnten. Oder er würde mir mir in das prachtvolle Blühende Barock gehen. In die Wilhelma, wo nicht nur ein einzelner Löwe, sondern gleich ganze Sippen herumhingen. Oder am Blautopf ins geheimnisvolle uralte Wasser schauen. Auf der Alb mit Fernsicht wandern. Höhlen erforschen. Oder von der Achalm auf Reutlingen heruntersehen ...

Stopp, Theodora. Du hast gerade eine Beziehungskatastrophe hinter dir. Lass dir Zeit mit der nächsten.

Wir passierten jetzt Renchen. Grimmelshausen mit seinem Simplicissimus. Regimentsschreiber im Dreißigjährigen Krieg, dann Gastwirt in Gaisbach bei Oberkirch.

»Alter Bestsellerkollege.« Michael kräuselte die Lippen.

Achern. Rechts ab nach Lauf zu dem winzig kleinen Angelsee, der nicht mal auf Google verzeichnet ist.

»Ausflugsmöglichkeit und Zeit für eine kurze Ruhepause. Franzosen lieben bekanntlich das Picknick. Das könnte man dort anbieten.«

Ottersweier. Wallfahrtskirche.

»Geben Sie gerne fünf Minuten zur inneren Einkehr! Die Gäste können an die Daheimgebliebenen denken und eine Kerze anzünden. So etwas wird gerne angenommen.«

Endlich zurück in Baden-Baden am Bahnhof fielen wir wie tote Altrheinarmmücken in den Zug nach Karlsruhe. Es war bereits nach acht Uhr.

Ich schaltete mein Handy wieder an und sah die Nummer der gefürchteten Frau Rundnuss. Mist! Sie war bekannt dafür, dass sie immer nur einmal anrief! Ich versuchte es trotzdem mit der Rückruftaste.

»Frau Rundnuss, ich habe gesehen, dass sie angerufen hatten. Gab es etwas Dringendes?«

Verlegen-freundliches Lachen mit einem Schuss Unterwürfigkeit. Sie liebte das.

»Statisten, die ihr Handy ausschalten, kann das Badische Staatstheater nicht brauchen. Was wollen Sie denn machen, wenn Ihr ominöses Stück tatsächlich irgendwann aufgeführt wird, und der Regisseur hat eine Frage? Muss er Ihnen eine Depesche schreiben? So arbeiten wir nicht hierzulande.«

»Entschuldigung, Frau Rundnuss, aber ich kann Ihnen versichern, ich war in sehr, sehr badischer Sache unterwegs. Gut, wenn es sich erledigt hat ...«

»Sie haben Glück«, tropfte es durch das Mikro meines Handys in mein Ohr. »Eine Kollegin, eine etwas ältere Kollegin, die bei der katholischen Kirche in Karlsruhe-Rüppurr in der Gemeindebibliothek tätig ist, hat abgesagt. So wäre also ein Platz frei.«

Normalerweise fragst du nicht, wenn Frau Rundnuss dich rekrutiert. Normalerweise sagt sowieso keiner ab.

Es war aber nicht normalerweise. Schüchtern flüsterte ich ins Handy: »Warum hat die abgesagt?«

»Wir wagen eine mutige Inszenierung von Bert Brechts *Mutter Courage* – fast schon ein badischer Autor übrigens, denn er hat mehrfach in Baden-Baden inszeniert. Die Aufführung ist, wie gesagt, tabulos und modern, so treten einige ... Huren auf. In seinem Stück heißen sie Marketenderinnen, aber das Wort kennt kein Mensch mehr. Es sind eben moderne Huren. Huren von heute.«

»Ich verstehe!«

»Morgen Abend um 21 Uhr treffen wir uns alle in Karlsruhe in einer gewissen Straße im dortigen Laufhaus Nummer zwei. Es ist unbedingt notwendig, dass wir uns in die Materie und das Milieu einarbeiten. Damit es glaubhaft rüberkommt. Gestik. Mimik. Sprache. Outfit. Die wenigsten aus meiner Kartei kennen sich da aus. Kommen Sie also auch, Theodora. Das Stück wird von der überregionalen Presse beobachtet werden.«

Morgen Abend war aber auch die furchtbar nette Party bei Helma. Hier stand ich nun. Einmal mehr in einem Regionalzügle durch Mittelbaden. Musste mich entscheiden zwischen der Grillerei bei Muttern und der Chance, mich dort als sympathische und charmante Abendgesellschafterin zu präsentieren, oder einem hautnahen Einsatz im Puff.

»Ich melde mich«, hauchte ich.

Das war mutig. Wenn Rundnuss rief, waren wir normalerweise immer alle da, denn sie rief nicht zweimal.

Reutter inspizierte mich besorgt. »Wir müssen alle bald aussteigen. Ich habe mein Auto am Bahnhof. Soll ich Sie und ihre Nichte nach Hause fahren? Das Kind sieht müde aus.«

»Danke. Wir schaffen es alleine. Bis morgen.«

»Wir fahren morgen sehr früh, schon um sieben Uhr, nach Freiburg und in den Kaiserstuhl. Vielleicht schaffen wir noch das Münstertal. Trocken gibt es Emmendingen, wo Goethes Schwester sich leider gar nicht einleben wollte. Dann noch Lörrach, wo wir warme Luft vom Rhonetal verspüren werden und Weil am Rhein mit der längsten Fußgängerbrücke der Welt. Wie lang nämlich?«

»Keine Ahnung. Vierzig Meter.«

»248 Meter. Zwischen Weil und Huningue. Vergessen Sie also bitte nicht, sich etwas vorzubereiten.«

Natürlich. Was sonst? Badener brauchten offenbar keinen Schlaf. Die Pyramiden waren bekanntlich in Fronarbeit entstanden. Wahrscheinlich auch der Kölner Dom. Und Staudämme sowie Bergwerke weltweit waren auch nicht die Ergebnisse von Rentnern, die ein Hobby suchten. Aber die exemplarischen Führungen der *BadenTouristik & Incentive* konnten da mithalten. Es war Fronarbeit badischer Art. Mit Sahne und Preiselbeeren. Wem die Kuckucksuhr schlug, der war zur Stelle.

Eine Stunde später saßen Nicole-Marie und ich bei Ada Ahorn am Tisch. Die beiden freien Stühle waren von Geist und Dr. Seltsam besetzt. Geist – ausgesperrt wie immer – hatte diesmal bei Frau Klick gewartet.

»Seller Hund braucht immer enner, der sich um ihn kimmert.«

»Danke.«

»Was haben Sie eigentlich mit dem vielen Geld gemacht, Frau Thamm?«, hatte sie noch gefragt, als ich ergeben den Köter mit nach oben nahm. »Hoffentlich haben Sie es gut angelegt, Frau Thamm. Die Freundin meines Neffen schafft bei der Badischen Beamtenbank. Die kann Ihnen da Tipps geben. Was anlege und was verprasse, sagt sie immer. Ja, des meent die ernst. Das ist halt badisch. Net nur spare. Mer lebe heut, oder? Im Jenseits brauche mer's nimme, sagt sie immer!«

Ada hatte sich heute mit den englischen Adjektiven beschäftigt: »You look tired, but that kid looks more tired!«

Sie hatte ihren Esstisch aufgeräumt und uns noch schnell Spaghetti gekocht.

»Ich will mein Geld ausgezahlt haben und mit dem Flugzeug nach Hamburg zu meiner Mama!«, verkündete Nicole-Marie. »Hier ist es voll langweilig und außerdem auch noch echt total viel Arbeit. Ich bin doch nicht voll der Honk!«

»Es ist nicht dein Geld. Ich gebe dir freiwillig was ab ...« Ich sah das fleischige Kind an. »... weil du mir leidtust. In gewissem Sinne, aber wir sollten die echten Besitzverhältnisse trotzdem klären. Wir müssen heraufinden, wer mit den Worten ›meine Kleine‹ gemeint sein kann.«

»Es kann nur ich sein, denn sie schreibt, dass die Kleine begabt ist, und du bist nicht besonders klein und auch für nichts begabt.«

»Danke!«

Kindermund mag ja Wahrheit kundtun, aber manchmal würde man dem betreffenden Kind gerne den Hals umdrehen, vor allem um zehn Uhr abends, wenn man am anderen Morgen um sieben Uhr am Bahnhof stehen sollte, fröhlich und bestens informiert über das Produkthighlight Freiburg.

»Versuche dich zu erinnern, wo diese Tante Rudi wohnt. Du hast von einem sehr sehr kleinen Ort gesprochen. In der Nähe von Freiburg. Das ist günstig, denn so können wir sie morgen unauffällig suchen.«

Ada grinste. »Nichts, was du machst, ist unauffällig, Theodora.«

Das Kind krauste die Stirn.

»Dein Vater hat doch bestimmt mal mit dieser Tante telefoniert. Oder ihr eine Karte geschrieben.«

Nicole-Marie baumelte mit einem Spaghettifaden vor Geists Nase herum. Er schnappte ungeschickt danach. Dr. Seltsam schüttelte den Katzenkopf. »Das nicht, aber er war einmal dort. Es ist ein Ort im Königsstuhl.«

»Kaiserstuhl.«

»Ja, weil Mama hat gesagt, wenn du schon dorthin fährst, bringe Kirschen mit. Sie haben sehr viele Kirschen dort. Und es war ein ganz kleiner Ort. Tante Rudi hat uns nämlich angeboten, bei ihr zu wohnen. Das war, als Papa die Miete für unsere Wohnung nicht mehr bezahlen wollte, und da haben sie da drüber gestritten. Lass mich in Ruhe. Ich ziehe nicht in irgendein Kaff am Ende der Welt. Ich will gar nicht wissen, wie es heißt.«

Ein Kaff am Ende der Welt.

»Na, da hast du im Kaiserstuhl ja die freie Auswahl«, spottete Ada.

Aussichtslos. So konnte man Tante Rudi nicht finden. Der Kaiserstuhl mochte voller eigenartiger alter Frauen stecken. Nicht mal Johanna-Marie hatte den Namen des Ortes gewusst.

Aber unversehens keimte Hoffnung auf: »Aber ich habe Papa hinterher gefragt, wie der Ort heißt, und er hat ihn mir gesagt.«

»Ja und?«

»Ich hab ihn vergessen.«

Anstatt mich auf Freiburg, sein Münster, sein Augustinermuseum und seine architektonischen Schönheiten vorzubereiten, las ich Nicole-Marie, die schon fast am Einschlafen war, Orte im Kaiserstuhl vor: Merdingen. Achkarren. Endingen. Bischoffingen. Jechtingen. Oberbergen. Oberrotweil. Ihringen. Amoltern. Gottenheim …

»Das war's. Amoltern.« Und fast sofort schlief sie ein.

Donnerstag:
Freiburg und der Kaiserstuhl.
Ab in den Süden!

Das Mädchen war am anderen Tag nicht zu bewegen aufzustehen. Nicht mal ein Auge wollte sie öffnen. Geist küsste sie feucht auf die Wange. Dr. Seltsam strich um ihre Füße herum. Nichts.

Aus der früh sich entwickelnden Brust entrang sich ein »Lass mich in Ruhe!«

Übrigens ein Satz, den sie genetisch von ihrem Vater geerbt hatte.

Die herbeigeholte Ada erklärte sich gegen eine Gewinnbeteiligung bereit, auf sie aufzupassen. »Ich könnte einige Anfängerübungen an ihr testen. Die To-do-Umschreibung im Präsens: Do you need money?«

»Yes, honey, I do«, sagte ich wahrheitsgemäß.

Bevor der Internationale Gerichtshof für Menschenrechte hier einschritt, eilte ich zum Bahnhof und war die Erste.

Ich! Die Erste! Ha!

Mit ironischem Blick auf die Uhr erwartete ich die Ankunft der anderen, die ebenfalls nicht mehr frischeversiegelt nach und nach eintrudelten.

Robert Reutter erschien sogar als Letzter. Sein dunkelblondes Haar mit den dekorativen etwas dunkleren Strähnen, schwedische Art, schien mir heute nicht perfekt frisiert. Hatte es ihm seine Freundin verstrubbelt, kurz bevor er aufstehen wollte? »Ach komm, Robbie, bitte, nur noch *ein*mal ...«

Ich musterte ihn scharf. Er war geschieden. So viel wussten wir. Aber was für ein Privatleben führte der Vorbildbadener Reutter? Wie viele badische Kinder hatte er gezeugt?

»Haben Sie Kinder?«, fragte ich spontan und einfach so.

»Ja«, antwortete er. »Drei. Sie kommen alle vierzehn Tage zu mir.«

Drei Kinder! Oh Gott.

»Wunderbar«, freute sich Helma. »Wie alt sind die Kinder?«

»Zusammen sind sie zweiundvierzig Jahre alt«, erwiderte er seufzend. »Einzeln sind sie vierzehn.«

»Nettes Alter«, log Helma, die es bestimmt besser wusste. »Und wie alt sind die anderen?«

Alle starrten sie an. Gab es intelligenztechnisch keine Untergrenze bei diesen Führungen?

»Der badische Wappenvogel«, verkündete Drillingsvater Reutter nun unerwartet, »ist bekanntlich der Greif. Ein zupackender Vogel. Wir werden ebenfalls zupacken. Wir werden potente amerikanische und französische Gäste gewinnen. Mit der Schönheit des Produkts werden wir sie überzeugen. Und heute werden wir – nach dem Schwarzwald, den wir nächstes Jahr in unser Programm aufnehmen werden – das dritte Städtehighlight unserer Tour sehen.«

»Könnte das Freiburg sein?«, fragte Helma zweifelnd.

Keiner antwortete ihr. Nicht mehr.

Diesmal saßen wir im Zug nicht zusammen. Das heißt, die anderen, die mich ja bekanntlich nicht besonders gut leiden konnten, glucksten durchaus gemeinsam mit einer wildfremden Person auf einer Viererinsel in dem modernen zweistöckigen Regionalzug, der seine Schnur durch badisches Weinland bis hinunter nach Basel ziehen würde.

Ich landete neben Reutter. Großzügig räumte er seine Büchertasche nach oben. Er roch nach etwas Frischem. Etwas wie Pfefferminz. Mein Arm streifte seinen. Wie Stahl. Der Mann ging ins Fitnessstudio, darauf wettete ich.

An Klaus war alles irgendwie weich und fein gewesen. Weich und fließend. So wie sein Charakter. Ich bedachte, dass jemand sehr flexibel sein musste, um den Schritt vom Regisseur zum Mönch und zurück zu dem Liebhaber einer steinreichen Russin zu vollziehen.

»Eigentlich müssten Sie ja jetzt ganze Vorträge aus dem Stegreif halten können«, sagte Reutter angelegentlich, während wir erneut die Bahnhöfe der bekannten Reblandorte wie Bühl und Achern passierten.

Ich blickte nach rechts, wo Frankreich lag. »Warum?«

Er lachte. »Sie sind ein Rätsel, Verehrteste. ›Warum‹ ist eine gute Frage. Weil Sie laut ihren Bewerbungsunterlagen dort geboren sind, und das war ja hoffentlich nicht gefälscht und Sie sind in Wahrheit eine schöne schwäbische Spionin.«

»Und wenn«, murmelte ich unvorsichtig, weil müde.

»Sie wissen ja, was mit Spionen gemeinhin so passiert?«

»Standrechtlich mit der Spätzlekanone erschossen?«

Er lachte. »Tödlich. Aber ich erkenne eine Schwäbin auf hundert Meter gegen den Wind. Also keine Sorge. Sie sind so schwäbisch wie Gaddafi. Kein bisschen diszipliniert. Viel zu unordentlich.«

»Wunderbar. Ich vertraue Ihnen. Haben Sie wirklich Drillinge?«

»Ja. Und deshalb bin ich immer wieder Single. Keine Frau hält das aus. Nicht mal vierzehntägig. Also, was ist *Ihr* ganz persönliches Freiburg?«

Ein Hotel auf dem Weg zum Titisee, kein Arzt, und eine unfreundliche geldgierige Wirtin, dachte ich.

»Und Ihrs?«

»Sonne, Kräuter, Straßencafés, die beste Wurst der Welt auf dem Münstermarkt. Kleine Bäche mitten durch die Stadt. Winkel, in denen staubige Buchantiquariate überleben können. Der Wein und der Schwarzwald, die in die Stadt hineinwachsen. Fahrräder mit Kinderanhängern und Touristen, die ihre Koffer durch enge Gassen zum Bahnhof hinter sich herziehen. Lange, verdammt lange, warme Nächte vor alten Studentenkneipen. Hochzeiten im alten Rathaus. Unkonventionelle Paare, die sich lieben und die man beneidet. Und mit seinen hundertsechzehn Metern der Münsterturm. Fast so hoch ist die Waldtraut, mit dreiundsechzig Metern der höchste Baum Deutschlands. Eine amerikanische Douglasie.«

»Sie sind ja fast ein Romantiker!«

»Nur wenn es um das Produkt geht, meine Liebe. Nur dann. Freiburg ist der Sonnenstrahl auf dem Produkt. Heidelberg und Baden-Baden sind was fürs Schaufenster. Schön auf den ersten Blick. Freiburg ist mehr für Leute, die in den Laden hineingehen und sich auf das Land einlassen.«

Ich schwieg. Auch deshalb, weil ich todmüde war und mich jedes Wort weiter erschöpfte. Und heute abend in den Puff. Oh je!

Ich beschloss, die Gunst der Stunde zu nutzen. »Herr Reutter, ich würde gerne heute mal den kleinen Ort Amoltern im Kaiserstuhl anschauen.«

Verblüfft sah er mich an. »Sie überraschen mich immer wieder, meine Liebe. Warum denn das nun? Dort ist doch weder ein Männerkloster noch Spielbankbetrieb. Oder ist Ihr entlaufener Freund inzwischen als Winzer tätig?«

»Nein, ich verbinde mit dem Ort Kindheitserinnerungen«, log ich dreist. »Und er ist so romantisch. Man könnte der Reisegruppe einen authentischen Einblick in das Leben einer kleinen, einer sehr kleinen, Weinbaugemeinde geben.«

»Amoltern?« Er lachte. »Mal sehen. Wir haben ein umfangreiches Programm heute. Nicht nur Freiburg mit Augustinermuseum und Münster und Markt, sondern auch noch Badenweiler, eines der Bäder in der Rheinebene, das Münstertal und vielleicht Breisach. Ob es uns da noch für Amoltern reicht?«

»Ich fände es sehr schön. So typisch. Kaiserstuhl von innen. Wir wollten uns ja gerade abheben von der touristischen Masse.«

»Na, mal sehen. Für ein dankbares Leuchten in Ihren Augen tue ich fast alles. Sie haben übrigens schöne Augen.«

Fast glaubte ich ihm.

Freiburg empfng uns morgendlich blankgeputzt, studentisch gutgelaunt und grün-gepflegt-romantisch. Die Stadt sah aus wie zu einer Postkarte geronnen. Und zu nett, um sie zu verabscheuen. Schöne Häuser, schöne junge und überwiegend schlanke Menschen, Typ grüne Akademiker mit sozialem Gewissen, schöne Straßen, die in alle Richtungen in Urlaubsregionen führten. Rebberge mitten in der Stadt.

»Für mich hat die Stadt allerdings fast etwas Italienisches. Erinnert an Innsbruck«, schwärmte Sine. »Wusstet ihr, es ist die Stadt mit der höchsten Lebensqualität in ganz Deutschland.«

»Das ist neu. Nie gehört!«, sagte Michael sarkastisch.

»Doch«, meinte Helma gutmütig. »Ich habe das schon mehrfach gelesen.«

Reutters Lippen kräuselten sich, wieder einmal.

»Wunderbar«, jubelte Sine. »Ach, ich möchte jetzt allerdings inmitten der anderen jungen Leute in einem der Cafés sitzen und meine Latte genießen.«

»Vielleicht gehen meine Kinder mal hierher zum Studieren«, träumte sich Helma in eine neue Familienphase. »Ob hier auch Wohnungsnot herrscht? Seit wir dieses KIT, das Institut für Technologie, in Karlsruhe haben, wird es immer schlimmer. Mein Mann sagt immer: ›Uhu – kei Wohnu! Uhu von KIT‹. Kitt, Sie verstehen? Kleber! Albern, nicht wahr, aber so ist er eben. Immer lustig. Das mögen wir so an ihm.«

Fassungsloses Schweigen.

Liebe Frau Rundnuss, ich danke dir, dass ich *da* heute Abend nicht hinmuss. Lieber in den Puff.

»Freiburg. Dazu hätte ich auch einiges zu sagen, doch ich schweige zunächst«, kam es von Michael.

Reutter seufzte. Ich glaube, er hatte auch genug von uns.

»Der Eindruck des fast schon südländischen Flairs kommt daher, dass Freiburg eine Zeitlang – freiwillig übrigens – unter österreichischer Herrschaft war. Für zwanzig Jahre gehörte die Stadt zu Frankreich. Grenzschicksal. Dadurch wurde sie zwar, wie früher üblich, in Kriege verwickelt, die sie eigentlich nichts angingen, aber Freiburg blieb unverzagt ein blühendes Gemeinwesen. Schon 1457 wurde die Uni gegründet, an allen Ecken und Enden der Stadt haben die Freiburger Klöster errichtet und ebenso fleißig Wein angebaut. Sogar am Münster, das werden wir nachher noch sehen, hat man den Winzern mit dem Relief des *Häckers im Weinberg* ein Denkmal gesetzt.«

Das Münster! Laut einem wiederholten Zitat aus Reutters andächtigem Mund mit »dem schönsten Turm der Christenheit«. Mächtig und doch wieder zierlich, in einem warmen Rot, dominierte es den morgendlich wuseligen, mediterran anmutenden Platz. Blumen blühten, Kräuter dufteten, Leute kauften und Marktleute freuten sich mit gelassenem Stolz, dass es ihnen hier unten im Süden so gut ging. Das Elsass und die Schweiz vor der Nase und die Sonne fast so oft wie im Burgund über ihnen.

In den Cafés vor Hotels und Restaurants saßen Wein-Frühstücker. Über der ganzen verdammten Stadt lag etwas wie ein fröhlicher Blumenflor. Wie ein heiteres weltliches Fronleichnam.

Hier war ich also geboren. Es hätte schlimmer kommen können!

»Lassen Sie Ihre Gäste ein paar Mal über die Bächle springen, das bringt angeblich Glück. In Frankreich, vor allem im Elsass, findet man solche Flüsschen auch gelegentlich, aber in Amerika dürfte dergleichen unbekannt sein. Insgesamt sind es vierzehn Kilometer Bächlein, die durch die Altstadt fließen. Die Bächle schwätze übrigens badisch, hat mal einer gesagt.«

»Aus Kriminalautorensicht nicht interessant«, kam es von Michael, der sich die Nasenwurzel rieb, »es kann keine Leiche darin schwimmen. Höchstens ein Leichenteil. Ein Arm etwa. Werde ich kurz notieren.«

»Es ist so hübsch«, begriff auch Helma, »dass die Gassen so weit geschwungen um die Ecken gehen. Immer wenn man weiterläuft, tun sich neue Ausblicke auf. Du kannst schon stolz sein, Theodora.«

»Warum denn das?«

»Weil du von hier bist. Zeigst du uns dein Geburtshaus?«

»Es ist heute ein Gasthaus«, erwiderte ich schmallippig.

»Freiburg ist allerdings ein netter Marktflecken«, erkannte auch Sine und fotografierte die Auslage einer teuren Boutique. »Ob es hier eine *Louis-Vuitton*-Filiale gibt?«

Reutter ließ die Frage unbeantwortet. »Das Marktwesen hat Tradition in Freiburg. Da hinten« – wir drehten uns um wie Kreisel – »an der Südseite des Münsters steht das schon 1525 gebaute Kaufhaus, das sogar einen Durchgang zu einem noch älteren Laden in der Schusterstraße hat. Oben, im ersten Stock, gab es einen Festsaal, der als eine Art Börse diente, aber auch als Treffpunkt der Kaufleute galt. Ein früher After-work-Treff. Preise und Warenangebot wurden hier verhandelt, und dass man das ernst nahm, zeigen die Maße für Brotlaibe und Messgefäße, die sogar hier links und rechts vom Hauptportal am Münster eingeritzt sind.«

Wir sahen und notierten fleißig. Es wurde uns gesagt, dass wir bei ausreichend Zeit und Interesse die Schauinslandbahn mit unseren Gästen besteigen sollten und ihnen zumindest auf diese Weise Schwarzwaldfeeling und Ausblicke auf immerhin 1284 Metern bescheren sollten.

»Für das Münster und das prachtvolle Augustinermuseum sollten Sie vielleicht besser einen eigenen Führer nehmen oder Ihren Gästen einen Audioguide in die Hand drücken. Fundiertes Wissen über Freiburg werden Sie sich wohl so schnell nicht mehr aneignen können.«

Sine guckte fast beleidigt. »Warum nicht? Ich werde mir so ein kleines Faltblatt besorgen, das da am Ausgang des Münsters ausliegt und rasch die Fakten querlesen. Natürlich muss ich alles gedanklich ins Hochfranzösische übersetzen.«

»Ein Faltblatt wird kaum reichen. Um ehrlich zu sein, hatte ich auch mehr mit studierten Kunsthistorikern gerechnet, als wir die Annonce aufgaben, doch es haben sich halt jetzt nur Leute wie Sie gemeldet.«

Nach diesen schmeichelhaften Einlassungen erlaubte uns Reutter, ein Getränk in einem der Cafés am Münsterplatz einzunehmen und das bunte Treiben zu genießen.

»Dort«, wir folgten seinem Finger, »in der Nähe des Schwabentores ist das Gasthaus *Zum Roten Bären,* der älteste urkundlich nachgewiesene Gasthof.«

»Wie alt?«

»700 Jahre!«

Helma notierte sich zu allem anderen zusammenhanglos die Zahl 700.

»Wo ist denn deine Nichte heute?«, erkundigte sich Sine spitz.

»Sie war müde von gestern und ist zu Hause geblieben.«

Alle sahen sich vielsagend an.

Reutter rief nach der Rechnung. »Und, Frau Thamm, zufrieden mit Ihrer Geburtsstadt?«

»Sehr hübsch. International. Und doch gemütlich«, antwortete ich muffig.

»Wenn Sie wollen, gebe ich Ihnen eine Stunde frei, und Sie können Verwandte besuchen. Wir treffen uns dann in Badenweiler«, meinte Reutter großmütig.

»Nein, nein, aber wenn Sie schon von Verwandten sprechen: Es gibt da eine uralte Tante. In Amoltern. Und da wir ja sowieso in den Kaiserstuhl wollten, könnten wir auch dieses wunderschöne originelle Dorf besuchen ...«

»A... was?«, dehnte Sine. »Also, mal ehrlich, Theodora, kein Mensch kennt diesen Ort und keiner will ihn kennen lernen. Diese Tour hier dient ja nicht nur deinem Privatvergnügen. Ich finde, du hast uns schon zu sehr aufgehalten.«

»Ach, diese Singles«, seufzte Helma und hielt das Display ihres Handys so in die Sonne, dass sie den Bildschirmschoner mit ihren Kindern gut erkennen konnte. »Die haben immer Ideen. Richtige Springinsfelde.«

»Theodora, mit dir stimmt etwas nicht. Das sagt der Autor in mir.« Das kam von Michael, und ausnahmsweise hatte er Recht.

Robert Reutter betrachtete mich hingegen aufmerksam. »Also gut, wenn Ihr Herz daran hängt. Schauen wir uns dieses Amoltern an, auch wenn ich nicht glaube, dass unsere Gäste sich sonderlich dafür interessieren. Aber wir wollten ja tatsächlich abseits der abgetretenen Wege gehen.«

»Danke!«

Die anderen sahen schlecht gelaunt um sich.

»Ich habe auch eine Tante. Frau von Bornschein-Webel. Sie wohnt in Busenbach. Fahren wir deshalb vielleicht nach Busenbach?«, moserte Sine.

»Klingt jedenfalls besser als Amoltern. Für Männerohren jedenfalls.« Michael machte eine anzügliche Handbewegung.

Ich glaubte ihm nicht. Ich hielt ihn für schwul. Oder sexuell neutral.

Fahrradgeklingel. Der Wind strich über den Münsterplatz und wehte tausend Düfte zu uns.

»So, wir haben mit Freiburg theoretisch einen Höhepunkt, aber je nachdem, wie die Tour verläuft, auch einen Schlusspunkt der Reise erreicht. Weil am Rhein und Lörrach haben natürlich ebenfalls ihre Pluspunkte. Weil genießt das Flair des Dreiländerecks, sein Wahrzeichen ist der Stuhl, da dort Sitzmöbel von bedeutenden Künstlern wie Mies van der Rohe nachgebaut werden. Im Architekturpark kann man das mit den französischen Gästen vertiefen. Ein Amerikaner würde einen Designerstuhl nicht erkennen und wenn er ihm in die Teetasse fiele.«

Sine formte mit dem Mund ein stummes Aha und schrieb mit.

»Ähnlich verhält es sich mit Lörrach. Schöne Parkanlagen, Stadtkirche und im Burghof ein Museum. Idyllische Landschaft am Schwarzwaldausgang und auf der Tüllinger Höhe könnten Sie Ihren Gästen einen Sensationsblick bis zu den Alpen bieten. Das erweitert das Produkt. Ob man den Ausflug unternimmt, hängt von der Interessenlage und der Fitness Ihrer Kunden ab.«

Helma seufzte.

Reutter sah auf die Uhr. »Sie haben Glück. Heute brauchen Sie nicht mehr Zug zu fahren.«

»Sollen wir quer durch das Produkt nach Hause laufen?«

»Nein. Unser Verlag hat eine Filiale hier in Freiburg, und wir haben einen Auslieferungsbus zur Verfügung bekommen. Er ist nicht besonders bequem, aber wir haben noch Badenweiler, eines von den Bädern in der Ebene, sowie auf der Rückfahrt den Kaiserstuhl mit Wunschort Amoltern und sodann Lahr vor uns. Noch Fragen?«

»Ja, aber es hat nichts damit zu tun. Trinkt ihr alle Wein oder ist auch ein Biertrinker unter uns? Ich frage nur wegen heute Abend. Mein Mann muss doch noch einkaufen. Ja, ja, der wird wieder Späßchen machen. Passt auf, dass einer von euch nicht Marmelade anstatt Ketchup auf seinen Pommes findet.« Sie lachte herzlich. »Ich bewundere ja solche Leute wie die Theodora, die ohne Mann klarkommen und das alles alleine machen.«

»Ich habe auch keinen Mann mehr im klassischen Sinne, aber ich habe was Besseres«, erklärte Sine. »Personal!«

»Für Marmelade anstatt Ketchup brauche ich keinen Mann. Und ich kann heute Abend leider nicht kommen!«, sagte ich. »Beruflicher Termin! Eine wichtige Sache. Eine Art Fortbildung. Ich muss schließlich Geld verdienen.«

»Was?« Obwohl Helma mich sichtlich nicht leiden konnte, tat sie jetzt ganz enttäuscht.

Vielleicht war sie es auch wirklich. Schließlich konnte sie mir jetzt ihr Idyll nicht vorführen und sich daran weiden, dass ich kein Idyll hatte.

»Wie schade«, sagte Reutter nur.

Irgendwie klang es so, als meinte er es ehrlich.

Eine halbe Stunde später durchquerten wir dem Schild nach die Stadt Müllheim. Eine kurze steile Straße hoch über grüne Wiesen und wir landeten mit einem Plumps im neunzehnten Jahrhundert. Es war Mittagszeit in Badenweiler, und uns empfing eine Atmosphäre wie einst auf dem Zauberberg des Thomas Mann. Hier erholte man sich wirklich. Anders als in Baden-Baden war da nichts Frivoles, nichts von Halbwelt oder zu viel schnellem Geld. Selbst wenn es Russen gab, so bemerkte man sie nicht. Eine kleine Durchgangsstraße oben am Berg, rechts und links gediegene Hotels und prachtvolle Villen, schlendernde Menschen, ein Siebziger-Jahre-Bausünden-Kurhaus, eine über allem thronende Ruine, die genauso pittoresk aussah, wie es sich gehörte. Park, Wiesen, Weinberge und Wälder, so weit das Auge reichte. Im Hintergrund zart die Vogesen.

»Hier gefällt es mir!«, bekannte ich widerstrebend.

Wir liefen durch den Kurpark, der sich bis hinunter ins Tal erstreckte und eine angenehme Mischung von gestaltet und natürlich darstellte. Es war, als habe jemand mit einem großen Eimer ein Beruhigungsmittel über den Ort geschüttet.

»Tschechow starb hier am 15. Juli 1904«, erläuterte Reutter.

Michael nickte. »Kenne ich. Wenn auch nicht persönlich. Er hat das Stück ›Gemüsegarten‹ geschaffen.«

»›Obstgarten!‹«, murmelte ich. »Und er ist schon ziemlich lange tot.«

Reutter unterdrückte ein Grinsen. »Doch sind Sie bitte nicht enttäuscht, wenn Ihre Gäste den Namen Tschechow nicht kennen. Ansonsten sehen wir dort die Burg. 1122, also alt. Zähringerbesitz. Die Stadt war zwischenzeitlich in französischer Hand, was noch zu spüren ist, wie ich finde. Nur gut, dass der Schwarzwald uns wie ein Wall vor den Schwaben abgeschirmt hat. Wo wäre sonst diese filigrane Leichtigkeit?«

Ich verdrehte die Augen und stellte mir Reutters Vision für Badenweiler vor. An der Grenze zu Schwaben, irgendwo im Schwarzwald, müsste eine Grenze mit Zöllnern sein: »Sie wollen nach Stuttgart? Haben Sie etwas Filigranes zu verzollen? Die Ausfuhr von Lebensart, Filigranem und Leichtigkeit sowie Humor sind streng verboten!«

»Zeigen Sie die bedeutenden Reste der großen Badeanlage der Römer, unter Vespasian erbaut, denn es sind immerhin die besterhaltenen römischen Thermen in Deutschland. Unternehmen Sie einen Spaziergang zum Aussichtspunkt *Kaffeemühle*, der einen grandiosen Blick erlaubt. Gehen Sie essen im Hotel *Römerbad*, fast so fein wie in *Brenner's Parkhotel* in Baden-Baden, oder nehmen Sie einen Kaffee in einem der herrlich altmodischen Cafés am Kurpark. Ihren amerikanischen Gästen wird der Ort gefallen. Rechnen Sie mit einem Vierteltag.«

»Ich hätte auch Hunger, Boss! High Noon«, sagte Michael und legte die Hand auf die Stelle, wo bei anderen Leuten der Bauch war.

Reutter nahm die Anwesenheit biologischer Bedürfnisse bei uns mürrisch zur Kenntnis.

Für uns gab es natürlich kein Essen im Hotel *Römerbad*. Im Gegenteil. Wir mussten den Ort verlassen und kamen durch das romantisch herausgeputzte niedliche Örtchen Staufen.

»Sie können die Faustlegende erzählen: 1539 ist der Alchimist Faust in Zimmer 5 des 1407 erbauten Gasthauses *Zum Löwen* durch einen Kunstfehler beim Goldmachen in die Luft geflogen. Und Staufen ist einer der malerischsten Orte im Produkt. Johann Peter Hebel dichtet, natürlich auf badisch, es gebe hier alles, was man begehre: ›Tanz und Wi un Lustberkeit‹. Und weiter sagt er: ›Wo ni ganz und stand, wär's e lustig Land‹.«

So wie überhaupt hier unten im Süden des Produkts war es auch in Staufen nett und romantisch. Ecken, Winkel, Galerien, Ateliers, kleine Läden. Hier könnte man vielleicht sogar leben, dachte ich. Vielleicht sollte ich bei der noch unbekannten Tante Rudi Asyl suchen. Vielleicht war sie eine liebe, alte Dame, die mich an Kindes statt annahm und mir noch mehr Geld schenkte. Die mich in ihr Herz schloss: »Kannsch jederzeit für a Bsüchle kumme und kriegsch ebbes. Brägele und Flädlesupp und Würschtle und Rahmkäs.«

»Wir werden ein kleines spätes Mittagessen im Münstertal beim Kloster St. Trudpert einnehmen.«

Unser Kleinbus mit der Aufschrift »Wir lesen Badisch!« fuhr entlang der B 3 durch Urlaubslandschaften. Alles wirkte sauber und auf eine undefinierbare Weise heiter. So wie Dauerurlaub. Wohlfühlland. Man konnte sich nicht vorstellen, dass die Leute hier von acht bis fünf arbeiteten. Sogar die Tankstellen hatten den Charakter von Dreisterneraststätten. Auffallend viele schicke Pflanzenhandlungen an der Straße. Davor standen große Palmen. Südbaden. Toskana Deutschlands. Fast vergaß ich, dass meiner Mutter seinerzeit alles andere als heiter zumute gewesen war.

Das Münstertal hingegen hätte fast schon im Allgäu sein können. Rechts und links kletterten Wiesen und Matten hoch, kleine Hausansiedlungen und stattliche Gasthöfe klebten an den grünen Hügeln. Durch das Tal schossen Autos und Motorräder, den Belchen fest im Blick. Die Klosteranlage lag mächtig, leicht erhöht mitten im Tal. Busse verrieten, dass wir mit unseren zukünftigen Kunden hier nicht alleine sein würden.

»Hier hätte ich mal was zu erzählen. Fällt ein bisschen in mein Gebiet, möchte aber im Moment noch nicht mehr dazu sagen: Der irische Mönch Trudpert, der hier seine Einsiedelei um 600, Leute, bedenkt: 600!, gründete, wurde von seinen eigenen Knechten erschlagen. Hatte mir mal eine Story ausgedacht, wo die Nachfahren des Mönchs noch Rache üben wollen an den Nachfahren der Knechte.«

»Mönche«, sagte Helma streng, »haben keine Nachfahren.«

»Manchmal doch«, murmelte ich.

Reutter lächelte.

Wir durften uns tatsächlich ein badisches Gericht in dem Restaurant mit Biergarten unterhalb des Klosters bestellen.

»Die Firma zahlt«, erläuterte Reutter großmütig und bestellte sich ein Radler.

»Also, ich muss Ihnen wirklich widersprechen«, girrte Sine und nippte an ihrer Champagner-Holunderschorle, von der sie ankündigte, sie selbst zu bezahlen. »Ich kann halt nur Luxus, sorry. Also, ich muss Ihnen widersprechen, Herr Reutter. Sie sagen, es sei nicht leicht, Ba... das Produkt zu vermarkten, aber ich finde, dass es allerdings sehr viele schöne Orte und Plätze gibt. Alleine hier schon ist es wunderbar.«

»Schon«, antwortete Reutter und sah sich befriedigt um. »Es ist schön, aber es ist nicht spektakulär, mit den Augen verwöhnter Weltreisender gesehen. Deshalb ist es umso wichtiger, dass Sie mit Ihrer eigenen Persönlichkeit Wohlfühlmomente schaffen. Charmantes, interessantes Plaudern und badische Lebensart. *Laisser-faire* anstatt penetrant schaffig wie Sie-wissen-schon-wer. Natürlich alles mit einem gewissen Niveau und mit Stil, nicht wahr, Theodora?«

»Warum fällt mir bei diesen Worten jetzt prompt der Kaiserstuhl ein, Herr Reutter?«

Reutter hob die Schultern. Gab sich geschlagen. »Also, fahren wir in Gottes Namen in den Kaiserstuhl. Auf Wunsch *einer* einzelnen Dame etwa nicht nach Breisach, der Stadt, die man ›Schlüssel des Heiligen Römischen Reiches Deutscher Nation‹ nennt und die mit dem auf einem Basaltvorsprung gelegenen mächtigen Münsterberg lockt, von dem aus man über den Rhein ins Elsass und in die Vogesen schauen kann.« Reutter seufzte. »Ein wirklich nettes Städtchen.«

»Schade«, murmelte Helma und sah mich böse an, als hinge ihr Herz speziell an Breisach.

»Wir werden auch nicht das romantische von Galerien und Kunstgewerbe erfüllte Burkheim besuchen, das ebenfalls mit Burgruine und Blick lockt, auch nicht Ihringen mit Spitzenweinlagen wie Doktorgarten oder Riegel mit der modernen Kunstgalerie in der ehemaligen Brauerei, sondern das winzige Örtchen Amoltern. Fünfhundert Einwohner.«

»Unglaublich. Wenn *jeder* hier seine Sonderwünsche äußern würde.«

»Dann äußert halt auch mal welche!!«, sagte ich aggressiv.

Meine Aufgabe schien unlösbar: Hatte ich die Gruppe nach dem abgelegenen Amoltern gelockt, musste ich dort nach einer Tante Rudi fahnden, von der ich nicht viel wusste, außer dass sie bereit gewesen war, zehntausend Euro mit der Post zu verschicken und gerne Begräbnisse organisierte. Also vermutlich uralt, weltfremd, vielleicht sogar dement war. Aber gutmütig. Eine rundliche kleine liebe Schwarzwälderin.

»Gut, dann möchte *ich* allerdings bitte noch nach Iffezheim. Falls es euch aufgefallen sein sollte – es ist Frühjahrsmeeting, ja, und es laufen da befreundete Pferde.« Sine warf wieder mal affig ihr Haar zurück.

Michael unterdrückte ein Lachen. Mir fiel erstmalig auf, dass er einen langen Eckzahn seitlich hatte. Graf Dracula?

»Ich hoff halt nur, dass wir rechtzeitig zu Hause sind. Ich muss noch was richten«, bekannte Helma. »Hoffentlich hat mein Mann das Rähmle Kammkoteletts aus der Truhe geholt und aufgetaut.«

Brrr. Dann lieber Frau Rundnuss.

»Gut, wenn das hier ein Wunschkonzert ist«, Michael deutete auf mich, »dann möchte ich nach Pforzheim in die

Schlosskirche. Da stimmt nämlich was nicht mit den Särgen der kleinen Prinzen. Ich sage nur: Kaspar Hauser!«

Reutter schüttelte nur den Kopf. »Keine Zeit für Iffezheim. Und nach Pforzheim fahren wir morgen. Also, Frau Thamm, was gibt es in Amoltern zu sehen? Außer Ihrer Verwandtschaft, meine ich.«

»Nun ...« Ich kramte zusammen, an was ich mich vom hastigen Durchlesen im Internet noch erinnern konnte. »Es ist erst einmal ein typisches Kaiserstuhldorf. Nicht so hergerichtet und geschleckt wie die anderen, nicht touristisch, sondern eben noch natürlich. Kleine Sträßchen, nette Kirche im Weinbrennerstil, Höfe mit Blumen und Kletterrosen. Kunstgewerbeläden, aber urig und ursprünglich. Und ein herrlicher Blick auf die angelegten Terrassen mit ihren Weinreben und Gärten.«

Sine stieß eine Art Kichern aus, ein Laut, der ihr gar nicht stand. »Wen interessiert das, Herr Reutter? Bitte!«

»Und es ist ein altes Dorf. Schon um 800 erstmals erwähnt. Und oberhalb sind Reste einer Burg.« Wie hieß nur diese blöde Burg?

»Die Üsenburg«, sagte Reutter sachlich.

Kannte der Mann eigentlich jeden verwitterten Stein in seinem Produkt persönlich?

»Genau. Und der ganze Ort ist herrlich romantisch. Wie aus der Zeit gefallen. Unsere Gäste können dort herumschlendern und Ruhe finden. Es gibt – bestimmt – auch einen Gasthof. Dort könnten wir Kaffee trinken. Und unsere Gäste auch.«

Der Kaiserstuhl, dieses grüne Kleinstgebirge mit Wellen aus Reben bis zum Horizont, mit baumlosen grünen Kegeln, mit Kratern und weiten Wiesen hatte fast etwas Fremdartiges an sich. Er musste ein Paradies für Genussradfahrer sein: Nicht nur die leichten Steigungen der kleinen Sträßchen, auch alle paar Meter ein nahrhaft aussehendes Dorf, Winzergenossenschaften und Reben.

Amoltern lag etwas abseits des Weges, naja, okay, ein bisschen sehr abseits des Weges, genauer gesagt, am Ende des Weges, umgeben von Kirschbäumen wie ein Osterei in seinem Nestchen. Eine idyllische Straße, die vermutlich die Hauptstraße genannt wurde, schlängelte sich leicht nach oben durch das Dorf. Befriedigt stellte ich fest, dass es tatsächlich einen Kunstgewerbler gab, der Objekte aus heimischem Kirschbaumholz herstellte.

Ich freute mich: »Da haben wir gleich einen originellen Souvenirvorschlag. Das sind Dinge, an die man sich in *New Baden* gerne erinnern wird.«

Ein kleiner Nachteil des Weilers Amoltern war, dass wir in etwa fünf Minuten am Ende des Dorfes angekommen waren.

»Können wir wieder umdrehen, Theodora?«

»Es gibt eine sehr hübsche Gastwirtschaft hier. Mit einem Freisitz, hinaus auf diese idyllische Dorfstraße. Kein besserer Ort, um Zsammehogge und Badische Lebensart zu demonstrieren.« Wenn ich so weitermachte, würde ich eine gespaltene Persönlichkeit werden. »Wir könnten hier eine Schwarzwälder Kirschtorte bestellen.«

»Also gut. Trinken wir einen Kaffee und dann aber weiter nach Lahr, damit unsere Helma nicht in den Stress einer Gastgeberin gerät, die später als ihre eigenen Gäste zu Hause ankommt.«

»Wir haben einen großen Garten, einen badischen Garten. Seit Neuestem haben wir auch eine badische Fahne darin. Wie all unsere Nachbarn auch. Man kauft sie im *Baden-Shop*«, schwärmte Helma. »Außerdem wohnen wir in Durlach, und Durlach ist sowieso die Keimzelle Karlsruhes. Über uns thront der Turmberg. Die Pfinz plätschert unweit. Es ist einfach nur herrlich!«

Wir ließen uns vor der Gastwirtschaft namens *Engel* nieder. Der Wirt, ein junger dynamisch aussehender Typ mit einem Küchenhandtuch über der Schulter, war nicht allzu begeistert über mittägliche Gäste, die eigentlich nur Kaffee trinken wollten. Ergeben nahm er die ausgeteilten Speisekarten wieder mit. Um den Eingang zum Lokal flogen große Wespen majestätisch hin und her.

»Hornissen. Mörderbienen.« Michael lächelte hintergründig. »Kann man ... in einem bestimmten Buch nachlesen. Nein, nein. Man sagt, sie haben ein Gehirn. Und einen Instinkt zum Töten. Aber ich möchte im Moment noch nicht darüber sprechen.«

An diesen Mörderviechern vorbei stahl ich mich in den Gastraum zum »Hände waschen«. Ich hatte noch niemals in meinem ganzen Leben so viel gelogen wie in diesen vergangenen Tagen. Kleine Lügen. Große Lügen. Hatte Nichten erfunden, die keine waren. Geld ausgegeben, das mir nicht gehörte. Mein Land für die badische Sache verraten. Daraus konnte nichts Gutes entstehen.

Der Wirt schenkte in aller Ruhe ein Schorle für Reutter ein.

»Hören Sie, Herr Wirt, ich hatte einmal eine nette Begegnung mit einer alten Dame aus Amoltern. Und ich würde sie so gerne mal wiedersehen. Ich weiß aber leider nur ihren Namen, vielleicht ist es auch nur ihr Spitzname.« Ich lachte verschwörerisch, um sein Vertrauen zu gewinnen. »Ja, und was kann ich da jetzt machen?«

Er sprach einen fast schon schweizerisch anmutenden Dialekt. Das Ch vom Ich klang hart wie bei Buch.

»Gebe Sie mir mal den Deckel da, für unters Bier. Merci!«

»Vielleicht kennen Sie die Dame? Ich kenne sie nur als Tante Rudi!«

»Rudi!«

Aus den Augenwinkeln sah ich, dass Sine ebenfalls auf der Suche nach den Waschräumen in die dunkle, leere Gaststube getreten war. Und zwar gerade, als ich leise raunte: »Ja, ich würde Rudi gerne in einer dringenden finanziellen Angelegenheit sprechen.«

Schnell war sie wieder verschwunden.

Vom Garten her hörte ich ihre Stimme: »Ihr glaubt nicht ... junge Mönche, Gastwirte, alles. Und sie muss ausgerechnet hier in diesem Kaff mit einem Rudi über Geld verhandeln.«

Michael lachte.

Helma bedauerte: »Diese Frauen ohne Männer. Es fehlt dann halt doch etwas. Ich sage immer, man kann nicht alles haben.«

Von Reutter vernahm ich nichts. Lediglich seinen Gesichtsausdruck konnte ich mir ganz gut vorstellen.

Der Wirt meinte inzwischen unfreundlich: »Sie sollten so nicht von unserer Frau Doktor reden. Und wo wollen Sie sie getroffen haben? Und wann?«

Frau Doktor. Aha. Eine kultivierte Frau. Germanistin vielleicht. Man würde also mit ihr verhandeln können. War ich die Kleine – und plötzlich wohlhabend – oder war es dieses schreckliche Kind, das gar nichts Sinnvolles mit dem Geld anfangen könnte?

»Im Urlaub. Vor gar nicht so langer Zeit.« Und weil der Wirt immer noch so verstockt und misstrauisch aussah, fügte ich noch an: »Vielleicht können Sie ihr sagen, dass ich hier bin. Die *Kleine*. Sie weiß dann schon. Und es geht um sehr viel Geld. Wir sind noch etwa eine halbe Stunde da.«

Ich begab mich wieder hinaus zu der mies gelaunten Kleingruppe.

Reutter hatte sein Gutedelschorle bereits fast beendet. Die Zeichen standen auf Aufbruch.

»Hast du deinen *Rudi* getroffen?«

Michael sagte: »Sie ist einfach eine super Vorlage für einen Gangsterroman, diese Frau!«

Mein Gott, war ich froh, wenn ich diese ganze Spießertruppe hier nicht mehr sehen musste. Um sie zu ärgern, und um dem Wirt Zeit zu geben, Tante Rudi herzubitten, bestellte ich tapfer noch eine Cola. Es war schon fünf Uhr. Höchste Zeit, nach Lahr zu fahren.

»Zahlen wir? Ich glaube, den Ort können wir getrost streichen. Aber danke für die Anregung, Frau Thamm«, sagte Reutter schließlich.

In dem Moment brauste ein größeres viereckiges Fahrzeug heran. Grün.

»Ein Unimog«, stellte Reutter anerkennend fest. »Im badischen Murgtal entwickelt, in Gaggenau gibt es ein Unimogmuseum. Könnte man eventuell in eine Tour bei einer Gruppe mit vielen Männern mit einbeziehen.«

Aus diesem Gefährt kletterte eine Frau, die sehr viel Ähnlichkeit mit Miss Marple aus den alten Filmen hatte. Neben ihr auf dem Beifahrersitz saß eine deutsche Dogge.

Das ältliche Wesen, das trotz der südbadischen Wärme einen flatternden Kittel trug, rief an den Hornissen vorbei: »Wo isch die Lügnerin?«

Der Wirt kam extra heraus und deutete in unsere Richtung. Genauer gesagt, auf mich. Alles andere hätte mich gewundert. Seit diese Baden-Tour begonnen hatte, war ich an allem schuld, direkt bis zurück zur Erbsünde.

Die Frau näherte sich mir. Es machte keinen guten Eindruck auf meine gebeutelten Nerven, dass der bewusste flatternde Kittel blutbespritzt war. Von der liebevoll-dementen rundlichen Schwarzwaldbäuerin war sie weit entfernt.

»Das glaubt mir mein Verleger nie«, murmelte Michael. »Muss ich aufnehmen. Darf ich Sie mit meinem Handy fotografieren?«

»Das ist … allerdings …«, war das Einzige, das unsere Sine noch herausbrachte.

Helma zeigte, dass Mehrfachmütter mit allem fertig werden und wies auf mich: »Da ist sie. Nehmen Sie sie ruhig mit. Sie ist eine Lügnerin. Wir haben aber nichts mit ihr zu tun.«

Reutter stand auf. »Was wollen Sie denn eigentlich von meiner Kollegin?«, fragte er ernst. »Bitte reißen Sie sich zusammen.«

Amoltern war doch ein ganz ganz friedliches Dorf. Irgendwo im Kaiserstuhl, der dem Paradies, aber zumindest der Toskana täuschend ähnlich sieht. Der Menschenschlag, geprägt durch jahrtausendelange Durchwanderung und Durchmischung in Sichtnähe von Frankreich und der Schweiz, galt als friedfertig und tolerant. Ganz Kaiserstuhl? Nein, ein kleines Dorf machte die Ausnahme.

»Sprechen Sie ja net so mit unserer Frau Doktor Rudolf! Sonst kannsch Ärger habe«, verkündete der Wirt drohend. »Du und die ganze Bagaasch. Cola und Sprudel, pah!«

»Frau Doktor? Sie ist allerdings die Ärztin von Amoltern?« Sine ordnete ihr Weltbild neu.

»Ja, für die Tiere, unsere Tiere ist sie die Ärztin, aber die meisten von uns würden auch selbst zu ihr gehen. Die kommt ins Haus, und ihre Diagnosen stimmen immer. Verschreibt kein Gruuscht, den man net braucht. Wenn sie sagt: Der Gaul macht's net mehr lange, dann ist das so. Und sie war noch niemals in Urlaub, deshalb war das glatt gloge, was Sie da gsagt habe. Groddefalsch!«

Wer konnte mit jemandem rechnen, der noch nie in Urlaub gewesen war? In unserem Landesteil – also dem *hinter* dem Bindestrich – gab es solche Menschen eigentlich nicht.

»Ich denke, das ist eine Verwandte von Ihnen?«, wunderte sich Reutter.

»Isch schon recht, lass mal gut sein, Max«, beruhigte die Frau. Dann deutete sie auf mich: »Also, wer bischt du überhaupt?«

»Ich bin die Lebensgefährtin Ihres Neffen Klaus. Er hat mich oft ›seine Kleine‹ genannt. Und ich habe diese gewissen Begabungen. Das war Ihnen ja wichtig.«

Sine lächelte, als habe sie eine ziemlich genaue Vorstellung von diesen Begabungen.

Helma wandte sich an Reutter. »Verstehen Sie das? Gehört das zur Führung?«

Ich sah mich um. Warum mussten die jetzt alle zuhören?

»Sie haben ihm eine gewisse Summe zukommen lassen.«

Ich blickte wieder um mich. Der Wirt. Reutter. Meine Konkurrenten. Alle hörten atemlos zu.

»Liebe Tante Rudi, könnten wir das nicht woanders besprechen?«

»Hier wird gredet«, befahl das Weib barsch.

»Und in Ihrem Brief sprechen Sie von der begabten Kleinen, die die Hälfte der Summe haben soll. Das bin doch sicher ich. Klaus wird Ihnen von mir erzählt haben.« Und in dem verzweifelten Versuch, mich als halbes Familienmitglied darzustellen, fügte ich noch an: »So wie Tante Otto und Tante Willi. Die mit dem Schnaps.«

»Mein Gott«, flüsterte Helma.

»Von seinen Weibern weiß ich nichts. War immer schon gscheid, aber ein Schluri. Mit jeder Laune und Mode hat er sie ausgetauscht. Hatte zuletzt sogar eine verdammte Schwäbin. Wollt er mir erst gar nicht sagen. Die wollte er mir nicht mal vorstellen.«

Leise Entsetzensrufe bei meinen Konkurrenten.

Tante Rudi bemühte sich um Hochdeutsch, doch dadurch wurde es nicht besser. »Nein, dieses Geld ist für Klaus' Kind bestimmt. Ich habe gehört, sie ist eine sehr gute Fechterin. Das gfällt mir. Eine Frau, die sich wehren kann. Haben Sie dem Kind das Geld gestohlen? Wo ist das Kind überhaupt?«

»Nun, liebe Frau Doktor, da würde ich an Ihrer Stelle mal vorsichtig sein. Von Ihrem Geld kauft sie sich teure Handtaschen, von *Bree* – Sie werden von der Firma gehört haben – und dann verspricht sie ihrer eigenen Nichte, einem ganz frechen Ding, Geld. Ich habe es selbst gehört!«, rief Sine freudig erregt. »Frau Doktor, als Adelige rufe ich der Akademikerin zu: Das müssen Sie überprüfen. Diese Nichte ist heute zu Hause geblieben. Aber das Geld steht Klaus' Kind zu. Auch, wenn er mit der Russin zusammenlebt.«

»Wer ist Klaus?«, fragte Helma leise.

»Der Mönch in der Spielbank!«, sagte Michael heiter.

»Was für eine Russin? Am Sundig komm ich nach Karlsruh und da will ich das Geld, die Kleine und meinen Klaus sehen. Sonst ...«

Die Dogge bellte und ließ den Unimog erzittern. »Ruhig, Killer. Noch nicht. Ich muss zu einem Fohlen nuffzus nach Endingen. Das Geld gehört Klaus' Kind und nicht irgendeiner Nichte von dir! Wer bist du überhaupt? Von dir hat mein Neffe nie gesprochen. Ich hab in letzter Zeit immer gefragt: Hast du was am Laufen, bist doch ein gesunder Junge, und er sagt: ›Nichts Ernstes, Tante Rudi. Vergiss es.‹«

Na, wunderbar. Das tut der Frau, die sich gerade mitten durch das Jammertal des Liebeskummers hindurchkämpft, besonders gut. Der Freund verlässt sie für Gott. Und Gott verlässt er für eine reiche Russin. Ansonsten wurde ich als »nichts Ernstes« eingestuft, als »verdammte Schwäbin«.

Der Unimog brauste vom Hof. Bevor der Wirt drohen würde, die Hornissen auf uns loszulassen, bezahlte Reutter hastig im Inneren des Gasthofes. Ich vernahm Stimmenmurmeln und hörte Geldstücke klappern.

Wir verließen Amoltern wie eine geschlagene Armee.

Michael sah mich von der Seite an und murmelte immer wieder: »Sehr, sehr interessant.«

Sine lächelte entspannt, und Helma sah an mir vorbei. Sie hatte wahrscheinlich gedacht, solche Dinge gäbe es nur im Fernsehen.

Reutter wirkte müde. Seine grauen Augen ruhten mit einer gewissen milden Ausdruckslosigkeit auf mir. Dann nahm er meine Hand in seine.

»Ich gratuliere Ihnen. Das war die peinlichste Szene, die ich in meinem ganzen Leben im Land Baden erlebt habe. Wir werden später darüber reden, Frau Thamm. Bitte sagen Sie jetzt nichts mehr.«

Er ließ meine Hand los. Das kurze Geborgenheitsgefühl verschwand. Ich hätte heulen können. Plärren sagten sie im Badischen. Egal. Es war international das Gleiche.

Unsere letzte Station war nunmehr die Stadt Lahr. Hier würden wir das Auto abgeben und hier würden wir in den Zug steigen.

Wir trotteten durch das hübsche Städtchen, das von einem kleinen Fluss, der Schutter, durchquert wird. Im Hintergrund leuchteten nachmittäglich die Vorberge, die Rebhügel des Breisgaus. Ziemlich viel Grün und schöne alte Häuser. Vor einem mächtigen Turm mit großen Steinquadern kamen wir matt zum Stehen.

»Lahr ist vielleicht auf den ersten Klang kein großer Name, doch können Sie es gerne der amerikanischen Gruppe zeigen, denn es gab hier einen großen NATO-Militärflughafen!«

Wir nickten alle.

Reutter schien irgendetwas von uns zu erwarten. »Was gibt es sonst in Lahr?«

Wie ich diese ewige Abfragerei hasste. Ich sah ihn am Traualtar stehen: »Wie heißt das Wort, Frau Thamm? Ja oder nein? Also, wie?«

»Da, dieser reizende Storchenturm«, sagte Helma. »Ich sehe es geradezu vor mir, wie sich die großen weißen Vögel darauf niedergelassen haben. Im Mittelalter, meine ich.«

»Ich habe gelesen, der Turm ist aus besonders schönem Buckelquaderwerk erbaut«, ergänzte Sine. »Wahrscheinlich 13. Jahrhundert. Ich würde ihn meiner *groupe* gerne zeigen, denn er sieht aus wie aus einem deutschen Märchen. Oben könnte Rapunzel sitzen und ihren Zopf herunterlassen.«

»In diesem Turm könnte auch ein unschuldig Verurteilter ohnmächtig gegen die Buckelwände hauen. Oder eine Verschwörergruppe könnte sich im Schatten dieser Reste der einstigen Wehrmauern treffen.« Michael tat so, als inspiziere er die Winkel rund um den Turm auf ihre Tauglichkeit, eine Verschwörergruppe zu beherbergen.

»Der Turm ist gut und romantisch. Den nehm ich mir für meine Amis.« Helma biss in eine Brezel, die sie aus den Tiefen ihres familientauglichen Rucksacks hervorholte.

Reutter sah mich fragend an.

»Der Turm ist wirklich pittoresk, aber ein Turm ist ein Turm ist ein Turm.« Und jetzt riet ich einfach mal, hatte ich doch nicht mehr viel zu verlieren: »Und es gibt noch eine interessante Kirche sowie ein Rathaus in Lahr!« Niederes Risiko, denn diese Sachen gab es in allen soliden badischen Städten. Jetzt zückte ich, die ich eigentlich schon ausgemustert war, noch einen Trumpf: »Aber eigentlich würde ich den Amerikanern lieber was vom *Lahrer Hinkenden Boten* erzählen.«

»Von was? Wieder eine deiner Extraideen, Theodora. Was sollen sie damit anfangen?« Michael schüttelte nur den Kopf.

Helma besah traurig den Rest ihrer Brezel.

»Und da haben Sie endlich einmal eine gute Idee, Theodora. Viele Auswanderer, die gegen Ende des 19. Jahrhunderts Deutschland in Scharen den Rücken kehrten, hatten diesen beliebten Heimatkalender im Gepäck oder ließen ihn sich später nachschicken. Der Volkskalender, 1800 erstmalig bei einem Verleger namens Geiger erschienen und mit dem traditionellen Mann in Uniform und mit Stelzfuß auf dem Titelbild, war eine Art früher Weltbestseller.«

Sine guckte beleidigt. Helmas Augen sprachen: »Nie gehört«, und Michael nickte bei jedem Wort mit, als hätte er es so und nicht anders auch formuliert.

»Diese bunte Zusammenstellung von Unterhaltung, Ratgeber, Wettervorschau, Rätseln und Aktuellem – das heißt, die Nachrichten waren nur schlappe drei oder vier Monate alt – wurde in den entlegenen Höfen und kleinen Weilern begierig studiert. Das war die Zeit vor der Zeitung. Woher sollten die

Leute auf dem Land wissen, wie die Öffnungszeiten der Stadttore in den jeweiligen Jahren geregelt waren?«

»Das finde ich auch sehr interessant«, behauptete Helma. »Ich sage immer zu den Kindern: Es gab auch ein Leben vor dem Internet. Glauben Sie, dass die nicht mal mehr wissen, was ein Telegramm ist?«

Reutter runzelte die Stirn. »Früher gab es unter dem Namen *Standrede* in jeder Ausgabe eine lebhafte Diskussion am Stammtisch des *Löwen* zwischen Bürgern der Stadt und eben dem *Lahrer Hinkenden Boten*. Hier ging es um Bürgerfreiheiten, um Kleinstaaterei, Obrigkeit, preußische Bevormundung ...«

»Schwabenwitze inklusive?«, gluckste Sine. »Herrlich. Warum tragen Schwäbinnen keine Tangas? Lassen sich schlecht zu Putzlappen machen.«

»Jedenfalls war dieser Kalender und dieses Gespräch ein erstes Aufzucken der süddeutschen Demokratiebewegung, die natürlich hier von badischem Boden ausging. Schließlich wurden die Grünen auch hier gegründet. Hier ist die Keimzelle der Freiheit, meine Herrschaften.«

»Amen«, hauchte ich.

»Den betreffenden Gasthof gibt es heute noch, und dort findet man nach alter Tradition immer noch die neueste Ausgabe des Boten, der bis heute gerne gelesen wird. Hier haben wir einen Ort und eine Legende, für den sich die Nachkommen deutscher Einwanderer interessieren, meine Damen und mein Herr! Das ist das Deutschland, an das sie sich erinnern wollen!«

Ich hatte endlich gepunktet. Eindeutig. Das sah ich an Sines saurer Miene. Ihr Rathaus – »Ach, das ist allerdings eine Freitreppe, wie man sie aus dem Sundgau kennt« – sowie ein Hinweis auf die Villa eines im 19. Jahrhundert nach Kuba ausgewanderten und dort steinreich gewordenen Lahrers namens Jamm, deren exotischer und gepflegter Park heute die

Allgemeinheit erfreute – »Hier herrscht Christentum und edle Weltläufigkeit« – halfen ihr auch nichts mehr.

Auf der Rückfahrt sah Helma aus dem Fenster, Michael schrieb etwas in ein Heft, wobei er immer wieder den Kopf hob und mich musterte, Sine zog unauffällig die Designerschühchen aus und zappelte mit den Zehen, und Reutter sah vor sich hin.

Wir trennten uns am Karlsruher Hauptbahnhof. Es war bereits nach neunzehn Uhr. Die anderen hatten mit nur mäßiger Begeisterung versprochen, in einer Stunde bei der Familiengrillerei aufzutauchen.

Ich hatte meine üblichen lästigen Aufgaben und noch ein paar neue unangenehme Pflichten zu verrichten, bevor ich in den Puff gehen würde. Etwa: den Hund Geist heim ins Reich zu führen. Den Schaden zu begutachten, den Nicole-Marie vermutlich in meiner Wohnung und in meinem Leben angerichtet hatte. Dr. Seltsam einmal zu streicheln, damit er sich nicht weniger wichtig als ein Hund vorkam. Nicole-Marie darüber zu unterrichten, dass sie von jetzt an etwa 5000 Euro besaß. Abzüglich meiner Spesen. Klaus erneut aufzuspüren, um ihm die jüngsten Entwicklungen mitzuteilen. Vermutlicher neuer Aufenthaltsort nicht mehr das Kloster, sondern *Brenner's Parkhotel*, Baden-Baden.

Theodora lernt »anschaffen«

Zu Hause war aber alles erstaunlich geordnet. Ada arbeitete, denn an ihrer Tür hing ein Schild: *I'm working.*

Geist lag auf der Fußmatte vor der Tür und schlief, neben sich ein Stück Käse. Dr. Seltsam saß bei mir in der Wohnung und hatte meinem Lieblingsbären die Augen ausgerissen. Auf dem Anrufbeantworter blinkte es. Die Nummer kündete von meinen Eltern. Ich ließ es erst mal blinken, denn ich hatte zu viele Dinge getan, derer ich mich schämen musste. Mein Land zu verleugnen war nur eines davon.

Im Schlafzimmer zog ich unauffällig die Schublade auf. Das Geld war noch da. Nicole-Marie saß gegenüber vor dem Spiegel und war gerade dabei, sich mit meinen Sachen zu schminken.

»Die mit den Kindern hat mich auf dem Handy angerufen. Ich soll zu der Grillparty kommen. Auch wenn du nicht mitkannst. Sie hat es ihren Kids versprochen, dass noch jemand Jüngeres kommt. Sonst ist es denen voll langweilig mit euch Oldies. Aber ich verspreche dir, dass ich nicht erzähle, dass dein Freund mein Papa ist. Ich mache weiter als Nichte. Ada fährt mich, wenn sie rechtzeitig mit der Übung zu den Adjektiven fertig wird.«

»Gut. Ich muss nämlich sofort gehen. Pass auf, ich muss dir was sagen, Nicole-Marie. Sei ein großes Mädchen. Ich habe Tante Rudi, deine liebe Verwandte Tante Rudi, nun getroffen und sie sagt, das Geld gehört dir.«

Gieriges Triumphgefunkel in ihren Augen.

»Natürlich werde ich es am Samstag deiner Mutter aushändigen. Sie wird es für dich anlegen. Der zweite Teil, von dem leider ein paar Euro fehlen – doch die werde ich mit den künftigen

Führungen leicht dazuverdienen können – gehört deinem Vater. Wir werden versuchen, ihn aufzutreiben, aber das kann ich erst ab Samstag tun, wenn diese Schulung vorbei ist.«

»Ist sie nett, die Tante Rudi?«

»Wahnsinnig nett. Du wirst sie lieben! Und so sanft und mütterlich.«

Ich verließ vor Nicole-Marie das Haus. Es war kurz vor acht. Ein Fehler, wie ich später feststellen musste.

Die anderen Statistinnen warteten bereits gegenüber der Uni in Karlsruhes Altstadtviertel.

Frau Rundnuss, eine bleiche dürre Person mit fransigem roten Haar und langen Ohrringen, stierte unfreundlich in die Runde: »Also, viel Zeit haben wir nicht. Ich habe mit einer Dame namens Maria Molina – das ist ein Künstlername – gesprochen. Sie empfängt uns in ihrem Büro.«

Unsere Gruppe bestand aus einer schon älteren Dame mit mausgrauem kurzem Haar, die etwas mollig war, einer bildhübschen blonden Studentin und aus mir.

»Zeit ist Geld für Maria Molina. Deshalb werden wir sie nur bitten, uns ein paar typische Körperbewegungen und Ausdrücke zu erläutern.«

Die kleine Gruppe begab sich lernwillig durch die halbe Absperrung in die enge, von einschlägigen Etablissements gesäumte Straße. So, wie Frauen suchend an Kleiderständern mit netten Blüschen vorbeiflanieren, flanierten Männer auf der Suche nach netten Mädchen umher. Doch sie wirkten nicht frei, nicht lustbetont oder freudig erregt, es ging immer eine weitere Person namens schlechtes Gewissen neben ihnen her.

Es herrschte eine ernüchternde Ruhe in der Geschäftsstraße. Aus den Bars und Häusern drang zwar verkaufsfördernde leise Musik und es zuckten Leuchtreklamen: »Sex pur«, »Paris Porno« und »Heute Flatrate«, doch ansonsten wirkte das Ganze recht verklemmt.

»Frau Doktor Busen hat heute Sprechstunde«, stand an einem Schaufenster, das wie eine Arztpraxis dekoriert war.

»Hier findest du etwas für jeden Geschmack«, verhieß eine lila Reklame am Laufhaus Nummer 2. »Erste Adresse in Karlsruhe: Wöchentlich neue tabulose Damen.«

Wir betraten das Gebäude. Pornobildchen säumten den Eingangsbereich. Sessel, eine Bar, an der eine Frau saß und Sekt trank, überall abgescheuerter Samt und ein paar goldfarbene Engelchen an der Wand, die Pfeile in der Hand hielten. Eine Art Rezeption. Männer stiegen verlegen die Treppe hinunter.

Zwei Mädchen, die von der Straße hereinkamen – beide trugen Leggins, die ihnen einen Tick zu eng waren – und etwas zu mollig waren, musterten uns feindselig.

»Die Elf. Die neuen Handtücher, die du bestellt hast, sind oben«, sagte die Rezeptionistin, die eine Brille trug und eher aussah wie eine Pensionatsleiterin.

»Hier ist alles bestens organisiert«, freute sich Frau Rundnuss. »Für den Service in den Zimmern führen die Damen einen gewissen Betrag an die Hausverwaltung ab.«

»Molina wartet an der Bar!« Die Rezeptionistin fertigte uns mürrisch ab.

Molina war eine interessant aussehende Frau. Typ Juliette Greco. Schwarzes französisch geschnittenes Haar, schwarz gekleidet, gute Figur, schwarze Augen.

»Ich habe nicht viel Zeit. Sie sind die vom Theater. Ich wollte auch mal Schauspielerin werden, hatte sogar Unterricht, aber sie haben mich nicht genommen in Stuttgart. Scheiß-Schwaben. Die sind sogar zu geizig zum Vögeln. Glaubt ihr, dass ich mehr Elsässer unter meinen Stammkunden habe als verdammte Schwaben?«

Das wäre doch eine blendende Partie für Reutter, dachte ich. Seltsam, dass ich immer noch nicht wusste, ob er eigentlich verheiratet war.

»Aber was ich im Schauspielunterricht gelernt habe, kann ich jetzt bestens gebrauchen.« Sie lachte ein wenig heiser.

»Wenn ihr auf dem Markt Birnen, Äpfel und Spargel verkauft, was macht ihr? Genau, ihr präsentiert die Sachen, so dass sie gut aussehen. Die schönen Birnen nach vorn, der dicke Spargel nach oben. Ihr versprecht: ›Leute, wenn ihr diesen Spargel kauft, werdet ihr zufrieden sein. Er wird absolut super schmecken.‹ Der leckere Spargel ist ein Versprechen. Und so ist es auch, wenn man Sex verkauft.«

Wir nickten.

»Also, wichtig ist: Mit dem Körper ein Versprechen machen. Und die Teile betonen, um die es geht. Alles andere interessiert nicht. Euren Busen beispielsweise, den müsst ihr selbst lieben, ihm einen Namen geben. Er ist euer Freund, denn er macht euch schön. Also nicht verstecken. Und ansonsten den Rest vom Schützenfest: So verkaufen, wie man eine schöne Birne verkauft. Den Popo betonen, denn er ist für die meisten Männer das Wichtigste. Und keine Scheu beim Gang. Eine Frau, die sexy läuft, ist gut im Bett – der Meinung sind die Männer, denn was für andere Signale kennen sie sonst? Sie können ja kein Arbeitszeugnis von anderen Kerlen verlangen, die schon bei dir waren. Also verlassen sie sich auf das, was sie aus Heftchen, Filmchen, Witzchen kennen und was sie sehen.«

Das leuchtete ein.

Sie zeigte uns dann ihr Zimmer: Rotes Bett in Herzform, rosa Kissen in Lippenform, ein paar Bilder von Frauen, die gerade dabei waren, ihre Dessous abzustreifen. Ein Spiegel an der Decke. Sie machte uns vor, wie wir gehen sollten. Wie lächeln.

»Nicht wie Mutti. So wie die Sünde, so, als wüsstet ihr was, was Mutti nicht weiß.«

Wir versuchten es.

»Und dann immer ein wenig bereit, sich gleich wieder abzuwenden. Nie frontal auf den Kunden zugehen. Wiegender

Gang, so, aber immer zur Seite gewandt, schaut ... etwa so. Er muss immer das Gefühl haben, dass er jetzt zupacken muss, sonst ist ihm die Chance mal wieder entwischt.«

Sie widmete uns zwanzig Minuten ihrer kostbaren Zeit. Jede musste mal vor ihr auf und ab laufen.

Zu mir sagte sie: »Hoffentlich hast du noch einen anderen Job, denn damit wirst du nicht viel verdienen. Das Nuttesein musst du noch üben.« Dann läutete ihr Handy. »Sorry, muss los. Stammkunde.«

Rundnuss holte so etwas wie eine Rechnung heraus. »Wenn Sie bitte hier unterschreiben ...«

Molina schüttelte den Kopf. »Ich unterschreib nix, wenn ich es verhindern kann. Schickt mir 'ne Freikarte für euer Theaterchen, wenn das Stück drankommt.«

Als sie sich vorbeugte, um ihre Tasche hochzunehmen, in der leise und brav ein winzigkleiner weißer Hund saß und sie aus schwarzen Knopfaugen heraus erwartungsvoll ansah, sah ich, dass sie gelb-rote Slips trug. Die badischen Farben!

Sie hatte meinen Blick gesehen: »Ja, Schätzchen. Ich bin eine badische Hure. Wie sagt der SWR: Wissen, wohin man gehört!«

Wieder auf der Straße ermahnte uns die Rundnuss: »Bitte sorgfältig üben, die Damen. Die erste Probe für die Statisten ist in zehn Tagen.«

Zu Hause erwartete mich etwas absolut Seltsames und vollkommen Unerwartetes. Meine Wohnung war zwar angenehm leer, dafür drang Stimmengewirr aus Adas Heim.

An ihrem Wohnzimmertisch saßen folgende Personen: Nicole-Marie, Dr. Seltsam, Geist, Ada selbst und – Reutter.

Als er mich sah, stand er immerhin auf. »Liebe Frau Thamm. Ich weiß, es geht mich nichts an, aber ich habe auch eine Tochter, und es würde mir nicht gefallen, wenn das Geld, das ihr zusteht, von einer anderen Person verprasst wird.«

Nicole-Marie maulte: »Sag was, Theodora!«

»Dieses Kind hier hat eine Flasche echten Champagner mit zu Helmas Party gebracht. Die sie zuvor in der Tankstelle gekauft hat. Das heißt, gekauft hat die Flasche in ihrem Auftrag der Taxifahrer, der sie nach Durlach gefahren hat. Er hat sie nach oben begleitet und dort hat sie ihm fünfzig Euro ausgehändigt. ›Der Rest ist für Sie‹, hat sie gesagt.«

»Nicole-Marie!«

»Befragt, wovon sie sich das alles leisten könne, hat sie gesagt: ›Ich kann das. Ich kann mir von den zehntausend Euro so viel nehmen, wie ich will‹, hat Theodora gesagt. Wenn es nicht mehr wird als fünftausend. Den Rest muss sie ihrem Freund geben.‹«

»Nicole-Marie!«

»Ich meine, wir haben uns im Laufe der Woche ja an so einiges gewöhnt, liebe Frau Thamm. Doch Ihrer Nichte freizügig von dem Geld Ihres ehemaligen Lebensgefährten abzugeben, welches offenbar seinem Kind zusteht, geht etwas zu weit, finde ich.«

»Nicole-Marie!«

»Vor allem«, fügte er an, »vor allem frage ich mich, wie Sie all das veruntreute Geld bis Sonntag, wenn Tante Rudi erscheint, aufbringen wollen.«

»Das frage ich mich auch. Von mir aus können Sie hier in dieser reizenden Runde bleiben, aber wenn Sie nichts dagegen haben, gehe ich ins Bett.«

»Ich könnte Ihnen natürlich helfen, aber das würden Sie wahrscheinlich falsch verstehen. Ein Badener und eine Badenerin lassen sich nichts schenken.«

»Nein. Badener spielen im Himmel direkt in der gleichen Liga wie Engel, Herr Reutter.«

»Tante Theodora«, piepste Nicole-Marie. »Es war ganz einigermaßen nett bei Helma. Sie macht guten Nudelsalat. Wo warst du eigentlich heute Abend? Der Robert ist besser gelaunt, wenn du dabei bist.«

»Ach ja? Ich? Ich war im badischen Bordell!«, sagte ich und schlug die Tür zu.

Als ich im Bett lag, fragte ich mich, warum ich eigentlich Theaterstücke erfand, anstatt einfach nur in meinem Leben eine Kamera mitlaufen zu lassen.
Irgendwann hörte ich Ada lachen und flüstern und meinte, Reutters Stimme zu hören. Noch im Einschlafen ärgerte ich mich darüber. Und fragte mich, warum.

Freitag: Im Herzen von Baden

Das letzte Mal trafen wir uns am Bahnhof. Gleis 12a. Richtung Pforzheim.

Die Gruppe schien seit dem gestrigen Abend bei Helma noch mehr zusammengeschweißt. Man tauschte kleine Scherze, die sich auf den vorigen Abend bezogen.

»Also, das war lustig, wie der Kleine mit der Tomate ...«

»Schade, dass du gestern nicht kommen konntest«, log Helma. »Alle wären sehr interessiert daran gewesen, dich kennen zu lernen. Aber dafür war ja deine Nichte da. Eine ganz besondere Person. Wo ist sie denn heute, die Kleine?«

»Wahrscheinlich geht sie in der Breuninger Exquisitabteilung shoppen«, sagte Sine. »Geld genug hat sie ja allerdings offenbar.«

»Wahrscheinlich«, erwiderte ich.

Man gelangte überraschend schnell durch das enge Tal der Pfinz nach Pforzheim. Ein paar Dörfer und wenige Minuten später empfing uns eine rauere Variante des Produkts als im Süden.

Reutter warnte: »Leider ist Pforzheim in der Wahrnehmung mancher unserer Landsleute ein Hybrid. Hört man den Menschen auf der Straße zu, könnte man sie manchmal für Schwaben halten. Sie nennen sich selbst scherzhaft Dachtraufschwaben. Dennoch zählt diese Stadt, in der es übrigens sehr viele unauffällige Millionäre gibt – Stichwort Schmuckindustrie – seit Anbeginn zum Produkt.«

»Mein Mann hat allerdings einige Schmuckstücke für mich ebenda machen lassen. Wir hatten einen Juwelier, heute hat er sein Atelier im Gebäude dieser Schmuckwelten, der uns unsere Liebe vergoldete.«

Helma staunte. Michael grinste.

»Ja, er war sehr verliebt, Freundschaftsring, Verlobungsring, Ehering, alles hier gekauft, und er würde gerne wieder ... aber ich kann sehr konsequent sein. Manche Männer nennen mich die Eiserne Lady. Nun, mal sehen.«

»Wenn wir es also ernst meinen damit, unseren Gästen alle Facetten des Produkts zu zeigen, kommen wir an Pforzheim, Geburtsort des Humanisten Reuchlin, nicht vorbei.«

Wir standen auf dem lebhaften Bahnhofsvorplatz wie auf einem Präsentierteller. Eine breite Straße rauschte vorbei. Pforzheim war eine helle und luftige Stadt mit geschwungenen Ausfallstraßen in alle Richtungen. Auch nach Stuttgart, dachte ich. In den richtigen Zug steigen und alles hinter mir lassen. Heimkommen.

»Römer, Alemannen, Salier und Staufer und Zähringer. Alle regierten hier in der sogenannten Pforte zum Schwarzwald. Grenzstadt. In die schwäbische Hauptstadt ist es nicht weit«, erläuterte Reutter für seine Verhältnisse sachlich, so als habe er meine Gedanken erraten.

Heute war unser vorletzter Tag. Ließ man seinen Fundamentalismus in Sachen Baden beiseite, war er wirklich ein interessanter Mann. Einer mit guten Nerven. Wenn man bedachte, wie viel ich ihm zugemutet hatte, hatte er sich während der Woche ganz wacker gehalten. Er sah gut aus, und er roch gut. Und er überstand Drillinge alle vierzehn Tage. Immerhin ein Mann mit Verantwortungsgefühl.

»Viele sagen, es ist nicht schön, dieses Pforzheim. Doch diese Stadt wurde nahezu bei jedem kriegerischen Konflikt zerstört, als da waren: die Weltkriege mit Totalschaden, natürlich aber auch der Dreißigjährige Krieg und der Pfälzische Erbfolgekrieg. Schutt und Asche jedesmal. Als Markgraf Karl Friedrich 1767 der Stadt das Privileg für Bijouteriewaren gab, hat er sie damit vor der Bedeutungslosigkeit gerettet. Heute ist es eben die Goldstadt.«

Meine drei Mitstreiter sahen sich um, als sei in ihren Augen das Thema der Bedeutungslosigkeit für Pforzheim noch nicht ganz vom Tisch. Ich war bereit, dem modernen und heiteren Pforzheim eine Chance zu geben.

»Wir werden jetzt zur Schlosskirche gehen. Unten, leider derzeit auch für uns von der *BadenTouristik* unzugänglich, befinden sich die beiden Grüfte, wo die Regenten des Produkts begraben liegen. Die letzte ist Stefanie von Beauharnais, die Adoptivtochter von Napoleon. Die Grablege gehört dem Haus Baden. Sie haben das alleinige Nutzungs- und Zugangsrecht.«

Sine, die designierte Französinführerin, nickte und notierte sich etwas. Helma schielte hinüber. Ich sah, wie sie auf ihren Rätselblock das Wort Napoleon schrieb.

Die Kirche lag auf einer grünen Insel, etwas erhöht, umtost vom etwas verwirrend angeordneten Pforzheimer Straßensystem. Es war eine schöne Kirche. Gerne wäre ich in die Gruft gegangen, aber eine Bodenplatte verschloss den Zugang, als verberge sich der Gral darunter.

»Tja, Leute.« Michael lächelte maliziös. »Wer liegt wohl dort unten? Der echte Prinz oder ein untergeschobenes Baby? Mit diesem Thema werde ich mich wohl als Nächstes beschäftigen. Das ist wieder mal einer meiner Stoffe, aus dem Bestseller geschnitzt sind.«

In direkter Nachbarschaft der Kirche wies uns Reutter auf das Reuchlinkolleg hin. »Interessant für die bekennenden Protestanten unter unseren Gästen. Es gibt auch in Amerika historisch interessierte Reutner. Die Frauen spielen Bridge, die Männer sammeln Unterlagen über die Vorfahren.«

Ich sah mich um. Insgesamt haftete der ganzen Anlage etwas Geheimnisvolles an.

Hier sei der Ort, um etwas über die Produktgeschichte zu erzählen. Gerade die Verbindung von Stefanie und dem Haus Baden sowie dem Interesse Napoleons an dem kleinen Zwischenland, das er zum Großherzogtum machte, sei vielleicht für die französischen Gruppen interessant.

»Sind viele ältere Herren mit jungen Begleiterinnen in der Gruppe, so steuern Sie bitte unweit von hier die sogenannten Schmuckwelten an. *BadenTouristik & Incentive* hat mit der Verwaltung ein Arrangement: Jeder unserer Gäste erhält ein Piccolofläschchen mit Goldplättchen darin.«

Dieses Frauenbild muss ich dir abgewöhnen, dachte ich. Junge Frauen, die an Piccolos nuckeln und sich freuen wie die Kinder, wenn der Oldie an ihrer Seite ihnen einen Ring schenkt!

Die Schmuckausstellung befand sich praktischerweise in der Innenstadt. Von der Schlosskirche spazierten wir an einer klar und wohl erst kürzlich angelegten Grünanlage die Pfinz entlang, alles war entspannt und ohne Hast. Was mir gefiel, war die frische Luft, die durch die Stadt wehte. Ich konnte mir denken, dass es Spaß gemacht hatte, nach Pforzheim zu kommen und ein Geschäft aufzubauen. In Stuttgart war es oft schwül und drückend. Sofort verbot ich mir den Gedanken.

Die Schmuckwelten waren von außen kaum als solche zu erkennen. Bescheidene Einkaufspassage. Rechts und links Juwelierläden, in denen es funkelte und strahlte. Mehr Verkäuferinnen als Käufer. Nein, falsch. Eigentlich nur Verkäuferinnen.

Oben erwartete uns ein Museum, in dem sich die Dame an der Kasse und eine weitere Wärterin benahmen, als hüteten sie einen Tempel. Mit leiser warmer Stimme teilte man uns die Preisvorstellungen für den Eintritt mit, Reutter verhandelte ebenso leise über einen Gruppentarif, und schließlich wurden wir in Räumlichkeiten geleitet, die uns über die Herkunft von Diamanten, über Goldverarbeitung und Schmuck allgemein aufklärten.

Michael klopfte mehr als einmal an eine der Scheiben und schnüffelte in den leicht abgedunkelten Räumen herum: »Irgendwo *muss* die Alarmanlage sein. Irgendwo muss sie sein! Das würde mich mal genau interessieren.«

Sine betrachtete die ausgestellten Prunkstücke, hielt ihren eigenen Schmuck immer vor der Scheibe daneben und nickte befriedigt.

Helma stand der Pracht etwas ratlos gegenüber.

»Na, Theodora, hier findest du doch was für das Geld, das du dem Kind deines Bekannten weggenommen hast!«, sagte Michael und lachte meckernd.

»Bringen Sie sie nicht auf den Gedanken!«, sagte Reutter.

Doch als wir in einen dunkleren Raum eintraten, in dem sich auf einer Leinwand eine Supernova im Universum abspielte, spürte ich, wie er meinen Arm leicht berührte. Draußen war es warm, hier drin war es kühl, wahrscheinlich lief mir deshalb etwas wie eine Gänsehaut den Arm hinunter.

Irgendwann wussten wir alles über Schmuck, was wir eigentlich nie hatten wissen wollen – ich persönlich trage nur schlichtes Silber – und trieben uns vor den Juwelierläden herum.

»Da!«, sagte Sine. »Da durfte ich mir meine Kette zum Einjährigen aussuchen!«

»Oh«, sagte Helma.

Eine der Verkäuferinnen kam heraus, um mit Lappen und einer Sprühflasche die Fensterscheiben zu putzen, in die vielleicht irgendwann ein imaginärer Kunde schauen würde.

»Frau von Schönau!«, rief sie aus, als sie uns sah und ihr Blick an Sine hängen blieb. »Gerade gestern sagte ich zu Ihrem Exmann und seiner Tochter, einer so reizenden dunklen Erscheinung, und ich dachte immer, Sie hätten gesagt, sie sei blond, aber nun, wenn er sagt, es ist seine Tochter, dann *ist* es seine Tochter. Wir fragen da nicht. Und ich erkundige mich: ›Haben Sie noch Kontakt mit Frau von Schönau? Ich habe sie nicht mehr gesehen, seit wir großzügigerweise das Geld für das Collier zurückerstattet haben. Dann grüßen Sie sie doch herzlich von mir‹, sage ich. Also, Sie sehen fabelhaft aus.«

Sine lachte verlegen.

»Es ist schön, dass Sie Arbeit gefunden haben.«

»Ja, ich wusste, dass mein Mann herkommen würde«, brachte Sine tapfer, aber natürlich vollkommen gelogen hervor. »Er hat mir allerdings davon erzählt.«

Am Taufbecken der Schmuckverkäuferin mussten die Feen, die für Taktlosigkeit und Dummheit zuständig waren, geradezu massiv vertreten gewesen sein.

Vielleicht zahlte sie Sine aber auch nur vergangene Missetaten heim, als sie fortfuhr: »Ich finde das schön, wenn man sich so fair trennt. Jeder nimmt mit, was er mitgebracht hat, und dann ist das eine klare Sache. Und das andere ... der Goldpreis ist auf Rekordhoch. Ihr Exmann hat was für das Baby ausgesucht. Einen Schnuller aus Silber ...« Sie hielt in ihren Worten inne. »Oh je ... das war wohl etwas dumm von mir. Haben Sie nichts von dem Baby gewusst?«

Jetzt nahm die Verkäuferin den Rest unserer Truppe endlich auch wahr und suchte Hilfe in unseren versteinerten Mienen. Das heißt, meine war eigentlich nicht versteinert, sondern erleichtert. Endlich war ich nicht mehr die Einzige, die peinliche Geheimnisse hütete.

»Doch«, sagte ich. »Wir haben alle von dem Baby gewusst und wollten nach einem Taufgeschenk schauen. Doch die Sachen hier sind uns irgendwie ein wenig zu gewöhnlich. Wie soll ich sagen: kleinstädtisch.«

Alle sahen mich bewundernd an. Sogar Reutter.

Doch jetzt versetzte ich ihm einen geradezu wagemutigen Schlag: »Wir gehen nun doch in die Großstadt und schauen uns dort nach einem geeigneten Taufpräsent um. Wir dachten an Stuttgart.«

Um zwei Uhr nachmittags waren wir endlich im heimischen Karlsruhe zurück. Saßen im *Café am Zoo* und sahen zu, wie sich die Eltern vor der Kasse stapelten.

Eine Vision durchzuckte mich: Ich, Reutter und drei gleich aussehende Kinder. Unsere Augen begegneten sich. Ich hätte wetten können, er hatte an das Gleiche gedacht.

»Letzte Runde, Ladies and Gentleman«, verkündete Reutter. »Ich habe euch Bretten erspart, obwohl das Melanchthonhaus durchaus sehenswert ist. Der Besuch in einer urwüchsigen Besenwirtschaft im Kraichgau sowie das Vorüberfahren an einer Waldensersiedlung wie Klein-Villars hat auch seinen Reiz. In Oberderdingen hätten wir noch den würdigen Amthof im Angebot, aber in einer Woche können wir eben nicht alles zeigen. Das Produkt hat nun mal unendlich viel zu bieten.«

Das konnten wir und unsere Füße bestätigen.

»Sie müssen auch immer mit Verzögerungen im Ablauf rechnen. Jemand kommt zu spät zum Bus. Einer verstaucht sich den Fuß. Unberechenbare Dinge. Franzosen halten sich zu lange beim Essen auf, die Amerikaner telefonieren mit zu Hause und gehen ziemlich langsam.«

Wir nickten brav. Alle waren froh, dass es morgen Nachmittag zu Ende sein würde.

Auch ich war froh. Das Kind würde abgeholt werden, irgendwie müsste ich die Sache mit dem Geld in Ordnung bringen und noch ein letztes Mal versuchen, dieses Schlawiners Klaus habhaft zu werden.

Sine war zuerst zerknirscht gewesen, dann aber hatte sie zu ihrem alten arroganten Selbst zurückgefunden. »Es handelt sich um eine Schlampe aus seinem Büro. Sie hat ihn reingelegt. Welche Frau bandelt mit einem verheirateten Mann an? Solche Frauen haben einen schlechten Kern. Und jemanden als Tochter auszugeben, der halb farbig ist, das ist die Höhe.«

Reutter tröstete sie: »So ein Benehmen ist zutiefst unbadisch, Verehrteste. Dem Badener sind Familienleben, sein Verein und die Tradition wichtig. Nirgends sind so viele Menschen im Gesangverein wie bei uns.«

Also war ich unbadisch bis in die schwäbischen Knochen.

»Das alles sind saubere Mordmotive. Ich bin froh, wenn ich ab morgen wieder loslegen kann. Meine Güte, da wird sich einiges an Leseanfragen gestaut haben«, seufzte unser Michael und warf einen auffordernden Blick auf sein schweigsames Handy.

Helma war sowieso ziemlich deprimiert. Wegen ihrer Tochter. »Sie hat in Englisch in einem angekündigten Vokabeltest über die Unit 5 a-c eine Vier plus gebracht. Nur weil ich diese Woche nicht mit ihr lernen konnte. Bin gespannt, wie wir das wieder ausgleichen.«

Reutter wollte nun von uns wissen, was jeder einzelne mit Karlsruhe, der Residenz, verbände. »Erzählen Sie mir was über Ihr ganz persönliches Karlsruhe!«, forderte er.

Keiner wollte was sagen.

Dann sagte er: »Gut, wir machen es dann anders. Stichworte bitte, und wem als Erstes nichts Touristenwirksames mehr einfällt, der muss heute den Kaffee zahlen.«

»Hehe!« Michael.

Das fehlte noch, dachte ich.

Keiner wollte anfangen. Sich die guten Sachen bis zum Schluss aufsparen.

»ZKM.« Michael.

»Schloss.« Sine.

»Theater.« Ich.

»Zoo.« Helma.

»Stadt in Fächerform.« Michael.

»Schlosspark.« Sine.

Nicht schon wieder, Sine. Sollen deine Franzosen mit einer Überdosis Schloss ins Städtische Klinikum eingewiesen werden?

»Turmberg bei uns in Karlsruhe-Durlach.« Helma.

»Kunsthalle, staatliche.« Ich, die Schöngeistin.

»Mausoleum im Hardtwald.« Michael, der Morbide.

»Pyramide.« Sine, erleichtert, dass ihr noch was eingefallen war.

»Karlsburg bei uns in Durlach mit Museum.« Helma, mit Mühe.

»Städtische Galerie.« Ich, die Kunstkennerin.

»Bundesgerichtshof und Bundesverfassungsgericht.« Michael, wer sonst?

»Wohnviertel Dammerstock als Bauhaus-Siedlung für einfache Leute.« Sine, von oben herab.

»Naturkundemuseum.« Helma, strahlend.

»Handschriften in der Badischen Landesbibliothek. Klammer auf, einmalig, Klammer zu.« Ich.

Schweigen in der Runde.

»Evangelische Stadtkirche.« Versuch von Michael.

»Einkaufscenter Ettlinger Tor.« Sine, unverwüstlich.

»Indianerbrunnen in der Südstadt.« Helma stirnrunzelnd. »Leider hängen da Penner rum. Unbadische Elemente.«

Jetzt, auf der Zielgeraden, übertrieb sie es aber ein bisschen.

Alle sahen mich an.

»Und, Frau Thamm?«

»Ich weiß nichts mehr!«, sagte ich. »Also muss ich mal wieder bezahlen.«

»Lieber nicht. Ich mach das für Sie. Wer weiß, wo Ihr Geld *diesmal* herkommt«, sagte Reutter.

Peinlich.

Reutter lehnte sich zurück. »Obwohl Karlsruhe die badischste aller badischen Städte ist, haben wir aus touristischer Sicht ein paar Probleme. Erstens: Die Stadt ist nicht wirklich alt, sondern eine Gründung des 18. Jahrhunderts. Nicht gewachsen, sondern, wie Wilhelm Hausenstein sagt, eine ›gesetzte Stadt‹. Das nimmt dem Besucher den Reiz des Entdeckens verwinkelter Gässchen. Stattdessen Fächerstraßen und klassizistische Monumentalbauten. Doch Kleist sagt: ›Klar und lichtvoll wie eine Regel.‹ Ein herrliches Zitat.«

»Karlsruhe-Durlach ist aber sehr romantisch. Und alt. 12. Jahrhundert. Ich kenne mich aus. Mein Mann und ich waren im Verein ›Durlacher Eltern machen Geschichte(n)‹ und haben uns informiert.« Helma strahlte. Endlich, nach verwirrenden Ausflügen in zwar badisches, aber doch für sie emotional fremdes Land war sie in heimischen Gefilden angekommen. »Wir wären noch Residenz, wenn der junge Karl Wilhelm, der seit 1709 Markgraf war und ganz zufrieden in Durlach, nicht sechs Jahre später unbedingt in den Hardtwald hätte bauen wollen.«

Helma sah aus, als wäre diese Baugenehmigung nicht erteilt worden, hätte sie damals etwas zu sagen gehabt.

Reutter nickte ihr wohlwollend zu. »Ja, und damit begann der Aufstieg Karlsruhes, vor allem unter dessen Enkel Karl Friedrich, der nicht nur die Hinterlassenschaften der ausgestorbenen Baden-Badener Linie erbte, sondern durch die Gunst Napoleons große Gebiete gewann und außerdem Großherzog wurde.«

»Schön«, sagte Helma.

»Das war ein tolerantes, offenes, wohlhabendes Land, in dem der Architekt Weinbrenner in der Residenz seine Chance bekam, eine moderne bürgerliche Stadt zu schaffen.«

Von ferne hörte man den Lärm der unzähligen Karlsruher Wanderbaustellen, die gerade dabei waren, eine noch modernere Stadt zu schaffen.

»Und das ist etwas, womit Sie vor allem bei den Franzosen, aber auch bei den Nachkommen von badischen Auswanderern punkten können: Unter Karl Friedrich Abschaffung der Folter und Leibeigenschaft, Förderung der Volksbildung, später unter Großherzog Karl freiheitliche Verfassung, liberal, tolerant, freundlich und offen. Das ist der Geist in unserer Stadt. Ich würde nicht nach Stuttgart ziehen und wenn man mir dort das doppelte Gehalt bieten würde. Hier lebt man locker.«

Gegenüber heftete gerade eine Politesse einen Strafzettel an ein schwarzes Auto.

Der Besitzer sprang von seinem Kaffeestuhl neben uns auf. »Kann man nicht mal ein Minütle sein Auto abstelle, ich bin doch da, nehme sie den Strofzettel sofort zurück oder ich beschwer mich!«

Kopfschütteln auf Seiten der Politesse.

»Bleedi Kuh, bleedi. Bestimmt 'ne alte Jungfer, die ihren Fruscht auf der Straß abreagiere muss. Halt die Gosch!« Stinkefinger.

Drohende Miene seitens der Politesse. Einige Umsitzende an den Kaffeetischen klatschten.

Wir sahen Reutter nachdenklich an.

Er räusperte sich: »Auch das nur wieder ein Beispiel dafür, dass sich Badener eben nicht von der Obrigkeit einschüchtern lassen.« Und grinste, was ihn ganz spontan wieder ein bisschen sympathischer machte.

Was war mit diesem Mann? Gnadenlos, wenn es um Baden ging, und nachsichtig mit mir.

Unsere Woche ging zu Ende. Oder nicht? Aber es passte nicht. Weder Raum noch Zeit.

Mit einem Wagen der *BadenTouristik & Incentive* fuhr er dann mit uns durch die eigene Stadt. Haydnplatz: ein herrliches Rund mit einem Wahnsinnsbrunnen. Die mächtige Fassade des Generallandesarchivs. Der Jugendstilschick der Kunsthochschule. Die neue Orgel der Christuskirche. Die Parks, der Zoo, die Gondolettas. Schloss und Schlossgarten und die herrliche Orangerie, bewacht von den Polizisten des Bundesverfassungsgerichts. Hunderte Studenten auf den Wiesen. Ein Teich. Die Fabriknostalgie der Majolika. Staatliche Kunsthalle mit einem atemberaubenden Treppenaufgang. Das Prinz-Max-Palais mit der Literarischen Gesellschaft.

Und dann hatte er noch ein Schmankerl für uns. Er fuhr mit uns die Ringstraße rund um die Kernstadt bis zum Stadion des KSC. Auf einen ausgewiesenen Parkplatz der *Baden Touristik*. Eine Weile blieben wir im Auto sitzen, dann sah er auf die Uhr. »17 Uhr! Passt genau. Aussteigen! Das letzte Spiel der Bundesligasaison. Es geht um alles beim KSC.«

Wir liefen zum Eingang. Drinnen ein Summen wie in einem elektrisch betriebenen Bienenschwarm. Ab und zu eine Art Trompete.

Und dann hörte ich es. Früher hatte ich nie gewusst, was der Ausdruck »Aus tausend Kehlen« bedeutete. Jetzt wusste ich es. Und es war ausgerechnet das Badnerlied, das es mir erklären musste: »Das schönste Land in Deutschlands Gau'n, das ist das Badnerland, es ist so herrlich anzuschaun und ruht in Gottes Hand.«

»Ja«, sagte er und drehte sich um. »So ist es. Sie spielen scheiße, aber dafür kann das Land nichts. Eine Woche haben wir es angeschaut, das Badnerland. Und es war wirklich herrlich anzuschauen, oder nicht? So wie es unser Lied verkündet.«

Wir sagten nichts. Helma schluckte, Sine spielte mit ihrem Schmuck, und Michael versuchte zu grinsen.

»Na ja«, sagten sie alle betreten und fast unisono.

Und ich? Ich kam mit meinem eigenen Leben nicht mehr klar. Erstens: Ich war Schwäbin und wollte bald wieder in den Landesteil »hinter dem Bindestrich«, wie Reutter sich immer ausdrückte, zurück. Zweitens: Ich trauerte um Klaus, trotz allem, weil ich ihn mal geliebt hatte und er so unkonventionell war. Drittens: Ich wollte unbedingt Bühnenautorin werden. Viertens: Ich wollte niemals sein wie Helma.

Oder stimmte das alles nicht mehr?

»Ja«, murmelte ich. »Es war herrlich anzuschauen. Nett war's.«

Reutter schluckte. »Gut, Theodora. Bei Ihnen hatte ich manchmal meine Zweifel, was den Patriotismus angeht.«

»Also, ehrlich, ich auch.« Auf der Zielgeraden versuchte Sine noch einmal, Punkte zu sammeln.

Fast gönnte ich ihr den Job. Ich dachte, dass sie ihn brauchte.

»Jetzt gehen wir in eine Buchhandlung auf der Kaiserstraße, damit Sie den Gästen zum Abschluss noch das eine oder andere an Literatur empfehlen können, zum Weiterlesen.«

Eins musste man diesem Reutter lassen: Der Mann wusste, wie und wo man in Karlsruhe Auto fuhr. Und einen Parkplatz fand. Ein Ausnahmetalent.

»So, hier ist der Bereich Baden. Schauen Sie sich bitte mal um ...«

Ich sah mich einer Masse an bunten Büchern gegenüber. Alle hatten sonnige Weinberge und dahinter hervorlugende Türmchen auf dem Cover.

Baden – beinahe Paradies. Heiter. Barock. Großzügig und genussfreudig. Deutschlands Süden.

Aus dem Hintergrund kam eine Stimme: »Mein Gott, der Michael. Sag bloß, du hast endlich einen Verlag gefunden?«

Ein dürrer, fast haarloser, aber sympathisch-hässlicher Mann klopfte unserem Michael auf die Schultern.

Der zuckte verlegen zusammen.

»Hab dein Werk da hinten gesehen. Es ist eine Schande, dass sie es nicht anders präsentieren. Aber mach was gegen diese seelenlosen Buchhandelsketten.« Der Mann wies auf eine Art Ablage, wo Prospekte, Broschüren und dünne gebundene Heftchen und dergleichen lagen.

Wie an einer Schnur gezogen lief Sine zu dem Stapel und zog ein mausgraues Heftlein hervor.

Sie las laut: »Michael Schunagel: Der Schwaben-Mörder.« Dann drehte sie das Büchlein um und las den Klappentext vor: »Überall in badischen Städten geschehen grauenhafte Morde. Der Täter lässt stets ein Spätzle neben seinem Opfer liegen.«

Wir alle starrten das unschuldige Heftchen an.

»Schunagel Verlag, Karlsruhe«, meinte Sine tonlos, und dann schoss sie einen enttäuschten Blick in Richtung Michael. »Nie gehört. Ich denke, du bist ein geheimer Bestsellerautor.«

»Das bin ich auch. Dieses Buch hätte sich tausendfach verkauft, wenn die Buchhändler nicht der hinterhältigen Strategie folgen würden, nur Verlage, die von Amerika gesteuert sind, in die vorderen Regale zu stellen. Als begabter badischer Autor hast du da keine Chance.«

Helma kicherte und stupste mich an.

»Aber es ist auch so dabei, sich durchzusetzen. Ich muss demnächst die zweite Auflage drucken.«

»Wie hoch«, fragte Reutter kühl, »war denn die erste Auflage, Herr Brenner?«

»Hundert«, kam es etwas widerstrebend.

»Hunderttausend?«

Schweigen. Michael sah verstockt aus und zog eine beleidigte Schnute.

»Erfolg ist ein relativer Begriff. Und wenn du nur einen einzigen Leser hast, wenn es der Richtige ist, kann das ausreichen.«

Ich sah, wie er heimlich mehrere Exemplare seines Buches auf einen Stapel von Bestsellern legte. Über alle Crichtons und Mankells breiteten sich nun die Schunagels aus.

»Nun.« Reutter räusperte sich. »Wir sehen uns am Sonntag Nachmittag. Jetzt lade ich Sie alle ein, ein typisches Restaurant im Karlsruher Dörfle aufzusuchen.«

»Die *Seilerei*. Altes Seilerhäuschen. Das älteste erhaltene Haus der Stadt Karlsruhe und heute ein Restaurant. Man kocht dort sterneverdächtig. Mein Mann ...« Sine stockte, und plötzlich lächelte sie. Zum ersten Mal sah es natürlich aus. »Mein Mann geht allerdings vermutlich mit seiner nächsten Frau dorthin.«

»Nein, wir werden heute Abend in den *Ballermann 1* gehen, ein altbekanntes Traditionsbratwurstkneipchen. Was für badische Studenten gut ist, kann für uns nicht schlecht sein.«

Sine hakte sich frivol bei Helma unter, warf aber gewisse Blicke in Reutters Richtung. Michael war enttarnt und entthront und damit als Verlierer aus ihrem Beuteschema gestrichen.

Schlecht gelaunt trottete Michael neben uns her. »Ich schaff es noch«, sagte er verstockt.

Ich konnte mir eine gewisse Schadenfreude nicht verkneifen. Nicht nur ich hatte also dunkle Punkte. Eigentlich hatte ich gar keine dunklen Punkte. Alles war erklärbar. Ich konnte alles erklären, und jetzt würde nichts mehr passieren. Im Abschlussgespräch morgen früh würde alles erklärt werden. Nichts mehr, nichts mehr würde passieren.

Helma und Sine verschwanden gemeinsam auf die Toilette. Mich fragten sie nicht, ob ich mitwollte. Mobbing am badischen Arbeitsplatz! So blieb ich mit Reutter und Michael an einem Tisch zurück. Das Verhängnis konnte ungehindert seinen Lauf nehmen.

»Zahlen Sie, wenn die Bedienung kommt. Ich muss mal rasch telefonieren.« Reutter schob mir einen Geldschein zu.

Michael griff in sein Täschchen. Trotzig sagte er: »Ich habe meinen Stolz. Ich kann selbst bezahlen.« Und reichte mir ebenfalls einen Schein.

So saß ich da.

»Also, du hast schnell gelernt, Schätzchen. Das muss ich sagen. Und gleich zwei, alle Achtung. Ein gemütlicher Dreier. Ist vernünftig, ich wollte es nur gestern bei der Schulung nicht so deutlich sagen. Zwei gleichzeitig lohnt sich einfach mehr. Gleiche Arbeit und doppelter Lohn.« Mit diesen Worten tauchte neben uns keine Geringere als Maria Molina auf. Duftend und mit hohen schwarzen Lackstiefeln. Ihr Beruf war auch ohne ihre Worte unverkennbar.

»Sie belieben?« Reutter erhob sich halb, ließ sich aber verblüfft wieder fallen.

»Na, gestern hat sie bei mir im Laufhaus einen Trockenkurs gemacht. Wie steht, geht und lockt eine erfolgreiche Nutte, und heute ist sie schon damit unterwegs. Schätzchen, ich hatte gestern noch vergessen zu erwähnen, dass ihr natürlich vor Dienstbeginn alle zum Gesundheitsamt müsst.« Mit einem auffordernden Augenaufschlag lehnte sie sich kurz an Reutters Schulter. »Wenn du mal was Erfahrenes und durch und durch Verdorbenes willst – komm zu mir und lass das Küken stehen. Die hat doch noch Eierschalen hinter den Ohren! Die macht nichts wirklich Versautes.« Und lachte wie verrückt über ihre gelungene Metapher.

Bevor ich den Mund aufmachen konnte, war sie draußen. Ein Porsche mit laufendem Motor wartete auf sie. Man sah nur noch ihre Baden-Höschen in gelb und rot aufblitzen.

»Das ist ein Missverständnis«, sagte ich. »Ich sollte bei ihr nur lernen, mich wie eine Prostituierte zu *benehmen* ...«

Es war sinnlos.

Reutter hob die Hand und stoppte mich. »Wie sagt die Queen? ›Never complain, never explain.‹ Sagten Sie nicht, Sie könnten nicht zu Helmas Grillfest kommen, da Sie eine Fortbildung besuchen müssten? Sie diente einem Job, den Sie zum Geldverdienen brauchen. Offenbar haben Sie es mit Ihrem ganz eigenen Charme geschafft, selbst im ältesten Gewerbe der Welt noch eine Marktnische zu finden.«

»Herr Reutter«, sagte ich und stand auf. »Wenn Sie glauben, dass ich tatsächlich als Prostituierte arbeite oder arbeiten will, dann habe ich hier nichts mehr zu suchen. Tut mir leid, es war trotz allem eine interessante Woche.«

»Sie sind eine Prostituierte?«, fragte Helma entsetzt und entzog mir damit das Du. Sie und Sine waren gerade vom Klo gekommen und hocherfreut. »Ehrlich, Herr Reutter, ich habe immer so etwas gespürt. Mein Gott, stellen Sie sich vor, sie belästigt die Gäste! Und das im Badischen! Gut, dass Sie sie nicht nehmen. Gut. Gut.«

»Leider ein weiterer Niveauverlust, der die gehobene Mittelschicht trifft«, sagte Sine achselzuckend. »Erst mein Mann, dann die Gesellschaft, in der ich mich bewege. Buddenbrooks. Niedergang einer Familie.«

»Interessantes Milieu!« Das kam nur noch schwach von Michael.

»Ihr könnt mich alle mal. Und zwar auf badisch!«, sagte ich, nahm meine Tasche, unterdrückte die Tränen und floh.

Gott sei Dank war es nicht weit in die Oststadt. Ich konnte zu Fuß gehen. Ich wollte nur noch nach Hause und mich ins Bett verkriechen.

In meinem Bett lag schon jemand. Jemand, der sehr vertraut aussah. Klaus? Klaus!

Er schlief. Neben ihm lag ein aufgeschlagenes Reclamheftchen. Eichendorff. Der Taugenichts.

Ich gab ihm einen Tritt. »Endlich mal ein Stoff, in dem du dich auskennst. Was willst du wieder hier? Ich jage auf deinen Spuren durchs halbe Badnerland, und dann finde ich dich in meinem Bett!«

Klaus schreckte hoch, streckte sich dann ungerührt und gähnte ausgiebig. »Ich habe meine Irrwege erkannt. Ich will zu dir zurückkehren und für immer bleiben. Geliebte Theodora! Hauptdarstellerin meines Lebens!«

»Wo wir gerade von Hauptdarstellerin reden. Wo ist dein Kind?«

»Drüben. Bei Ada. Mit seiner Mutter. Verzeih mir, aber ich bin nun mal Künstler, und Künstler müssen alles auskosten, auch die tiefsten Tiefs.«

»Das ist dir gelungen. Das mit den Tiefs, meine ich! Sonst aber nichts. Lugner, Betrüger und Ehebrecher!«

Draußen klingelte es. Geist bellte von irgendwoher im Haus. Ich machte auf.

Reutter kam die Treppe herauf. Er war wirklich der Allerletzte, den ich jetzt gebrauchen konnte. Er hatte eine gelbe und eine rote Rose in der Hand. Ich stöhnte. Bei diesem Theaterstück stimmten eindeutig die Einsätze nicht! Ein Irrer führte hier die Regie!

»Die badischen Farben«, sagte er und lächelte schief. »Als Baden-Führerin würde ich dich bekanntlich eher nicht einstellen, aber ich wollte dir nur sagen, dass ich dich sonst ganz gut leiden mag.«

Daraufhin entfaltete sich eine Szene, die ich in der Form eigentlich nur aus alten Doris-Day-Filmen kannte. Frau Klicks erschien mit Geist. Ada erschien mit Nicole-Marie. Johanna-Marie erschien mit Dr. Seltsam. Klaus erschien aus meinem Schlafzimmer, einen Frauenbademantel übergeworfen.

Neben der Rolle als Mönch und der als Russinnengünstling stand ihm die Liebhaberrolle im Bademantel am wenigsten. Weiße Beine guckten unter Blümchenfrottee hervor.

Traurig und dramatisch deutete er auf mich. Und dann auf Reutter. »Wer ist das, Theodora? Sag mir, wer das ist. Hast du schon einen Neuen? Kann man nicht mal kurz ins Kloster gehen, und gleich ist die Frau weg?«

Mir war inzwischen alles egal. Gleichmütig wies ich auf die bunte Truppe vor mir: »Also, ich stelle kurz die Rollen und ihre Hauptdarsteller vor. Das ist Robert Reutter. Irgendwas im Baden-Verlag. Als Hobby quält er Jungreiseführer. Das ist mein Exfreund Klaus. Wahlweise Klosterbruder oder verhinderter Dostojewski. Das ist seine Frau, Johanna – ehemalige Badische Weinprinzessin – und seine Tochter Nicole.«

»Marie!«, sagten beide Damen unisono.

»Das Kind ist eine angeblich begabte Fechterin. Tauberbischofsheim gehört auch zu Baden, nicht wahr? Badisch-Sibirien. Jedenfalls war mir beider Existenz bis vor ganz Kurzem unbekannt. Ansonsten haben wir hier unseren geliebten Hund Geist und unsere geliebte Katze Dr. Seltsam sowie meine Nachbarin Ada und Frau Klicks, eine badische Hausfrau.«

»Aber wieso?« Reutter sah von einem zum anderen.

»Mein Gott. Es ist gar nicht schwer. Tante Rudi hat Klaus' Kleiner 5000 Euro geschenkt, und ich dachte, es sei für mich, bis ich seine Frau und Tochter kennenlernte, von deren Existenz ich bis dahin nichts wusste. So ging es darum, ihn und Tante Rudi zu fragen, wer die Kleine sei. Ich oder sie? Ansonsten arbeite ich als Statistin im Theater – nächste Rolle: eine Nutte bei Brecht – und hoffe, am Sonntagmorgen um zehn Uhr bei der Dramaturgenbesprechung mein eigenes Stück durchzubringen. Alles geklärt? – Und jetzt alle raus. Klaus raus. Die beiden Maries raus. Die Viecher raus. Nachbarn. Alle!«

Meine Stimme schnappte unschön über, meine Nerven waren nur noch lose Fäden.

»Was ist mit meinem Geld? Sie hat von meiner Hälfte schon ganz schön was ausgegeben«, keifte das Kind. »Sie hat nämlich kein eigenes.«

»Wir, die *BadenTouristik & Incentive* und der Adler-Verlag, der händeringend freie Mitarbeiterinnen sucht, werden Frau Thamm ein großzügiges Honorar für die zurückliegende Woche und ihre wertvollen Anregungen zahlen«, erklärte Reutter. »Sie werden also Ihr Geld bekommen.«

Mir wurde alles zu viel. Ich brauchte keinen Mann, der mich für Anregungen bezahlte. Ich brauchte einen Mann, der mich mehr liebte als eine Karriere und mehr als einen Teil eines deutschen Bundeslandes.

»Alle raus, alle raus! Ich will alleine sein. Pack deine Sachen, Klaus!«

Klaus raffte irgendwas zusammen, die beiden Maries hatten schon Reisetaschen gepackt. Alle standen in meinem für solch ein Riesendrama viel zu kleinen Flur.

»Darf *ich* vielleicht bleiben, Theodora?«, fragte Reutter.

»Nein!«, sagte ich.

Er streckte die Hand aus.

»Vielleicht!«

Er nahm meine Hand. »Bitte!« Gerade von ihm klang es sanft und unwiderstehlich.

»Ja«, sagte ich.

Auch sanft!

Lieben Badener anders als Schwaben? Vielleicht nicht alle Badener, aber Reutter tat es definitiv. Wir verbrachten eine Nacht der binationalen Entdeckungen. Seele und Körper. Ich erzählte ihm von Klaus und vom Theater. Von meinen Träumen und Hoffnungen.

Nur *eins* sagte ich ihm nicht. Natürlich nicht.

Stattdessen kuschelten wir unter einer Decke, obwohl zwei da waren.

»Ich komme übrigens nicht zu dem Abschlussgespräch.«

»Warum nicht? Michael und Helma sind sowieso raus, aber neben Sine ...«

»Hab ich noch Chancen?«

»Beste Chancen. Nach *der* Leistung heute Nacht.«

Ich setzte mich auf. »Streich mich aus deiner Liste. Ich bin nicht die Richtige für den Job.«

»Warum nicht?«

Gerade wollte ich es ihm sagen. Ehrlich. Es hätte sich ein Weg gefunden. Zwischen zweimal küssen und einem Schluck badischen Winzersektes. Ich setzte mich auf. Rief meine Haare zur Ordnung und knöpfte einen Knopf an meinem Nachthemd zu. So ein Geständnis macht man besser angezogen.

Da läutete das Handy. Mein Handy. Aber wie es halt mal so geht, im Liebesspiel, hatten wir mehrfach die Bettseiten und die Positionen gewechselt. Reutter, nein, Robert, griff nach dem Handy, das er für seins hielt. Ließ mich verliebt nicht aus den Augen. Tastete darauf herum. Erwischte die Lautsprechertaste.

Durch das Schlafzimmer schallte es: »Hier isch Thamm. Wellet Se mer mal mei Töchterle ans Telefon rufe!!«

Robert legte auf, als habe er einen Stromschlag bekommen. Gigantische Fragezeichen erschienen in seinen Augen. Sein Mund formte eine Frage.

»Das war mein Vater«, kam ich ihm zuvor und knöpfte den zweiten Knopf auch noch zu.

»Ein Schwabe! Sag, dass es nicht wahr ist!«

Jetzt richtete ich mich so würdevoll auf, wie es in meinem reichlich zerwühlten Bett möglich war. »Ja. Und was ist dabei? Bricht jetzt die Welt zusammen? Stell dir vor, er hat zwei Beine und zwei Ohren wie ganz normale Menschen!«

»Darum geht es nicht. Du hast mich belogen. Die anderen Sachen ...« Er zuckte die Achseln und streifte im Aufstehen schon seine Jacke über. »Mein Gott. Das ist verständlich. Vielleicht sogar lustig. Aber in diesem einen einzigen Punkt hättest du nicht lügen dürfen!«

»Ja«, sagte ich und winkelte unter der Decke trotzig die Beine an.

Böse suchte ich nach meinen Zigaretten auf dem Nachtschränckchen und zündete mir eine Gauloise an. Nahm einen tiefen Zug und blies ihm den Rauch hinterher.

»Schade! Es heiraten heutzutage Kroaten und Serben. Juden und Palästinenser. Farbige Südstaatler in Amerika ehelichen weiße Park-Avenue-Zicken. Und Leute wie Kate Middleton, deren Leute einen Partyversand betreiben, kriegen jahrtausendealte Prinzen ab. Aber ein Badener kann keine Schwäbin lieben? Ach was, hau einfach nur ab!«

Das Sektglas traf nur noch die geschlossene Tür.

Keine Frage der Nationalität

Ich würde eine alleinstehende Frau bleiben. Eine, die alles durchlebt hatte und der Enttäuschungen müde geworden war. Aufrecht und stolz und mit tiefer innerer Ruhe ging ich aufs Badische Staatstheater zu. Ein Mensch, den nichts mehr berühren konnte. Eine tragische Erscheinung.

In meinem Arm lag die Katze Dr. Seltsam, die eine milde Beruhigungstablette bekommen hatte und die freundlicherweise tatsächlich aussah wie tot. Ich selbst trug einen langen schwarzen Rock, eine schwarze Pelzjacke und einen schwarzen Regenschirm. Ich hoffte, ich sähe aus wie eine Dame der gehobenen Schichten aus dem 19. Jahrhundert, aber ein Kind wisperte, als es mich sah: »Guck mal, die ist verrückt. Mamma, ich hab Angst!«

Die Leute sahen mir also nach. Immerhin, das war ein Anfang. Kunst als Provokation im öffentlichen Raum. Vorbei an den schweigenden Wasserspielen und dem unterhaltsamen Kiosk, den sie in Karlsruhe eigens gebaut hatten, um der Bevölkerung den anhaltenden Terror der U-Bahn-Baustellen als etwas Schönes und Sinnvolles zu vermitteln.

Eine halbe Stunde später war in mir eine unerwartete Ruhe. Keine Freude. Nur Unglaube und die Ruhe nach dem Sturm. Es hatte geklappt. Sie wollten mein Stück bringen.

»Du, das machen wir unbedingt, du!«, hatte der Regisseur gesagt. »Ich seh's schon vor mir. Du, das inszenieren wir total als Gesellschaftssatire.«

Allerdings (danke, Sine, für dieses vielseitig einsetzbare Wort!) sah er's erst in der Spielzeit 2015/16 vor sich. Bis dahin könnte ich an dem Stoff noch feilen.

Meine Güte. Shakespeare war nur zweiundfünfzig Jahre alt geworden, hatte uns eine ganze Bibliothek von Stücken hinterlassen und wahrscheinlich nie an einem gefeilt. Scheißjob.

Draußen, vor dem Theater, stand eine ganz in Grau gewandete Gestalt.

Reutter. Heute wirkte sogar sein Gesicht grau.

Er sah meinen Aufzug und nickte liebevoll wissend. »Alles andere wäre viel zu normal gewesen. Komm mit mir, Theodora.«

»Nein!«

»Doch. Ich habe in meiner Lieblingskneipe einen Platz reserviert. Und ich habe mich bei deinem Vater entschuldigt. Er … war sehr nett.«

»Er ist …«

»Mein zukünftiger Schwiegervater, würde ich sagen. Wenn du willst. Du willst doch?«

Ich sagte nichts.

»Theodora, lass uns diese letzten Momente genießen, die wir für uns alleine haben. Ohne Drillinge und ohne Alltag. Bist du fit für dreimal vierzehn und für mich? Und für eine baden-württembergische Liebe?«

»Deine Drillinge? Wer Sophie-Marie oder so übersteht, den können deine nicht schrecken.«

Er nickte. Und wir wussten, dass es gut war.

Ach übrigens – was servierte die Wirtin? Schwäbische Hochzeitsspätzle. Robert musste sie wohl bestellt haben.

Unsere Bestseller

In Ihrer Buchhandlung

Elisabeth Kabatek
Laugenweckle zum Frühstück
Roman

Pipeline Praetorius (31) lebt in Stuttgart. Sie ist Single. Und arbeitslos. Zwischen Bewerbungsstress und Scherereien mit der Arbeitsagentur stolpert Line auf der Suche nach Mister Right von einer Katastrophe in die nächste.

320 Seiten.
ISBN 978-3-87407-809-2

Elisabeth Kabatek
Brezeltango
Roman

Die quirlige Beziehungskomödie geht in die nächste Runde – flott, frech und romantisch. Auch im zweiten Roman rund um Pipeline Praetorius schlägt das Katastrophen-Gen wieder zu und schickt Line und Leon auf eine turbulente Achterbahn der Gefühle.

336 Seiten.
ISBN 978-3-87407-984-6

Silberburg-Verlag

www.silberburg.de

Meine Güte. Shakespeare war nur zweiundfünfzig Jahre alt geworden, hatte uns eine ganze Bibliothek von Stücken hinterlassen und wahrscheinlich nie an einem gefeilt. Scheißjob.

Draußen, vor dem Theater, stand eine ganz in Grau gewandete Gestalt.

Reutter. Heute wirkte sogar sein Gesicht grau.

Er sah meinen Aufzug und nickte liebevoll wissend. »Alles andere wäre viel zu normal gewesen. Komm mit mir, Theodora.«

»Nein!«

»Doch. Ich habe in meiner Lieblingskneipe einen Platz reserviert. Und ich habe mich bei deinem Vater entschuldigt. Er … war sehr nett.«

»Er ist …«

»Mein zukünftiger Schwiegervater, würde ich sagen. Wenn du willst. Du willst doch?«

Ich sagte nichts.

»Theodora, lass uns diese letzten Momente genießen, die wir für uns alleine haben. Ohne Drillinge und ohne Alltag. Bist du fit für dreimal vierzehn und für mich? Und für eine baden-württembergische Liebe?«

»Deine Drillinge? Wer Sophie-Marie oder so übersteht, den können deine nicht schrecken.«

Er nickte. Und wir wussten, dass es gut war.

Ach übrigens – was servierte die Wirtin? Schwäbische Hochzeitsspätzle. Robert musste sie wohl bestellt haben.

Unsere Bestseller

In Ihrer Buchhandlung

Elisabeth Kabatek

Laugenweckle zum Frühstück

Roman

Pipeline Praetorius (31) lebt in Stuttgart. Sie ist Single. Und arbeitslos. Zwischen Bewerbungsstress und Scherereien mit der Arbeitsagentur stolpert Line auf der Suche nach Mister Right von einer Katastrophe in die nächste.

320 Seiten.
ISBN 978-3-87407-809-2

Elisabeth Kabatek

Brezeltango

Roman

Die quirlige Beziehungskomödie geht in die nächste Runde – flott, frech und romantisch. Auch im zweiten Roman rund um Pipeline Praetorius schlägt das Katastrophen-Gen wieder zu und schickt Line und Leon auf eine turbulente Achterbahn der Gefühle.

336 Seiten.
ISBN 978-3-87407-984-6

Silberburg-Verlag

www.silberburg.de